用于国家职业技能鉴定
国家职业资格培训教程

YONGYU GUOJIA ZHIYE JINENG JIANDING
GUOJIA ZHIYE ZIGE PEIXUN JIAOCHENG

婚姻家庭咨询师

(国家职业资格一级)

编审委员会

主　任	刘　康
副主任	张亚男
委　员	（按姓氏笔画排列）马晓年　王　芳
	王震宇　朱东武　李明舜　杨大文
	何丽婴　张　伟　陈　蕾　陈一筠
	赵爱玲　赵燕芬　陶春芳　焦　健
	慕　岩　樊爱国　霍莉钦

编审人员

主　编	樊爱国
副主编	赵燕芬
编　者	（按姓氏笔画排列）马晓年　王中会
	左玉迪　朱东武　刘永廷　齐小玉
	齐淑娟　李明舜　何丽婴　但淑华
	张小红　林建军　周应江　樊爱国
	霍莉钦
审　稿	巫昌祯

中国劳动社会保障出版社

图书在版编目(CIP)数据

婚姻家庭咨询师:国家职业资格一级/中国就业培训技术指导中心组织编写. —北京:中国劳动社会保障出版社,2010
国家职业资格培训教程
ISBN 978-7-5045-8738-1

Ⅰ.①婚… Ⅱ.①中… Ⅲ.①婚姻-咨询服务-技术培训-教材②家庭生活-咨询服务-技术培训-教材 Ⅳ.①C913.1

中国版本图书馆CIP数据核字(2010)第238558号

中国劳动社会保障出版社出版发行
(北京市惠新东街1号 邮政编码:100029)
出 版 人:张梦欣
*
三河市华骏印务包装有限公司印刷装订 新华书店经销
787毫米×1092毫米 16开本 15.5印张 232千字
2010年12月第1版 2021年11月第10次印刷
定价:34.00元

读者服务部电话:(010)64929211/84209101/64921644
营销中心电话:(010)64962347
出版社网址:http://www.class.com.cn

版权专有 侵权必究

如有印装差错,请与本社联系调换:(010)81211666
我社将与版权执法机关配合,大力打击盗印、销售和使用盗版图书活动,敬请广大读者协助举报,经查实将给予举报者奖励。
举报电话:(010)64954652

前　言

为推动婚姻家庭咨询师职业培训和职业技能鉴定工作的开展，在婚姻家庭咨询师从业人员中推行国家职业资格证书制度，中国就业培训技术指导中心在完成《国家职业标准·婚姻家庭咨询师》（试行）（以下简称《标准》）制定工作的基础上，组织参加《标准》编写和审定的专家及其他有关专家，编写了婚姻家庭咨询师国家职业资格培训系列教程。

婚姻家庭咨询师国家职业资格培训系列教程紧贴《标准》要求，内容上体现"以职业活动为导向、以职业能力为核心"的指导思想，突出职业资格培训特色；结构上针对婚姻家庭咨询师职业活动领域，按照职业功能模块分级别编写。

婚姻家庭咨询师国家职业资格培训系列教程共包括《婚姻家庭咨询师（基础知识）》《婚姻家庭咨询师（国家职业资格三级）》《婚姻家庭咨询师（国家职业资格二级）》《婚姻家庭咨询师（国家职业资格一级）》4本。《婚姻家庭咨询师（基础知识）》内容涵盖《标准》的"基本要求"，是各级别婚姻家庭咨询师均需掌握的基础知识；其他各级别教程的章对应于《标准》的"职业功能"，节对应于《标准》的"工作内容"，节中阐述的内容对应于《标准》的"能力要求"和"相关知识"。

本书是婚姻家庭咨询师国家职业资格培训系列教程中的一本，适用于对一级婚姻家庭咨询师的职业资格培训，是国家职业技能鉴定推荐辅导用书。

本书在编写过程中得到中国婚姻家庭研究会的大力支持与协助，在此一并表示衷心的感谢。

中国就业培训技术指导中心

目 录

CONTENTS 国家职业资格培训教程

第1章　夫妻关系咨询……………………………………………………（1）

　第1节　婚姻咨询…………………………………………………………（2）

　　学习单元1　中外婚恋文化的特点和差异……………………………（2）

　　学习单元2　处理涉外婚姻的法律建议………………………………（13）

　　学习单元3　处理涉港澳台婚姻的法律建议…………………………（24）

　　学习单元4　处理重婚问题的法律建议………………………………（42）

　　学习单元5　处理婚外生育问题的法律建议…………………………（54）

　第2节　离婚咨询…………………………………………………………（64）

　　学习单元1　处理离婚时有关财产疑难问题的法律建议……………（64）

　　学习单元2　处理离婚后子女抚养问题的法律建议…………………（72）

　第3节　婚姻暴力咨询……………………………………………………（84）

　　学习单元1　对婚姻暴力受害妇女的辅导……………………………（84）

　　学习单元2　对婚姻暴力施暴者的辅导………………………………（94）

　　学习单元3　夫妻性虐待问题咨询……………………………………（103）

　　学习单元4　处理婚内性虐待的法律建议……………………………（108）

第2章　家庭危机咨询……………………………………………………（113）

　第1节　家庭危机干预……………………………………………………（114）

学习单元1　对自杀倾向的干预 …………………………………………… (114)

学习单元2　对家庭成员间暴力的咨询 ………………………………… (124)

学习单元3　处理虐待问题的法律建议 ………………………………… (133)

学习单元4　对性侵害引起的家庭危机的心理辅导 …………………… (139)

学习单元5　处理性侵害问题的法律建议 ……………………………… (148)

学习单元6　对乱伦问题的咨询 ………………………………………… (167)

第2节　家庭财产争议咨询 …………………………………………………… (171)

学习单元1　处理家庭财产争议的法律建议 …………………………… (171)

学习单元2　处理继承纠纷的法律建议 ………………………………… (183)

第3章　培训与指导 …………………………………………………………… (194)

第1节　培训 …………………………………………………………………… (195)

学习单元1　制订和实施培训计划 ……………………………………… (195)

学习单元2　疑难个案的分析讲解 ……………………………………… (202)

第2节　指导 …………………………………………………………………… (211)

学习单元1　对下级婚姻家庭咨询师进行业务考评 …………………… (211)

学习单元2　对下级婚姻家庭咨询师进行督导 ………………………… (220)

学习单元3　对下级婚姻家庭咨询师进行心理健康评估和辅导 ……… (232)

参考文献 …………………………………………………………………………… (241)

第1章 夫妻关系咨询

夫妻关系是婚姻家庭关系中最重要的一环，也是最容易发生问题的环节。同时，夫妻关系中所发生问题的程度又有所不同。在婚姻家庭咨询师基础知识和三级、二级教程中，已经从理论上对夫妻关系进行了阐述，并对夫妻关系中所产生的一般性问题及其咨询要点、方法等作了详尽的介绍。一级教程所要解决的则是夫妻关系中比较复杂和相对疑难的问题，主要表现在涉外婚姻、涉港澳台婚姻、重婚、婚外生育、离婚中有关财产分割、离婚后的子女抚养以及夫妻之间的暴力等方面。这些问题如果解决得不好，会对求助者及其子女、家庭带来物质生活的严重困难和精神上的深度创伤，甚至导致求助者产生自杀倾向，或对其产生终身的负面影响。

为了阐明上述问题，本章分为3节。第1节"婚姻咨询"重点介绍中外婚恋文化的特点和差异、处理涉外婚姻的法律建议、处理涉港澳台婚姻的法律建议、解决重婚问题的法律建议、处理婚外生育问题的法律建议这5个方面的知识及咨询要点。对我国法律中有关涉外婚姻的规定、港澳台有关婚姻家庭的法律规定和内地处理涉港澳台婚姻的相关规定做了介绍，以使一级婚姻家庭咨询师能够比较准确、全面地掌握有关婚姻家庭法律知识。第2节"离婚咨询"针对离婚时容易出现的财产纠纷和子女抚养问题，从"处理离婚时有关财产的疑难问题的法律建议"和"处理离婚后子女抚养问题的法律建议"两个方面做了分别介绍。在第3节"夫妻暴力咨询"中，阐述了对夫妻暴力中受害妇女的辅导、对夫妻暴力中施暴者（大多是男性）的辅导和处理虐待问题的法律建议。

第1节 婚姻咨询

学习单元1 中外婚恋文化的特点和差异

改革开放以来，我国的涉外婚姻、涉港澳台婚姻数量急剧上升。由于各国、各民族、各地区文化背景的不同，形成了不同的语言、知识、人生观、价值观、道德观、思维方式及风俗习惯等。这些差异不论是在跨文化交往方面，还是在涉外婚姻方面，都会形成一些障碍，使交往双方容易产生误解。因此，身处涉外婚姻中的人一定要有处理好各种复杂关系的心理准备和应对技巧。了解中外婚恋文化的特点和差异有助于这些问题的解决。随着中国社会经济的发展，中国的婚恋观念也发生了巨大的变化。东西方婚恋观的相互影响使得我国现代的婚恋观及婚姻形式出现了多元化的特点。在婚恋选择上更加自主、开放和宽容。随着国际交往的增多，婚恋文化的互相影响还会不断增加，这些都是婚姻家庭咨询师应该关注的。

学习目标

➢ 了解文化背景对婚恋的影响
➢ 掌握不同文化背景下的婚恋差异
➢ 掌握涉外婚姻问题的状况和解决方法

一、文化背景对婚恋的影响

1. 文化的概念、特性、功能和差异

（1）文化的概念

这里指的文化，是宏观角度的文化。文化是指人类生存和进化的特殊过程、方式及其结果。文化的内容极其广泛，它包括人类生存和发展所需要依靠的一切用品、手段、工具和方式，如技术、工艺、语言符号、社会制度、科学知识、宗教信仰、政治法律、伦理道德、习俗、习惯等。

文化分为三种类型，即物质文化、规范文化和精神文化。物质文化是满足人的物质生活需要的一切东西，是人适应和改造自然的过程、方式和结果，它反映着人同自然的关系。规范文化是满足维持和发展社会关系所需要的各种规则和制度。精神文化是人所创造的一切精神成果及创造这些成果的过程和方式。文化为人提供思想和行为模式，从而构成人类社会互动的基础。

（2）文化的特性

文化具有社会性，文化是以社会为媒介进行传播的。

文化具有历史性，文化本身是变化的、流动着的，不同历史时期的文化都有其独特性。

文化具有民族性和继承性。文化有鲜明的民族特点。不同的民族在文化的传承上又是个连续函数，这使得以往人类经验和财富能够传承下去。

（3）文化的功能

文化能够满足人类生存和发展的需要。人通过创造文化来满足自己所需要的各种工具、器具、制度、规则、文学符号。同时，文化又能够把不同的文明和民族区别开来，因为不同文化满足人的需要的形式和方式不同。文化为人提供思想和行为模式，提供和规定了本民族文化影响下的全体成员较为一致的价值观、价值取向、行为规范和思维模式，从而使社会成员在加入社会生活时具有基本统一的协调的情感、思想和行为，使一个民族能较为和谐地融为一体。文化对人的心理、思维和行为起着导向和控制作用。

（4）文化的差异

文化差异是指人们在不同的环境下形成的语言、知识、人生观、价值观、道德观、思维方式、风俗习惯等方面的不同。文化上的差异，尤其是东西方文化的差异，导致了人们对同一事物或同一概念的不同理解与解释，甚至能引起误解。如中国人的思维模式是"螺旋形"的，善于推理；西方人的思维模式是"直线形"的，善于论证。

2. 文化差异带来的影响

（1）文化差异对价值观与道德标准的影响

西方人一般比较自我，比较独立，人际关系中的边界感强，不过问他人的事情。中国人则很重视别人对自己的评价，希望在人际交往中给别人留下好印象，一般边界感相对模糊。中国文化更多地强调服从，主张个人利益服从集体利益，主张团结协作，步调一致。

西方人崇拜个人奋斗，尤其为个人取得的成就而自豪，从来不掩饰自己的自信心、荣誉感以及在获得成就后的欣喜。相反，中国文化不主张炫耀个人荣誉，而是提倡谦虚谨慎。

西方文化鼓励开拓创新，而中国文化提倡中庸之道。中国人善于预见未来的危险性，更愿意维持现状，崇尚人与社会环境的和谐。

（2）文化差异对社会关系的影响

西方人平等意识较强，平等思想深入人心，无论贫富，人人都尊重自己，不允许别人侵犯自己的权利；同时，人人都相对地更能尊重他人。中国人则受传统的君臣、父子等级观念的影响较深，等级观念、官本位思想相对较重。

（3）文化差异对家庭关系的影响

一般来讲，美国式的家庭结构比较简单。子女一旦结婚，就得搬出去住，经济上要独立。这种做法给年轻人提供了最大限度的自由，并能培养其独立生活的能力，但同时也疏远了亲属之间的关系。中国式的家庭结构比较复杂，家庭成员之间互相依赖，互相帮助，密切了亲情关系。然而，这种生活方式不利于培养年轻人的独立能力。当然，近年来，中国的家庭结构也发生了很大的变化，核心家庭模式已经越来越普遍。

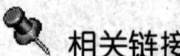 **相关链接**

跨文化交际中的误解

在跨文化交际中，由于文化障碍而导致的信息误解，甚至伤害对方的现象屡见不鲜。有时善意的言谈会使对方尴尬无比，礼貌的举止会被误解为荒诞粗俗。例如，中国人在饭桌上的热情好客经常被西方人误解，因西方人认为客人吃多吃少完全由自己决定，用不着主人为他加菜添酒，而且饮食过量是极不体面的事情。再如，中国人收到礼物时往往放在一边，生怕人家说自己贪心；而西方人收到礼物时要当着客人的面马上打开并连声称好。

> 跨国婚姻中有可能会由于文化的差异而出现问题，因此要多了解对方所在国家的文化习俗，并要对其多加赞扬和肯定，这样对方才会认为他在你心里是很重要的。

二、中西方不同文化背景下的婚恋差异

1. 婚姻观念的差异

婚恋观受价值观与道德标准、社会关系、社会礼仪和社会风俗等综合因素的影响。西方文化倾向个人荣誉、自我中心、创新精神和个性自由，而中国传统文化主张谦虚谨慎、无私奉献、中庸之道和团结协作。受不同文化影响，西方人家庭结构简单，基本由父母以及未成年子女组成核心家庭；而中国人家庭结构及姻亲关系比较复杂。

（1）西方人的婚姻观

西方人普遍认为婚姻纯属个人私事，任何人不能干涉。一个人有权选择和他或她最喜欢的人生活在一起，一旦发现婚姻存在问题，他或她往往倾向于重新选择。在他们看来，强迫不相爱的两个人生活在一起是难以理解和忍受的。

（2）中国人的婚姻观

传统中国人的婚姻观崇尚稳定，一旦结婚了，就不会轻易改变。而且中国人一向把婚姻当做一个严肃的道德问题，喜新厌旧或是第三者插足都被认为是不道德的行为。

2. 择偶标准方面的差异

西方人对择偶对象更看重其是否有活力、是否热情、是否健谈等。而中国人则更看重其内在修养和道德品质。

3. 婚姻目的方面的差异

（1）西方人的现代婚姻更多是以性爱为基础。婚姻的目的是为了满足个人的感情和心理需要。中国人传统的婚姻在于传宗接代、繁衍家族，这就决定了婚姻的非个性特征和对性爱的相对忽视。

（2）中国的婚姻更强调家庭整体的利益和对家庭的责任，强调婚姻的稳定和谐，而不强调个人的权利和幸福，西方的婚姻则更尊重个体的权利和幸福。

随着社会的发展，中国现代社会年轻人的婚恋观发生了很大变化。他们更加强调自由恋爱的权利和自由选择配偶的机会以及志趣和性格是否相投。但是由于受传统文化的影响，中国的父母对儿女的管束比较多。中国父母的过度关照使得一些长大后的青年男女没有足够的独立能力去面对自由恋爱。

4. 爱情伦理方面的差异

（1）爱情在社会和人生中的位置不一样

爱情在西方人生命中是至高无上的，人们不可能牺牲目的本身去成全其他价值目标。他们把爱情看做是个人追求幸福的最高境界。中国人虽然认为爱情是人生的一个重要部分，但爱情往往会为事业让步，牺牲爱情成全事业的人常常受到人们的尊重。

（2）爱情的价值取向上有所差异

西方人在爱情的价值取向上更趋于直接和坦率，而中国人更内在化和理性化，在爱情表达上更含蓄、更深沉。

5. 夫妻关系方面的差异

（1）中式婚姻中的夫妻关系

传统的中国婚姻中，丈夫往往在婚姻中处于主导地位，而妻子则处于从属地位。现代的中国社会，女性走出了家庭的圈子，参与社会工作，保持在经济上的相对独立，男女在婚姻中的地位差距不像以前那么悬殊。但即便如此，一些妻子仍需要或愿意在不同程度上依附于自己的丈夫。改革开放以后，人们的经济条件提高了，不少妻子回归到家庭成为全职主妇，经济责任完全由丈夫承担。对于这些全职太太们，有些人投以羡慕的目光；但对于社会中出现的极为个别的全职丈夫，大家却总是投以鄙视的目光，认为男人吃软饭是没出息。

（2）西方人的夫妻关系

西方强调婚姻中男女的平等关系。在西方，妻子和丈夫均可在外谋职，共同承担家庭的经济责任。家中的大小事情均由夫妻二人共同商定，对于纷繁的家务琐事，夫妻也共同承担。

6. 性观念的差异

（1）西方性观念强调的，一是人类的性欲是一种自然的本能欲望，不应当压抑，而应当充分满足。二是婚姻应满足人们对性的需要，当事人感到婚姻符合意愿时，则可使之延续，否则可以变更。三是性的需要与道德观念无关。四是婚前性行为是社会生活中的正常现象。

（2）中国性观念则不同，一是认为性是传宗接代的途径，在中国的文化中传宗接代才是婚姻中首先需要考虑的问题。二是在中国社会中，性与道德评价是紧密联系的。三是婚前性行为虽然被越来越多的人所接纳，但在较长时间内还会是一个有争议的问题。

三、涉外婚姻存在的问题

1. 婚姻的动机问题

不少中国人的涉外婚姻具有一定的目的性，有些人与外国人结婚，是希望寻找到出国的跳板；而有些人是为了借婚姻求得财物或改变命运。婚姻动机不健康会为以后的婚姻状况种下隐患。

2. 生活习惯、思维方式及价值观差异问题

（1）生活习惯不同引发的争吵

婚姻生活无小事，正是小事中不和谐的不断积累，最终导致了婚姻关系的破裂。比如，用过的物品是不是放归原位，牙刷更换的周期是一天一更换还是一月一更换等。这些生活中的小事第一次发生可能会引起小小的不快，但当一方长期不改变，对方又无法接纳的时候就会增加厌恶感，从而破坏夫妻间感情。美国心理学家霍尔曾说过，"坏习惯会成为婚姻关系中的大问题，一种令人厌恶的坏习惯，屡教不改就会被认为是不尊重对方"。

（2）思维方式相异会导致误会不断

中国人的思维方式是辩证思维，西方人的思维方式是逻辑思维或者分析思维。中国人认为世界永远处于变化之中，没有永恒的对与错；万事万物都是对立面构成的矛盾统一体，做事情讲究和谐。西方人强调对事物的本质特性进行逻辑分析。中国人表达方式较为婉转，西方人则较为直接。当"东方妻子"把盆子敲得咚咚响，希望引起先生的注意时，洋先生不解其意，还在看书。洋先生想了解"东方太太"到底喜欢什么颜色和样式的耳环时，却每次都猜不对，充满挫折感。为避免思维方式的差异引起的误会，双方需要及时沟通。

（3）价值观的差异会增加心理距离

价值观趋同有助于婚姻的稳定，但涉外婚姻中的价值观在不同文化背景的浸润下，会表现出很多的差异性。比如，中国人讲究孝道，如果

东方人娶了"西方妻子",婆媳关系就会成为很严重的问题,影响着婚姻质量。而"西方老公"说什么也无法理解,为什么"东方妻子"家里盖房子要用他辛辛苦苦赚的钱。这些核心观念的差异会加大夫妻间的心理距离。

中国人很强调姻亲关系,整个大家庭间的联结也是很紧密的,会分享小家庭中的隐私。而西方家庭强调小家庭的独立性,有些中国特色的分享会被西方家庭理解为冒犯。

> **涉外婚姻咨询要点**
>
> 涉外婚姻产生的矛盾冲突比一般婚姻产生的冲突更为常见,咨询中要注意逐步降低求助者对婚姻的预期;涉外婚姻咨询中特别要树立法律意识;涉外婚姻涉及国外的价值观和生活习惯,婚姻家庭咨询师要充分了解不同文化体系对婚恋观的影响,理解不同文化体系碰撞易引发的问题。

【案例 1—1】 难圆的出国梦

❖ 案例描述

26岁的李小姐,身材高挑,相貌姣好,只是气色不好,好像是大病初愈。她在咨询时一直低着头,不肯与婚姻家庭咨询师目光对视。求助者自述,自己3个月前打胎,当时胎儿已经6个月了。由于孩子的父亲已经有4个月没有出现了,她没有办法才选择打胎。孩子的父亲是美国留学生,35岁,来华主要是学习中国语言,他4个月前说回美国办理结婚手续,并承诺很快将她和孩子一起接出国。他走后第一个月里还跟她电话联系,后来打过去的电话就无人接听了。李小姐说自己上当了,不应该为了早日出国定居,和一个不了解的人交往。现在身边的朋友都知道她有个美国男朋友,见面还会问她什么时候"出去",她感觉压力很大,不知道应该如何面对。另外,她没有办法让一个金发碧眼的孩子来到身边。可打胎又使她精神上受到打击,现在经常梦到有个孩子很可爱地叫她"妈妈",因此每天都精神恍惚,不知道应该怎么去面对今后的生活。

❖ 分析与建议

1. 求助者情绪低落,需要进行简单的评估

求助者承受着情感和身体上的双重伤害,情绪状态不佳。首先用抑

郁自评量表（SAS）测查其目前的状态，结果是来访者有抑郁倾向。因此建议其到精神科门诊去做进一步测查。

2. 求助者存在的问题

（1）恋爱动机不正确，为受骗提供了可乘之机

涉外婚姻中很大一部分人是希望能通过婚姻关系为自己取得外国护照，从而放松了警惕，没有充分了解恋爱对象，就相信了他的承诺并且与之发生了性关系，导致怀孕。

（2）对恋爱对象了解不多，就建立信任关系并且相信其承诺

当来访者捶胸顿足，哭诉外国男友的不道德时，并没有意识到相互是否真正地了解，对方的承诺是不是值得相信。

（3）对无辜小生命的内疚感

3. 解决办法

（1）求助者的抑郁倾向较明显，在咨询中要给她提供更多的情感支持

（2）初期的咨询主要是建立信任关系，让求助者得到更多的支持，削减道德评价产生的压力

在做自我分析的时候，一定要适当地引导求助者看到自身的问题。建议这个环节要在咨询中期完成。因为自我分析很容易让求助者进行自我谴责，产生情绪失控的问题。

（3）举行纪念和怀念孩子的仪式

当胎儿已经能与母亲产生一些互动时，求助者才决定打胎，可见求助者对恋人和胎儿都怀着很浓厚的感情。可以与求助者商讨一种纪念孩子的仪式来帮助她宣泄内心的歉疚情绪。

（4）建立社会支持系统

社会支持系统是个人在自己的社会关系网络中获得的、来自他人物质和精神上的帮助和支援。其中包括亲人、朋友、同学、同事和邻居等。每一个系统都承载着不同的功能，亲人能给予物质和精神上的帮助，朋友能给予情感上的支持。

（5）重新建立自信心

1）消除顾虑，重新寻找感情。感情的失败让求助者没有信心和勇气再恋爱，对自己的辨别能力产生怀疑。这就需要婚姻家庭咨询师帮助求助者分析上述失败的原因，合理规避此类事情再次发生。

> 当恋爱双方还没有长时间交往，一方就向另一方给出承诺的情况下，当事人需要保持清醒的头脑，花更多精力了解对方是不是在性格、核心价值观等方面与自己相匹配。

2）对自己建立信心。求助者经历了长期的自我否定，重新认识和找回自我，是咨询中很重要的一个子目标，可以从与求助者共同挖掘其自身优势开始，逐渐建立信心。

3）降低对感情的预期，正确面对今后情感上的问题。根据自身的实际情况来制定择偶标准，不能过高也不能过低。要明白婚姻的幸福指数并不取决于对方的收入、相貌和家庭情况。

在人与人互动过程中，有些冲突是很正常的现象，要以平常心面对以后情感上可能发生的问题。只要有充分的心理准备和适当的应对办法，问题是可以妥善解决的。

【案例1—2】 我们还能和好如初吗

❖案例描述

小周26岁，婚龄2年，丈夫David是美国某公司中国区总经理，35岁。两人是读研究生时的同学，并在此期间开始恋爱，毕业后即结婚，家安在北京。恋爱期间两人感情融洽，丈夫痴迷中国文化，小周对西方的价值观也非常认可。周围的人都羡慕小周找到了年轻有为且又情投意合的爱人。然而婚后两年中，两人争吵不断，经常发生冲突，小周感到问题无法解决。

求助者描述的问题有：

1. 关于是否要小孩的问题。小周父母都刚退休，希望小周夫妻早点要孩子，他们可以花时间照顾。但丈夫David不同意，认为生孩子是两个人顺理成章的事情，不是要给岳父母生一个玩具，并且坚持认为即便有了孩子也不能交给岳父母照顾。丈夫的话很伤小周父母的心，小周在中间多次调和无效。父母觉得这个老外女婿太没有人情味，丈夫则认为岳父母过度干涉他们小家庭的私事。

2. 关于养狗。丈夫养的牧羊犬经常会偷偷睡到他们的床上，小周虽然不讨厌狗，但也没有亲到这个地步。她多次向丈夫提出抗议，丈夫都置若罔闻。慢慢地，小周竟然开始讨厌那条和自己争老公的狗了。

3. 丈夫讨厌说谎。有时候朋友打电话过来，小周正忙着写文章，不想让人打扰，就让丈夫接电话说她出去了，没有带手机。丈夫说什么也不帮忙，并指责她不诚实，太爱说谎了。小周反复地跟他解释，那是善意的谎言，是为了不伤害彼此的感情。但丈夫不认可。两个人都对对方的文化很认可，而且语言交流也不成问题，为什么还会产生这样的小矛盾呢？在以后的生活中应该如何处理？

❖ **案例分析**

本案例存在的问题有：

1. 对涉外婚姻中的困难认识不足

婚姻最初的两年是两个人相互磨合最剧烈的时期，在这个时期文化差异带来的冲突是最为强烈的。当然，如果孩子出生，又将面临新一轮强烈的磨合，比如教育观的差异。

2. 姻亲关系处理不当

中国的文化传统及独生子女家庭的现状决定了父母与子女家庭的联结会更为紧密，父母对已婚子女的管教方式没有随着子女的长成而变化。

在西方的文化里，核心家庭是相对独立的。从岳父母的建议中，丈夫 David 感受到的是控制。而且小周与父母心理距离太近，也会让爱人产生困惑，感觉没有被小周女士完全接纳。

> 从心理上做好面对更多冲突的准备，在生活中出现问题才不会过于敏感。

3. 行为方式的不协调

西方文化强调直接表达，所以小周的丈夫更希望小周直接拒绝对方，而不是欺骗对方。欺骗在西方人看来是不道德并且是虚伪的。而东方文化却强调含蓄，所以小周不希望直接拒绝朋友，怕伤了感情。

❖ **咨询建议**

1. 增加有效交流、促进相互理解

中西方文化的差异会渗透到生活的各个方面，如果希望涉外婚姻走得更长远、更顺利，只能是相互理解。

2. 建立家庭边界，加强小家庭的凝聚力

结婚在一定程度上是一种与原生家庭分离的仪式，应该认识到两个人组成的新家是一致对外的最小单位，这有助于新婚夫妻的自我成熟和自我提升。

3. 了解西方的"狗文化"

狗在西方是很受喜爱的动物，"爱人及狗"是处理好这方面冲突的最好方法。小周应花时间了解西方的"狗文化"，避免两人产生不必要的误会。建立一个双方认可的规则，比如每周五可以让小狗自由出入卧室。

相关链接

涉外婚姻新趋势

涉外婚姻作为婚姻文化的一部分也会随着社会的发展而出现新的发展趋势。一是人们对涉外婚姻的观念和行为发生了变化，它的经济色彩逐渐被情感导向所替代。二是从前更多是女孩子嫁出去，现在则有更多的涉外婚姻是中国小伙子把外国女孩娶进来。这"一进一出"的变化源于中国经济的进步，走出国门不再是件难事。国内经济水平的不断提高和居住环境的不断变化，使在中国定居成为越来越多涉外婚姻家庭的选择。

本单元思考题

1. 不同文化背景对婚恋观有哪些影响？
2. 东西方人的婚恋观有哪些差异？
3. 张女士28岁，大学教师，硕士学历，婚龄2年，前夫是英国人，从事中西文化的比较研究。张女士很爱自己的丈夫，但丈夫却在结婚不到两年就提出离异。离异的原因是性格不合、文化冲突无法调解。张女士是英美文学硕士，按理说对外国文化已很了解，为什么婚姻没能走得更远，她自己也不清楚。他们在婚姻中产生过3次有代表性的冲突：

第一次，丈夫要求她做婚前财产公证，很让她伤感情，最后还是勉强同意了。第二次，丈夫多次提到她的知识面太窄了，对中国文化的精髓性的人物比如老子、孔子都不了解，还不如自己懂得多。第三次，朋友托张女士办事，她办不到就请丈夫代劳，这本是很正常的事情，但丈夫经常为此事抱怨不开心。

张女士的婚姻已经结束了，她想知道自己婚姻失败的原因，所以来做咨询。请做一下分析。

学习单元 2　处理涉外婚姻的法律建议

涉外婚姻作为具有涉外因素的婚姻，其法律适用相当复杂，既涉及我国涉外法律适用问题，也涉及外国法律适用问题。由于外国法律体系庞杂，内容广泛，本单元难以全面概述，因此，本单元重点介绍的是我国法律中有关涉外婚姻的规定。

 学习目标

➤ 了解涉外婚姻的概念和法律适用
➤ 掌握涉外结婚的条件和程序
➤ 掌握涉外离婚的程序

一、涉外婚姻的概念、特征和法律适用

1. 涉外婚姻的概念

涉外婚姻，是指具有涉外因素的婚姻（包括结婚、离婚和复婚）。所谓涉外，是指主体涉外或地域涉外。这里的主体涉外，是指婚姻当事人一方或双方为外国人；地域涉外，是指婚姻事项在本国境外办理。

涉外婚姻有广义和狭义之分。广义的涉外婚姻，指不同国籍的公民之间缔结的、同一国籍的公民在外国境内缔结的，或外国公民在本国缔结的婚姻。根据办理涉外婚姻事项的地域的不同，可分为两种类型：一种是在本国境内，本国公民与外国人或外国人与外国人之间的结婚、离婚和复婚；另一种是在外国境内，本国公民与外国人或本国公民与本国公民的结婚、离婚和复婚。广义的涉外婚姻，由国际私法调整。狭义的涉外婚姻，是指在中国境内，中国公民与外国人或外国人与外国人按照我国法律结婚、离婚或复婚。

我国现行有关法律、法规、条例中所称的涉外婚姻，通常指的是狭义的涉外婚姻。

2. 狭义涉外婚姻的特征

(1) 涉外婚姻具有涉外因素

表现为主体涉外或地域涉外。主体涉外，即婚姻当事人中至少有一方是外国人。婚姻当事人中，一方为中国公民，另一方为外国人或双方均为外国人。这里的中国公民是指具有中国国籍并居住在中国的人，包括已加入中国国籍的外国血统的人。这里的外国人，是指不具有中国国籍的人，包括外国血统的外籍人、中国血统的外籍人（外籍华人），定居我国的外国侨民和无国籍人。地域涉外，即本国人在外国结婚，或外国人在本国结婚。

(2) 涉外婚姻涉及适用不同国家的法律

涉外婚姻涉及两个或两个以上国家，自然涉及两个或两个以上国家的法律，需要解决法律适用问题。

3. 涉外婚姻的法律适用

调整涉外婚姻家庭关系，在适用法律时需要解决两个或两个以上国家的婚姻家庭法的冲突问题。现行《中华人民共和国婚姻法》（以下简称《婚姻法》）对此未作规定。1983年8月26日民政部颁行的《中国公民同外国人办理婚姻登记的几项规定》，仅对我国境内发生的涉外结婚、涉外离婚的问题作了具体规定，但未全面规定涉外婚姻家庭关系的法律适用问题。1987年1月1日施行的《民法通则》设有专章规定"涉外民事法律关系的法律适用"，其中既规定了法律适用的一般原则，又对有关准据法作了明确规定。

2010年10月28日我国第十一届全国人民代表大会常务委员会第十七次会议通过的《中华人民共和国涉外民事关系法律适用法》（以下简称《涉外民事关系法律适用法》）则全面规定了涉外民事关系的法律适用问题，其中专门规定了婚姻家庭一章，该法自2011年4月1日起施行。根据上述相关法律，我国对涉外婚姻家庭关系的法律适用原则及准据法规定如下。

(1) 关于结婚

根据现行《民法通则》第147条的规定，中国公民同外国人结婚适用婚姻缔结地法律。即涉外结婚以结婚行为地法为准据法，包括婚姻成立的实质要件和形式要件，均适用结婚行为地国家（或地区）的法律。

> 外国人是指依照《中华人民共和国国籍法》规定的不具有中国国籍的人，包括具有外国国籍的人和无国籍的人。

根据将于2011年4月1日起施行的《涉外民事关系法律适用法》第21条的规定，"结婚条件，适用当事人共同经常居所地法律；没有共同经常居所地的，适用共同国籍国法律；没有共同国籍，在一方当事人经常居所地或者国籍国缔结婚姻的，适用婚姻缔结地法律。"该法第22条规定："结婚手续，符合婚姻缔结地法律、一方当事人经常居所地法律或者国籍国法律的，均为有效。"

(2) 关于离婚

根据现行《民法通则》第147条的规定，中国公民同外国人离婚适用受理案件的法院所在地法律。即涉外离婚以法院地法为准据法，包括离婚的实质要件和形式要件，均适用受理离婚案件的法院所在地国家（或地区）的法律。我国《最高人民法院关于贯彻执行〈民法通则〉若干问题的意见》第188条也明确规定："我国法院受理的涉外离婚案件，离婚以及因离婚而引起的财产分割，适用我国法律。认定其婚姻是否有效，适用婚姻缔结地法律。"

根据将于2011年4月1日起施行的《涉外民事关系法律适用法》第26条的规定，"协议离婚，当事人可以协议选择适用一方当事人经常居所地法律或者国籍国法律。当事人没有选择的，适用共同经常居所地法律；没有共同经常居所地的，适用共同国籍国法律；没有共同国籍的，适用办理离婚手续机构所在地法律。"该法第27条规定："诉讼离婚，适用法院地法律。"

(3) 我国法律对涉外婚姻家庭关系法律适用没有规定的，适用与该涉外婚姻家庭关系有最密切联系的法律

《涉外民事关系法律适用法》体现了国际上解决涉外民事争议法律适用的通行做法，确立了最密切联系原则，在第2条第2款明确规定："本法和其他法律对涉外民事关系法律适用没有规定的，适用与该涉外民事关系有最密切联系的法律。"该法第5条同时规定："外国法律的适用将损害中华人民共和国社会公共利益的，适用中华人民共和国法律。"

二、涉外结婚

涉外结婚，是指我国公民与外国人或外国人与外国人在我国境内结婚或复婚的法律行为。

1. 涉外结婚的条件

(1) 中国公民同外国人在中国境内结婚

中国公民与外国人在中国境内结婚，根据现行《民法通则》第147条"结婚适用婚姻缔结地法律"的原则，应适用中国法律，包括我国《婚姻法》《婚姻登记条例》以及《中国公民同外国人办理结婚登记的几项规定》等有关法律、法规。在不违背我国《婚姻法》基本原则的前提下，对外国人一方的结婚条件，可适当考虑其本国法律中的有关规定，以免该项婚姻被其本国法认为无效。

将于2011年4月1日起施行的《涉外民事关系法律适用法》第21条规定："结婚条件，适用当事人共同经常居所地法律；没有共同经常居所地的，适用共同国籍国法律；没有共同国籍，在一方当事人经常居所地或者国籍国缔结婚姻的，适用婚姻缔结地法律。"根据上述规定，如果结婚当事人一方是中国人、一方是外国人，也即双方没有共同国籍，申请在中国境内结婚，双方有共同经常居所地，适用共同经常居所地法；没有共同经常居所地的，如果中国是其中一方当事人的经常居所地，适用中国法律；也可因在中国一方的国籍国结婚而适用婚姻缔结地——中国的法律。

对结婚主体的限制。我国法律规定某些中国公民不准同外国人结婚。根据《中国公民同外国人办理结婚登记的几项规定》第4条之规定，以下两类中国公民不准同外国人结婚：

第一类是某些担任特定公职的人员。其范围是：

1) 现役军人。是指正在中国人民解放军和人民武装警察部队中服现役，具有军籍的干部和战士。但某些原在部队掌握核心机密和重大机密的复员、转业军人，在他们掌握和熟悉的机密失密前，也不能同外国人结婚。

2) 外交人员。是指直接从事外交工作的人员，主要指外交部和我国驻外使、领馆的外交官员。

3) 公安人员。是指在编的各级公安机关、国家安全机关的干警。

4) 机要人员和其他掌握重大机密的人员。是指国家党政机关、科研机构和企业单位从事机要工作，掌握党和国家重大机密和科技尖端机密的人员。法律不准担任特定公职的人员同外国人结婚，是为了维护国家的安全和利益，这也是世界各国立法的通例。

第二类是正在接受劳动教养和服刑的人。这类人员由于违法或犯罪，正在接受法律制裁，被限制了人身自由，所以不准同外国人结婚。

（2）外国人与外国人（包括定居在我国的外国侨民）在中国境内结婚

将于2011年4月1日起施行的《涉外民事关系法律适用法》第21条规定："结婚条件，适用当事人共同经常居所地法律；没有共同经常居所地的，适用共同国籍国法律；没有共同国籍，在一方当事人经常居所地或者国籍国缔结婚姻的，适用婚姻缔结地法律。"依上述规定，双方当事人都是来华的外国人，要求在中国境内结婚的，如果双方有共同经常居所地，则适用共同经常居所地法律；如果没有共同经常居所地而有共同国籍的，适用共同国籍国法律；没有共同国籍，一方当事人在中国有经常居所地的，适用中国法律。

2. 涉外结婚的程序

涉外结婚登记程序，是在我国境内成立涉外婚姻的唯一合法的形式要件。由于涉外婚姻的特殊性，我国法律对涉外结婚登记的机关和当事人须持的证件等作了特别规定。

（1）办理涉外婚姻登记的机关

中国公民同外国人在中国境内自愿结婚的，《婚姻登记条例》（国务院令第387号，2003年10月1日起施行）第2条明确规定："中国公民同外国人，内地居民同香港特别行政区居民（以下简称香港居民）、澳门特别行政区居民（以下简称澳门居民）、台湾地区居民（以下简称台湾居民）、华侨办理婚姻登记的机关是省、自治区、直辖市人民政府民政部门或者省、自治区、直辖市人民政府民政部门确定的机关。"

（2）结婚当事人须持法定的证件

根据《婚姻登记条例》第5条的规定，申请结婚登记的中国公民和外国人，须分别持有下列证件和证明材料："办理结婚登记的内地居民应当出具下列证件和证明材料：（一）本人的户口簿、身份证；（二）本人无配偶以及与对方当事人没有直系血亲和三代以内旁系血亲关系的签字声明。""办理结婚登记的外国人应当出具下列证件和证明材料：（一）本人的有效护照或者其他有效的国际旅行证件；（二）所在国公证机构或者有权机关出具的、经中华人民共和国驻该国使（领）馆认证或者该国驻华使（领）馆认证的本人无配偶的证明，或者所在国驻华使（领）馆出

> 当事人属人法是指当事人的国籍所属国法或者其住所所在地法。主要用来确定婚姻家庭关系、继承关系，以及人的权利能力和行为能力等方面的法律适用问题。

具的本人无配偶的证明"。

将于2011年4月1日起施行的《涉外民事关系法律适用法》第22条规定："结婚手续，符合婚姻缔结地法律、一方当事人经常居所地法律或者国籍国法律的，均为有效。"

（3）申请、审查和登记

要求结婚的涉外婚姻当事人应持法定证件和男女双方的照片，共同到婚姻登记管理机关提出结婚申请。根据《婚姻登记条例》第7条的规定，婚姻登记机关应当对结婚登记当事人出具的证件、证明材料进行审查并询问相关情况。经婚姻登记管理机关审查，对当事人符合我国《婚姻法》和有关法律规定的结婚条件的，应当当场予以登记，发给结婚证；当事人取得结婚证，即确立夫妻关系。当事人不符合结婚条件不予登记的，应当向当事人说明理由。

> 《婚姻登记条例》对中国公民与外国人之间办理婚姻登记的机关的设置作了改革，改为省级人民政府民政部门或者省级人民政府民政部门确定的机关，至于如何设置，应当由省级人民政府民政部门根据本地实际合理设置。

三、涉外离婚

涉外离婚，是指中国公民与外国人、外国人与外国人之间在我国境内按照我国法律办理离婚的法律行为。

1. 协议离婚

《婚姻登记条例》第10条第2款规定："中国公民同外国人在中国内地自愿离婚的，内地居民同香港居民、澳门居民、台湾居民、华侨在中国内地自愿离婚的，男女双方应当共同到内地居民常住户口所在地的婚姻登记机关办理离婚登记。"依此规定，登记离婚的对象是受到限制的，即当事人要求离婚时，夫妻一方必须是内地居民。如果当事人结婚时是内地居民，而要求离婚时夫妻双方均已移居国外或我国香港、澳门、台湾地区，或双方均加入外国籍，婚姻登记机关均不能受理该离婚申请。这种情况下，婚姻当事人要求在内地离婚，只能向人民法院提出离婚诉讼。

《婚姻登记条例》第11条规定："办理离婚登记的内地居民应当出具下列证件和证明材料：（一）本人的户口簿、身份证；（二）本人的结婚证；（三）双方当事人共同签署的离婚协议书。办理离婚登记的香港居民、澳门居民、台湾居民、华侨、外国人除应当出具前款第（二）项、第（三）项规定的证件、证明材料外，香港居民、澳门居民、台湾居民还应当出具本人的有效通行证、身份证，华侨、外国人还应当出具本人的有效护照或者其他有效国际旅行证件。离婚协议书应当载明双方当事人自愿离婚的意思表示以及对子女抚养、财产及债务处理等事项协商一致的意见。"

《婚姻登记条例》第13条规定,婚姻登记机关应当对离婚登记当事人出具的证件、证明材料进行审查并询问相关情况。对当事人确属自愿离婚,并已对子女抚养、财产、债务等问题达成一致处理意见的,应当场予以登记,发给离婚证。

根据将于2011年4月1日起施行的《涉外民事关系法律适用法》第26条规定:"协议离婚,当事人可以协议选择适用一方当事人经常居所地法律或者国籍国法律。当事人没有选择的,适用共同经常居所地法律;没有共同经常居所地的,适用共同国籍国法律;没有共同国籍的,适用办理离婚手续机构所在地法律。"

2. 诉讼离婚

我国关于涉外离婚案件的管辖权规定集中在我国民事诉讼法之中,《民事诉讼法》第22条规定,我国法院在受理涉外离婚案件时,采取原告就被告原则,只要被告在我国有住所或居所,我国法院就享有对案件的管辖权。该法第23条第1款规定,对于被告不在我国境内居住的涉外离婚案件,如原告在我国境内有住所或居所,原告住所地或居所地法院享有对案件的管辖权。1992年7月14日,最高人民法院通过了《关于适用〈中华人民共和国民事诉讼法〉若干问题的意见》对涉外离婚案件的管辖权作了专门性的规定。我国法院在以下情况下对涉外离婚案件具有管辖权:一是在国内结婚并定居国外的华侨,如定居国法院以离婚诉讼须由婚姻缔结地法院管辖为由不予受理时,当事人向人民法院提出离婚诉讼的,由婚姻缔结地或一方在国内的最后住所地人民法院管辖。二是在国外结婚并定居国外的华侨,如定居国法院以离婚诉讼须由国籍所属国法院管辖为由不予受理时,当事人向人民法院提出诉讼的,由一方原住所地或在国内的最后住所地人民法院管辖。三是中国公民一方居住在国外,一方居住在国内,不论哪一方向人民法院提起离婚诉讼,国内一方住所地人民法院都有管辖权。如国外一方在居住国法院起诉,国内一方向人民法院起诉的,受诉人民法院有管辖权。四是中国公民双方在国外但未定居,一方向人民法院起诉离婚的,应由原告或者被告住所地人民法院管辖。

《婚姻登记条例》颁布之前,根据《中国公民同外国人办理婚姻登记的几项规定》,中国公民和外国人要求离婚的,应按《民事诉讼法》的有关规定,向人民法院提出离婚诉讼,即涉外离婚当事人应一律向中国公民一方户籍所在地或常住地的人民法院起诉,通过诉讼途径解决婚姻纠纷,即使当事人双方自愿离婚也不适用我国《婚姻法》规定的登记离婚程序。《婚姻登记条例》颁布后,内地居民和外国人离婚也可到婚姻登记机关登记离婚。

关于诉讼离婚的准据法，根据《民法通则》第147条规定的"离婚适用受理案件的法院所在地法律"的原则，在我国境内的涉外离婚应适用我国《婚姻法》及其他有关法律、法规的规定。最高人民法院《关于贯彻执行〈中华人民共和国民法通则〉若干问题的意见》（以下简称《执行〈民通〉意见》）第188条规定：我国法院受理的涉外离婚案件，离婚以及因离婚引起的财产分割，适用我国法律，认定其婚姻是否有效，适用婚姻缔结地。

根据将于2011年4月1日起施行的《涉外民事关系法律适用法》第27条的规定："诉讼离婚，适用法院地法律。"即涉外离婚以法院地法为准据法。包括离婚的实质要件和形式要件，均适用受理离婚案件的法院所在地国家（或地区）的法律。

人民法院审理涉外离婚案件，裁判夫妻双方是否离婚，应根据我国《婚姻法》第32条和有关规定处理。对于离婚而引起的子女抚养费的负担、夫妻共同财产的分割、债务的清偿和一方对他方的经济帮助等问题，也应按我国《婚姻法》的规定一并处理。

> 中国公民同外国人离婚，处理子女抚养费的负担、共同财产的分割和经济帮助等问题，最好确定国外一方一次性给付。这主要是由于我国目前与不少国家尚未签订司法协助协议，这些判决不便强制执行。

涉外婚姻法律咨询要点

1. 婚姻家庭咨询师应详细了解求助者所咨询问题是否属于涉外的婚姻家庭问题。
2. 婚姻家庭咨询师应明确告知求助者我国有关涉外婚姻家庭问题的法律适用的规定。

【案例1—3】外国人马洛斯与中国女学生李小夏结婚案

❖ 案例描述

外国人马洛斯（男）是某大学英语系外聘英语教师。2004年，马洛斯在教学过程中认识了其任教大学的二年级女学生李小夏，两人通过接触，渐生好感，关系日益密切，并发生了两性关系。2005年10月，在李小夏大学三年级的时候，马洛斯向学校提出和李小夏结婚的要求。学校告知李小夏未达到我国婚姻法规定的结婚年龄，不可以结婚。马洛斯与李小夏又直接到婚姻登记机关申请结婚，婚姻登记机关了解双方情况后，认为依据《中华人民共和国婚姻法》的规定，李小夏未到法定婚龄，不符合我国婚姻法规定的结婚条件，故不能登记。马洛斯提出，按他所在国家的法律，李小夏达到了结婚年龄，可以依马洛斯国籍国法律规定结婚。婚姻登记机关指出，根据中国的法律，在中国结婚必须遵守我国《婚姻法》，不适用马洛斯国籍国法律。马洛斯与李小夏只好作罢。

2006年7月，李小夏年满20周岁。马洛斯也任教已满即将回国。双方又到婚姻登记机关要求办理结婚登记。登记机关要求马洛斯提交有关证件和证明材料，马洛斯以时间紧为借口拒绝提供。我国婚姻登记机关依法不予办理结婚登记。马洛斯向李小夏许诺他先回国去办理手续，待手续齐备后再来中国登记结婚。但马洛斯走后一去不复返，后经了解，马洛斯在国内早已结婚。

❖ **分析与建议**

本案中，外国人马洛斯与中国女学生李小夏在中国登记结婚，依据《民法通则》第147条"中华人民共和国公民和外国人结婚适用婚姻缔结地法律"的规定，适用中国法律。马洛斯和李小夏第一次申请结婚时，李小夏年龄未满20周岁，未达到我国法律规定的结婚年龄条件。根据《婚姻法》的规定，李小夏未达到法定婚龄，不符合我国法律规定，马洛斯、李小夏到我国婚姻登记机关登记结婚，婚姻登记机关不予结婚登记有法律依据。马洛斯提出根据马洛斯国籍国法律，李小夏已达到结婚年龄，应按马洛斯国籍国法律办理结婚登记，允许他们结婚。马洛斯的主张与我国关于涉外结婚适用婚姻缔结法的法律规定相悖，其主张不能成立。马洛斯、李小夏第二次申请结婚登记时，女方已年满20周岁，符合结婚条件，但双方必须提交法律规定的证件和证明材料，以证明本人的身份、年龄以及婚姻状况等。因马洛斯以时间紧为借口拒绝提供，我国婚姻登记机关依法不予办理结婚登记。

特别提示：本案中，还涉及在校大学生的结婚问题。根据《婚姻法》的规定，结婚年龄女20周岁，男22周岁，符合结婚条件的中国公民都可以登记结婚。《婚姻法》未对在校大学生作出禁止结婚的规定。教育部原《普通高等学校学生管理规定》第30条规定："在校学习期间擅自结婚而未办理退学手续的学生作退学处理；取消学籍或退学的学生，均不得申请复学。"2005年9月1日施行的新《普通高等学校学生管理规定》取消了该规定。

【案例1—4】 中国公民姜彬与中国公民马华泰国旅游结婚案

❖ **案例描述**

2001年，中国公民姜彬（男，20岁）与中国公民马华（女，19岁）到马华户口所在地婚姻登记机关办理结婚登记，婚姻登记机关工作人员认定二人未到法定婚龄，不予登记。为了达到结婚的目的，姜彬、马华二人参加了某旅行社组织的新、马、泰十日游。在泰国期间，按当地宗教仪式举行了结婚典礼。回国后，二人以夫妻名义共同生活，并居住在姜彬婚前继承的父母住房中。2004年，姜彬在一起交通事故中意外死亡。对姜彬的遗产继承问题，马华与姜彬的哥哥、姐姐发生纠纷。姜彬兄姐认为，马华不是姜彬合法妻子，因马华与姜彬未依《婚姻法》规定的程序在国内进行婚姻登记，而仅在泰国按当地宗教仪式举行了婚礼，违背我国法律关于婚姻形式要件的规定，属无效婚姻，马华不是姜彬的法定继承人，无权继承姜彬遗产。同时，因姜彬父母均已去世，因此，在没有第一顺序法定继承人的情况下，姜彬兄姐认为他们作为第二顺序法定继承人有权继承姜彬遗产。之后，姜彬姐姐还搬到了马华和姜彬的住房中。马华则认为，自己是姜彬的合法妻子，在泰国已和姜彬结婚，且与其共同生活两年多，是法定继承人。双方各执一词难以协调。姜彬兄姐遂起诉到姜彬与马华的住所地人民法院，请求继承姜彬遗产。

法院经审理认为，本案中马华和姜彬在婚姻实质要件不符合我国法律规定的情况下到泰国采取宗教方式结婚，婚后回国居住，其行为构成法律规避，该婚姻无效，我国法律不应予以认可，故马华对姜彬的遗产不享有法定继承权，姜彬的法定继承人是其兄姐，应由其兄姐继承姜彬遗产。

❖ **分析与建议**

本案的主要焦点是马华与姜彬在泰国结婚的效力问题，也是马华能否享有法定继承权的关键。如果马华与姜彬的婚姻有效，则马华作为姜彬的第一顺序法定继承人自然有权继承姜彬遗产，姜彬兄姐作为第二顺序法定继承人无权继承。如果马华与姜彬婚姻无效，则在姜彬没有其他第一顺序法定继承人的情况下，理应由第二顺序的姜彬兄姐继承。

关于姜彬、马华在泰国缔结婚姻的效力。姜彬、马华在我国婚姻登记机构办理结婚登记，因未达到《婚姻法》规定的法定婚龄，不符合结婚的实质要件，我国婚姻登记机关不予登记。为达到结婚目的，姜彬、马华通过参加旅行社组织的境外旅游得以在泰国采用宗教方式结婚，并在婚后回到中国。对该婚姻的效力，可以从以下两方面加以分析。

姜彬、马华在国外结婚应否适用我国法律规定的结婚条件的问题。近年来，各国为了促进本国旅游业的发展，相继开办了涉外旅游结婚业务，一些外国人到中国按中国的民俗方式结婚。中国一些旅行社也开办了涉外旅游结婚业务，也有中国人参加旅行社的涉外旅游结婚活动，到外国按当地的民俗结婚。对涉外旅游结婚适用何国法律调整，我国法律没有明确规定。对此，可以参考1997年5月8日民政部、外交部颁布的《出国人员婚姻登记办法》（以下简称《办法》）中的有关规定来规范涉外旅游结婚。《办法》规范的是依法出境，在国外合法居住6个月以上未定居的中华人民共和国公民的结婚问题。对在国外合法居住6个月以上未定居的中华人民共和国公民在国外结婚，该《办法》第5条规定，婚姻登记应符合我国有关婚姻法律、法规的规定。依该规定的精神理解，中国公民涉外旅游结婚应适用我国法律，符合我国的法律规定，并遵守婚姻举行地国家的法律规定。同时，中国公民在国外结婚，还可参照外交部、最高人民法院、民政部、司法部、国务院侨务办公室《关于驻外使领馆处理华侨婚姻问题的若干规定》办理，即在国外居住的华侨，可依侨居国法律规定的形式结婚，也可在互惠基础上到我国驻该国使领馆办理领事婚姻，但实质要件适用我国法律。依上述规定的精神，中国公民在国外结婚其实质要件不能与我国法律相冲突。因此，从上述角度分析，姜彬与马华在外国旅游时结婚仍应符合我国婚姻法的规定，二人结婚时未达法定结婚年龄，其婚姻不具有法律效力。

其次，对规避我国法律的行为效力问题。姜彬、马华在外国缔结婚姻的目的就是规避我国《婚姻法》中关于法定婚龄的强制性规定，这就涉及国际私法中的法律规避问题。所谓法律规避，是指当事人利用某一冲突规范，故意制造某种联结点的构成要素，以避开本应适用的对其不利的法律，从而适用对其有利的法律的一种行为。对此，《执行〈民通〉意见》第194条规定："当事人规避我国强制性或禁止性法律规范的行为，不发生适用外国法律的效力。"因此，本案中，尽管马华和姜彬在外国缔结的婚姻符合婚姻缔结地法的规定，但这种婚姻因规避我国法律不发生适用外国法的效力，我国法律不予承认。

因此，本案中，姜彬和马华的结合不受法律保护，马华不是姜彬的合法配偶，故在姜彬去世后无权以法定继承人身份继承姜彬遗产。

本单元思考题

我国关于涉外婚姻家庭的法律适用是如何规定的？

 学习单元3 处理涉港澳台婚姻的法律建议

随着大陆（或内地）与港澳台地区之间的经济、贸易和文化交流的日益密切，涉港澳台的婚姻家庭也日益增多。本单元通过介绍港澳台有关婚姻家庭的法律规定和内地在处理涉港澳台婚姻的相关规定，使婚姻家庭咨询师掌握比较准确、全面的有关婚姻家庭法律知识，更好地给当事人提供有关涉港澳台婚姻的缔结和解除、亲子关系、夫妻关系以及继承、收养等方面的咨询建议。

 学习目标

➢ 了解我国港、澳、台地区有关婚姻家庭的法律规定
➢ 掌握内地涉港澳台婚姻的相关规定

一、我国香港地区有关婚姻家庭的规定

1. 我国香港地区关于结婚的有关规定

香港地区有关结婚的法律规定集中在《结婚条例》《婚姻制度改革条例》《婚姻诉讼条例》等以及相关的法院判例。注册婚姻是香港婚姻的主要形式。另外，由于历史的原因，还有纳妾与兼祧婚姻、旧式婚姻和认可婚姻等几种遗留的婚姻形式。自1971年10月7日以后，香港法律不再允许纳妾和兼祧，但对在此之前的纳妾、兼祧、旧式婚姻和认可婚姻的效力予以承认和保护。

在香港，注册结婚的条件分为实质条件和形式条件。

（1）实质条件

1）达到法定的结婚年龄。香港法定的男女结婚年龄是16周岁。

2）双方自愿。男女结婚必须出自内心自愿，任何一方因受胁迫、欺骗或精神上存在缺陷而结婚的，将构成婚姻可撤销的主要原因。值得注意的是，由于香港地区的成人年龄（21周岁）高于其法定婚龄，所以如果已满16周岁而未满21周岁的男女要求结婚，必须事先取得双方各自父亲的书面同意，若父亲死亡或精神不健全的由母亲书面同意；若父母均已亡故，则由法定监护人书面同意。否则，注册官会拒绝发给结婚证书。当然，如果未满21周岁的男女任何一方是已离婚或丧偶者，再婚时无须取得家长的同意。可见，这里的自愿具有相对性。

3）无配偶。自1971年10月7日起，实行一夫一妻制。

4）不属于禁婚亲属。男女不属于直系血亲、直系姻亲及三等亲内的旁系血亲。

5）有结婚能力。凡精神不正常，无性行为能力或患有传染性疾病的，属于无结婚能力者。

（2）形式条件

包括注册和婚礼两个必备要件。凡在香港地区要求结婚的人，须遵循下列程序：

1）必须先向婚姻注册处提出结婚申报，填写结婚申报书。

2）在注册官处作无任何婚姻障碍的誓言保证，并提供需要同意人出具的同意书。

3）注册官发布公告期为15天的结婚公告。

4）公告期满无人提出异议，即可办理注册登记，发放结婚证书。

当事人双方在领到证书后的3个月内没有举行婚礼，其所办的手续全部作废，如欲结婚，须重新递交申报书和办理注册手续。因此，婚礼是注册婚姻成立的法定必要程序。

2. 我国香港地区关于亲属的有关规定

香港关于亲属关系的法律规定散见于各个法例中，如《结婚条例》《婚姻制度改革条例》《婚生地位条例》《领养条例》《父母与子女条例》《未成年人监护条例》《无遗嘱者遗产条例》等。

根据香港法律的规定，具有法律效力的亲属包括配偶、父母子女；

祖父母、外祖父母、孙子女、外孙子女、兄弟姐妹及其子女，伯、叔、舅、姨等亲属。需要注意的是，妾和兼祧婚姻中的女方与其夫之间也存在法律上一定的权利和义务关系。

亲属在婚姻家庭法方面的效力主要有：

(1) 禁婚的效力

血亲禁婚的范围：直系血亲之间及三等亲内的旁系血亲（包括全血缘和半血缘）之间，禁止结婚。姻亲禁婚的范围：己身与上下两辈的直系姻亲间、己身与三等亲内的旁系姻亲间，禁止结婚。

(2) 抚养和扶养的效力

夫妻间负有扶养的义务，父母对未成年子女负有抚养的义务。

(3) 继承的效力

根据法律规定，在无遗嘱继承时法定继承人的范围包括死者的配偶（有效婚姻中的配偶）及晚辈直系血亲，父母（不包括继父母），兄弟姐妹（出于同一父的）及其子女，祖父母、外祖父母，伯、叔、姑、舅、姨。

3. 我国香港地区关于夫妻的有关规定

夫妻关系实际上就是男女因结婚而形成的一种权利义务关系。具体包括如下几种权利和义务：

(1) 夫妻姓氏权

> 已婚男性不能因为结婚改用妻子的姓氏，而且已婚男性若想更改姓氏，须待到妻子的签名同意。

虽然香港无专门法律规定，但是一般适用英国惯例，即女子婚后可以放弃原姓代以夫姓，也可以在原姓之前冠以夫姓，也可以不改变原姓；丈夫去世或夫妻离婚，妻子仍可以沿用夫姓；如果妻子再婚，既可以沿用原夫姓，也可以改用再婚丈夫的姓。

(2) 同居的权利和义务

同居既是夫妻的权利，也是夫妻的义务。包括婚居何处和性欲要求，若一方坚持不合理的居所，法院可视为遗弃行为；而婚后一直没有性行为或一方坚持不合理的性要求又或性冷淡，均可构成离婚的条件。因生理缺陷不能履行同居义务时，为无效婚姻。

(3) 相互扶养的义务

在婚姻有效期间，合法夫妻任何一方均可向法院要求另一方负担供养责任。但在妻子犯有通奸行为和无正当理由离开其夫拒绝同居时，丈夫可以不再承担扶养义务。需要注意妻子向法院申请发布给付赡养费的命令时，只需证明其夫有供养能力而故意不提供生活费，即可获得法庭的准许；而丈夫则须因年老、生病、身心残疾等原因而丧失劳动力和谋生能力且妻子有供养能力而故意不承担义务为限，才会获得法院准许。丈夫因吸毒、赌博等不正当原因而丧失劳动力和谋生能力的，妻子可以不承担扶养义务。在离婚后，一方对另一方的抚养义务仍得以延伸，以免除一方在离婚后的生活困难。

（4）夫妻财产权

香港采用夫妻分别财产制，即夫妻婚前财产、婚后各自取得的财产，均归各自所有，各自独立承担财产责任的制度。

（5）夫妻遗产继承权

夫妻互为法定继承人，享有继承对方遗产的权利。尽管香港法律允许一个人通过遗嘱将其死后的财产转移给遗嘱指定人，但为保障生存的合法配偶的财产继承权，根据《遗属赡养条例》，生存配偶可以向法院申请，获得死者的部分遗产。

4. 我国香港地区关于父母子女关系的有关规定

涉及的法例主要有《父母与子女条例》《婚生地位条例》《父职鉴定诉讼条例》《领养条例》《保护儿童及少年条例》《未成年人监护条例》《婚姻制度改革条例》等。具体来说包括父母与婚生子女、非婚生子女的关系，养父母与养子女的关系以及借医疗怀孕或出生的子女（包括人工授精、试管婴儿和代孕）与父母的关系。法律的基本追求是非婚生子女与婚生子女、养子女与生子女的地位平等。

一般而言，父母与子女之间的权利和义务有：父母负有抚养未成年子女，并为其提供生活费的义务；父母对未成年子女有监护职责；父母有让未成年子女入学受教育的义务；父母有决定未成年子女受雇用的权利；在无遗嘱死亡的情况下，父母和子女有相互继承的权利。

非婚生子女一般由生母抚养和监护，生父可以主动认领子女，申请抚养权和探视权。生父不主动认领的，生母或非婚生子女本人可以申请父职鉴定，生父一旦确定，要承担如下义务：非婚生子女的生活费和教育费（直到该子女满16岁，若该子女需要继续上学或有生理、心理缺陷，则需承担到21岁）；子女出生时的费用；子女死亡的丧葬费；父职鉴定的诉讼费。非婚生子女可以继承生母的遗产，但若没有生父的遗嘱，不能继承生父的遗产。

> 原非婚生子女在他们取得婚生地位之前发生的父母产权处置或父母无遗嘱死亡，无权获得任何收益。

5. 我国香港地区关于监护的有关规定

香港在监护方面的立法比较全面，以保护未成年人的福利为宗旨，涉及的法例有《未成年人监护条例》《保护妇孺条例》《父职鉴定诉讼条例》等。香港的监护包括法定监护和指定监护。监护的具体内容有：决定未成年人的住所；决定未成年人由何人管教；决定未成年人教育方式；决定未成年人的宗教信仰；代管未成年人的财产；代理未成年人行使诉讼权利等。监护权可以分离，如关于人身的监护和财产的监护可以分离。另外指定监护人可以收取一定的监护费用。

6. 我国香港地区关于离婚的有关规定

离婚法律集中在《婚姻制度改革条例》《婚姻诉讼条例》《婚姻诉讼和财产条例》《分居令及赡养令条例》及相关的法院判例。

> 法院的离婚判决是夫妻在生存期间解除婚姻关系的唯一方式。

离婚的理由主要有：与讼人通奸，而诉愿人无法再忍受和与讼人共同生活；被告行为表现致令原告不能在合理情况下与其继续共同生活；被告连续遗弃诉愿人最少两年；婚姻双方连续分居最少5年并且被告同意法院所作的离婚判决的；婚姻双方连续分居最少5年。

> 除非原告的境况非常困难或被告行为极端恶劣、异常败坏，否则，结婚不满3年的，不得向法院提出离婚申请。

对于离婚案件，香港法院为谨慎起见，采用双次复合判决程序，即法院在认定双方的婚姻已破裂到无法挽回的情况下，先发出离婚暂准判令即临时判决，该判决不具备解除婚姻关系的效力，目的在于给当事人充分考虑的机会。临时判决3个月后，法院根据情况再作出正式判决。

> 虽然离婚在香港不会产生分割夫妻共同财产的问题，但双方财产的差别会给一方的生活带来困难时，法院有权为其作出经济上的安排和调整财产上的分配，并可责令一方一次或分期向他方支付生活供养费。当然也会涉及未成年子女的监护和抚养问题。

离婚判决生效后，当事人之间的婚姻关系即解除，夫妻间的同居、扶养、继承等随之消失。

二、我国澳门地区有关婚姻家庭的规定

1. 我国澳门地区关于结婚的有关规定

法律规定主要体现在《澳门民法典》第四卷"亲属法"的第二编"结婚"和《澳门登记法典》中关于结婚登记的程序规定。

(1) 结婚条件

1) 结婚的实质要件

第一，男女自愿。

第二，达到法定婚龄（16岁，满16岁未满18岁的除非法院批准，否则须由父母许可或监护人许可）。

第三，无配偶。

第四，无禁婚事由（直系血亲和二等亲内的旁系血亲不得结婚；有精神障碍者不得结婚；男女间无监护、保佐或法定财产管理关系）。

2）结婚的形式要件

第一，结婚申请。

第二，障碍申明（结婚申请公示 8 天，接受公众就该项结婚有无障碍的监督）。

第三，批示许可。

第四，举行婚礼（在得到批示许可后的 90 日内举办符合规定的婚礼）。

第五，办理登记。

（2）事实婚姻

对于事实婚姻，澳门采用有条件的承认：

1）当事人均年满 18 岁。

2）不存在实质结婚条件中的第 3、第 4 项中前两项。

3）双方自愿在类似夫妻状况下生活至少已经 2 年（若其中一方或双方尚未成年，2 年的时间应从年龄较轻一方成年之日起计算，若事实婚姻关系之任何一方为已婚，2 年的时间须自其与配偶事实分居时起计算）。

澳门还有关于紧急结婚的规定，如果有理由恐防结婚人中一人即将死亡或快要分娩，则可在未经或未完成结婚程序以及无获法定主持人参与下结婚，对于该项紧急结婚，可先予以临时登记，然后再依法决定应否认可该项婚姻。

2. 我国澳门地区关于亲属的有关规定

主要分为配偶、血亲、姻亲和拟制血亲四种。《澳门民法典》第 1467 条规定："法律规定，直系任何亲等和旁系四等亲之血亲均发生法律效力。但法律另有规定的除外。"姻亲的范围和血亲的范围相同。

亲属的效力主要体现在民法上的效力，如扶养的效力、继承的效力、禁婚的效力和监护的效力。在澳门刑法上还存在某些以亲属身份作为罪名成立的条件，如加重杀人罪，而家庭盗窃罪则以亲属的告发为前提。

3. 我国澳门地区关于夫妻间的有关规定

（1）夫妻姓氏权

夫妻婚后可以各自保留本姓，也可以选择冠以对方不超过两个之姓氏。

（2）尊重、忠诚、同居、合作的义务

(3) 夫妻扶持的义务

具体包括夫妻扶养的义务和承担家庭负担的义务。

(4) 夫妻财产制

包括约定财产制和法定财产制。拟结婚当事人在婚前可以约定婚姻财产制，若无约定或约定失效，则适用法定的财产分享制。

4. 我国澳门地区关于父母子女关系的有关规定

澳门的父母子女关系包括自然血亲关系、养父母子女关系和人工生育子女与父母关系，澳门法律不区分婚生子女和非婚生子女。通过医疗辅助生育的，母亲因孕育子女而取得母亲的身份，父亲身份的确立依赖于丈夫同意妻子接受医学辅助生育为前提。

> 在澳门，单纯的卵子捐献和精子捐献不会与该子女间产生父母子女的关系。代孕生子是被禁止的。

5. 我国澳门地区关于监护的有关规定

澳门的监护制度分为未成年人的监护和禁治产人的监护。监护的设立都需要通过法院。对未成年人的监护分为意定监护（父母指定的监护）、裁定监护（法院指定的监护）和特殊监护（公共或私人机构的领导人作为监护人）。监护的内容包括人身和财产两个方面。

6. 我国澳门地区关于离婚的有关规定

澳门的离婚制度分为两愿离婚和诉讼离婚。

(1) 两愿离婚

两愿离婚指夫妻双方同意的离婚，包括 3 种情形：

1) 夫妻同意离婚并向法院申请两愿离婚。

2) 夫妻同意离婚且无两人所生之未成年人子女的，可向有权限的民事登记局申请两愿离婚。

3) 诉讼离婚转化为两愿离婚。

两愿离婚的条件是结婚满一年且已经就扶养和未成年子女问题及房屋的归属达成协议。

(2) 诉讼离婚

若夫妻坚持离婚又不能就有关问题达成协议的，只有通过诉讼离婚。诉讼离婚的理由有：

1) 事实分居连续 2 年的。

2) 一方失踪且音讯全无满 3 年的。

3) 对方之精神能力发生变化逾 3 年的，且因其严重性导致不可能继续共同生活的。

> 在澳门，调解是离婚的必要程序。

三、我国台湾地区有关婚姻家庭的规定

1. 我国台湾地区关于结婚的有关规定

台湾省婚姻有关的规定主要体现在"民法典"第四编"亲属编"第二章第一节婚约和第二节结婚的有关规定,其"民事诉讼法"和"户籍法"中还有关于离婚和结婚程序的规定。

(1) 结婚的实质要件

1) 双方意思表示一致。

2) 达到法定婚龄(男18岁,女16岁,但台湾的成年年龄为20岁,因此未成年人结婚,应取得法定代理人的同意)。

3) 无配偶。

4) 不属于禁婚亲属。直系血亲及直系姻亲、旁系血亲在六等亲以内者、旁系姻亲在五等亲以内辈分不相同者,不得结婚。直系姻亲的结婚限制,在姻亲关系消灭后,仍然适用。直系血亲及直系姻亲的结婚限制,在因收养而成立的直系亲属间,于收养关系终止后,仍然适用。

5) 男女之间无监护关系。

(2) 结婚的形式要件

2008年5月23日起,结婚的形式要件为登记制。

"民法典"第982条第一条规定"结婚,应有公开仪式及二人以上见证人",1985年修订"民法"时又增加了第二条:"经依户籍法为结婚之登记者,推定其已结婚。"可见,在1985年之前,结婚的形式要件为仪式制,之后又增加了登记制,但登记制并非结婚的必要程序。台湾"司法机构"规定从2008年5月23日起施行"登记结婚"的新政策,拟结婚的新人,要在户政机关办理登记后结婚才受法律保护。新修正的"公证法施行细则"也将"公证结婚"转变为"结婚书面公证同时举行结婚仪式"。台湾"司法机构"指出,新法实施后,之前的公证结婚的方式将不被法律承认,但是由于公证人所提供的公证结婚仪式,具有简单隆重的特性,民众往往乐于采用,如果民众有公证结婚的需求,则必须要求结婚公证人尽到告知义务,提醒当事人到户政机关办理登记后,婚姻才具有法律效力。

> 在台湾，婚约虽然不具有强制履行力，但台湾的"民法"还是就婚约的订立、效力、解除、违约赔偿作了详细的规定。
>
> 1998年6月修订的台湾"民法典"第1000条规定："夫妻结婚后，各保有其本姓，但得书面约定其本姓冠以配偶之姓，并向户政机关登记。冠姓之一方得随时回复其本姓。但于同一婚姻关系存续中以一次为限。"而之前法律规定，妻以其本姓冠以夫姓，赘夫以其本姓冠以妻姓。
>
> 准正是指非婚生子女因生父母结婚而被视为婚生子女。认领指非婚生子女经生父抚育而被视为婚生子女，包括自愿认领、拟制认领和请求认领三种。自愿认领是生父自愿地承认该非婚生子女为其所生，属于单方、不要式行为；拟制认领是生父抚育过非婚生子女即视为被生父认领；请求认领指非婚生子女、生母或法定代理人向法院请求生父认领的行为。

2. 我国台湾地区关于亲属的有关规定

台湾只将亲属分为血亲和姻亲两大类，没有将配偶列入亲属的范围。血亲包括自然血亲和拟制血亲，拟制血亲仅限于养父母和养子女之间，不保护继父母和继子女之间的关系。所有的直系血亲及六等亲内的旁系血亲均受法律调整。所有的直系姻亲及五等亲内的旁系姻亲受法律调整。

3. 我国台湾地区关于夫妻的有关规定

在夫妻关系方面，台湾的"民法"从人身和财产两个方面加以规范。

(1) 夫妻人身关系

夫妻人身关系方面，包括夫妻姓氏权、夫妻同居的义务、婚姻住所协议权、夫妻日常家务代理权等。

(2) 夫妻财产关系

主要包括夫妻扶养义务、家庭生活费负担义务，在财产制方面，夫妻在婚前婚后可以在法律规定的约定财产制中选择一种为夫妻财产制，若无，则以法定财产制为夫妻财产制。

约定财产制分一般共同财产制、限定共同财产制、分别财产制三种。

4. 我国台湾地区关于父母子女关系的有关规定

台湾关于父母子女关系的有关规定主要体现在"民法典"亲属编的第三章"父母子女"之中。根据规定，婚生子女指在婚姻关系存续期间受胎的子女。夫妻任一方都可以提起否认之诉，来证明妻非自夫受胎。只要不是在婚姻关系存续期间受胎的子女，如婚前受胎婚后出生的子女、未婚妈妈所生子女、无效婚姻关系中受胎子女、婚生推定被否认的子女等，均为非婚生子女，非婚生子女通过准正和认领，可以取得婚生子女的地位。另外，还有因合法收养而形成的养父母和养子女的关系。

亲子间的权利义务有：

(1) 亲子间的抚养关系

这种扶养关系须发生在直系血亲的父母子女间，未经准正或认领的非婚生子女与实际的生父间没有相互扶养的义务。

(2) 父母对未成年子女的亲权

具体包括住所指定权、惩戒权、身份行为同意权、财产行为的代理权和同意权、特有财产管理权。

(3) 亲子间的继承权

5. 我国台湾地区关于监护的有关规定

在台湾，对未成年人的监护主要是基于该未成年人无父母或父母不能负担其对未成年子女的权利义务。有指定监护（后死亡的父或母在死亡前用遗嘱指定的监护人）、法定监护（在父母不能行使亲权或无遗嘱指定的情况下，由法律规定所确定的监护人）和选定监护（在无前两种监护人的情况下由法院确定的监护人）。

6. 我国台湾地区关于离婚的有关规定

台湾有两种离婚制度。

（1）两愿离婚

即夫妻合意解除婚姻关系，如果是未成年人的离婚，还需其法定代理人的同意。两愿离婚须以书面形式为之，有二人以上的证人签名并向户政机关登记。

（2）判决离婚

关于离婚条件。根据"民法典"第1052条规定和2001年"民法亲属编部分条文修正案"对判决离婚的理由所作的一些修正，夫妻之一方，有下列情形之一者，他方得向法院请求离婚：

1）重婚者（包括例外重婚有效者）；
2）与配偶以外的人合意发生性关系者；
3）夫妻之一方受他方不堪同居之虐待者；
4）被处三年以上徒刑或因犯不名誉之罪被处徒刑者例外；
5）夫妻之一方以恶意遗弃他方在继续状态中者；
6）夫妻之一方意图杀害他方者；
7）夫妻不继续共同生活5年以上的，可以提起离婚诉讼。

夫妻因婚姻破裂而有难以维持共同生活的重大事由，不论有责、无责，任何一方都可以提起离婚诉讼。

关于法院管辖权方面。台湾"民事诉讼法"第568条的规定，离婚之诉专属于夫之住所地法院管辖，但原因事实发生于夫或妻之居所地者，得由各该居所地法院管辖，夫妻之住所地法院不能行使职权的，则由居所地的法院管辖，夫妻在台湾无住所或住所不明的，以其在台湾之居所为住所，无居所或居所不明的，以其在台湾最后之住所视为其住所，夫或妻为台湾人不能依前述规定定管辖法院时，由"中央政府"所在地的法院管辖。

> 如老兵在大陆已婚，来到台湾再婚，老兵和在台配偶均确认前婚已灭失，双方结婚虽构成重婚，但后婚效力应予维持，不过，前后婚配偶都可以提起离婚之诉。

> 调解是台湾地区诉讼离婚的重要程序，可分为诉讼外的调解和诉讼前的调解。诉讼外的调解由各乡镇市公所设置的调解委员会来进行，经调解而作成调解书，应送管辖法院核定，核定后的调解书与法院的确定判决具有同等的法律效力，而且当事人就该事件不得再行起诉。离婚前的调解由法院指派法官主持，经调解成立而作成调解书，调解书与法院的确定判决具有同等的法律效力。1985年后增加了到户政机关办理离婚登记，方才有效。

离婚诉讼适用"民事诉讼法"的特别程序规定,特别程序没有规定的,适用一般程序的规定。

另外,还有诉讼中的和解制度。"法院"不问诉讼程度如何,如认定当事人有和好之望者,得以裁定命于6个月以下之期间内停止诉讼程序,试行和解,但以一次为限。试行和解而成立者,应作成和解笔录,和解笔录与法院的确定判决具有同等的法律效力,和解有无效或可撤销之原因者,当事人得请求继续审判。

台湾虽然没有规定别居制度即分居制度,但在实践中,台湾的"最高法院"已经承认别居契约的有效性。

四、我国大陆关于涉港澳台婚姻家庭的法律规定

1. 涉港澳婚姻家庭的有关法律规定

内地涉及港澳同胞的婚姻家庭关系主要是指定居在香港、澳门的中国同胞与内地公民之间、港澳同胞之间依照内地法律在内地缔结或解除以及依法处理的婚姻家庭关系。我国对港、澳实行"一国两制",仍有不同区域之间的法律冲突问题。所以,原来国家关于处理港澳同胞同内地公民之间各种不同类型的民事关系的有关规定,在新的规范颁行之前,应视为依然有效。

港澳同胞同内地公民结婚,在内地办理结婚手续的,男女双方须共同到内地一方户口所在地的县级以上人民政府婚姻登记管理机关申请办理结婚登记。结婚条件和程序适用我国《婚姻法》的有关规定,在程序上须遵守某些特别要求。如登记时需要的证件:

1. 香港同胞

(1) 香港居民身份证、回乡证或海员证;

(2) 我司法机关委托的香港律师辨认的香港婚姻注册处出具的婚姻状况证明,和经该律师证明的由申请人做出的在其他任何地方从未登记结婚的声明书;

(3) 再婚的离婚证件或配偶死亡证明。

2. 澳门同胞

(1) 澳门居民身份证、回乡证或海员证;

(2) 澳门婚姻及死亡登记局出具的结婚资格证明书或无结婚登记证明书;

(3) 再婚者的离婚证件或配偶死亡证明。

港澳同胞与内地公民双方自愿离婚,如对子女抚养和财产问题已作

了妥善处理的，须共同到内地公民户籍所在地的县级以上人民政府婚姻登记机关办理离婚登记。一方要求离婚或一方不能亲自到婚姻登记机关申请离婚的，应向内地公民一方户籍所在地或居所地人民法院提出离婚诉讼，由人民法院根据内地婚姻法的有关规定处理。

如果夫妻双方都是居住在港或澳的同胞，是在内地办理的结婚登记，现因特殊原因，要求在内地办理离婚登记或向原婚姻登记机关所在地的人民法院起诉离婚的，可予准许。

至于涉港澳同胞的扶养和监护问题，如果纠纷发生在内地，一般应遵循内地法律的有关规定。

3. 台湾同胞

（1）台湾同胞旅行证或我驻外使领馆签发的加注有"台湾同胞"字样的《中华人民共和国旅行证》；

（2）台湾公证机关出具的无配偶证明或公证的本人户籍登记簿底册复印件；

（3）离婚或丧偶的台湾同胞还需提供经过公证机关公证的离婚证件或配偶死亡证明，无法提供上述证明，可以提供经公证的台湾或港澳报纸刊登的当事人离婚的声明书或公告，未经公证的不具有法律效力。

2. 涉台婚姻家庭的有关法律规定

涉台婚姻家庭关系是指居住在我国台湾省内的台湾同胞与祖国大陆公民之间的结婚、离婚和婚姻家庭关系。处理好涉台婚姻家庭问题关系到两岸人民的切身权益，关系到两岸人民的团结和祖国和平统一大业的发展。

（1）台湾同胞与大陆公民的结婚

凡是1979年1月以后回大陆定居的台湾同胞要求与大陆公民结婚，须到县级以上民政部门办理。仍在台湾定居，临时来大陆探亲、旅游、经商的台湾同胞与大陆公民的结婚问题，由省级人民政府指定的婚姻登记管理机关受理。已在国外或港澳取得永久居住权的台湾同胞，应分别按照华侨或港澳同胞身份对待。他们申请与内地公民结婚，由省级人民政府指定的婚姻登记管理机关按照《华侨同国内公民、港澳同胞同内地公民之间办理婚姻登记的几项规定》办理。加入外国籍的台湾同胞与大陆公民结婚，应按照外国人身份，由省级人民政府指定的婚姻登记管理机关按照《中国公民同外国人办理婚姻登记的几项规定》办理。

（2）去台人员与其在大陆的配偶之间婚姻关系的处理原则

涉台婚姻关系的缔结适用婚姻缔结地法。台湾同胞回大陆与大陆公民结婚，依照大陆的婚姻法和有关规定办理；大陆公民去台湾与台湾同胞结婚，则依照台湾地区的亲属法和有关规定办理。两岸同胞在大陆或台湾依法缔结的婚姻关系，应该得到承认和保护。

1) 已办离婚手续，双方均未再婚的，应分别不同情况处理。双方分离后，留在大陆的一方要求离婚，已经人民法院判决离婚的，不论对方是否接到判决书，人民法院的判决都是有效的。如果双方要求恢复婚姻关系，原审法院可按申诉案件处理，经过审查，双方均未再婚，则可用裁定注销原来的判决，宣告婚姻关系恢复。双方分离后，去台一方已依照台湾有关法律与留在大陆的一方解除了婚姻关系，但双方均未再婚，如双方自愿恢复婚姻关系的，可承认其婚姻关系存续。

2) 未办离婚手续，一方或双方分别在大陆或台湾再婚的。对于双方分离后未办理离婚手续，一方或者双方分别在大陆和台湾再婚的，对这种由于特殊原因形成的婚姻关系，不以重婚对待，当事人不告知，人民法院不主动干预。如果其中一方当事人提出与其配偶离婚的，人民法院应当按照离婚案件受理，准予离婚。对双方分离后未办理离婚手续，大陆一方又与他人结婚或者长期与他人以夫妻关系同居生活的，原则上承认这种婚姻关系。现去台一方回来，大陆一方如要求与原配偶恢复关系，提出与再婚配偶离婚的，是否准予离婚，人民法院应当按照《婚姻法》第32条第2款关于"人民法院审理离婚案件，应当进行调解；如感情确已破裂，调解无效，应准予离婚"的规定处理。

双方分离后，一方或双方分别在大陆或台湾再婚，且其再婚配偶健在的，如双方自愿恢复与原配偶的婚姻关系，应按照一夫一妻制的原则，先与再婚配偶解除婚姻关系后，方可与原配偶重新办理结婚登记。如再婚配偶已经离异或死亡，现双方自愿恢复婚姻关系的，也应重新办理结婚登记。

(3) 涉台离婚

大陆公民与台湾同胞双方自愿在大陆离婚的，双方须共同到大陆公民一方户籍所在地的婚姻登记管理机关申请办理离婚登记。一方要求离婚的，应向大陆公民一方户籍所在地的人民法院起诉离婚。

去台一方回大陆定居后，向人民法院提出要求与在台配偶离婚的，可向定居的户籍所在地或居住地人民法院提起诉讼，由人民法院通过适当途径，比如登报公告、委托回台人员带信或由第三地区的有关人员传递，通知在台一方于限定时间内应诉。在台配偶可以亲自来大陆应诉，也可以委托代理人参加诉讼。如在规定时间不能应诉，人民法院可作出缺席判决。适用受理案件的法院所在地法律，即人民法院应根据我国《婚姻法》的规定，作出是否准予离婚的判决。

夫妻双方都是台湾居民，如他们原先系在大陆办理结婚登记，现因特殊原因要求离婚，可以在大陆办理离婚登记或向原婚姻登记机关所在人民法院起诉离婚。若其结婚登记不是在中国内地办理的，婚姻登记机关或法院不予受理。

(4) 涉台家庭关系的处理

1) 涉台夫妻共同财产问题。涉台的夫妻共同财产，主要是指去台一方在去台前与其配偶共同生活期间形成的、并遗留在大陆的财产。对于新形成的涉台婚姻财产关系，依照双方约定处理。无约定的，以夫妻共有财产对待。去台一方请求原配偶返还婚前财产，或者要求分割夫妻共有财产的，如果这些财产在几十年中已被没收、改造、灭失或原配偶用于抚养子女，或用于赡养父母，或用于家庭其他生活消费的，人民法院应说服其撤诉或者驳回诉讼请求。如果财产尚在，且数额较大，在考虑其原配偶、子女等生活需要的情况下，可以酌情分割一部分给去台一方。

2) 去台一方与其留在大陆子女之间的抚养、赡养和收养。由于两岸间特殊历史原因，致使去台一方不能对其留在大陆的子女履行抚养义务。现在，去台一方回内地时，大陆一方向其索要已成年子女过去的抚养费用的，人民法院原则上不予支持。至于其他没有抚养、赡养义务的人代替去台一方抚养子女或者赡养了去台一方父母的，去台一方则应酌情补偿。

3) 去台一方返回大陆，由于年老、体弱多病、生活确实困难，从而要求子女承担赡养义务的，人民法院应当根据法律规定和子女的家庭经济状况尽可能地给予满足。子女故意不尽赡养义务，或以去台一方过去未尽抚养之责而推诿自己的赡养责任的，应予以批评教育，促使其承担赡养义务。如果去台一方留在大陆的子女已被他人合法收养的，在收养关系解除之前，可以不承担对生父或生母的赡养义务。即使解除了收养关系，生父母要求恢复与成年子女的亲子关系，也应双方协商达成一致意见。

去台一方留在大陆的子女已被他人合法收养的，被收养的子女因其生父或生母回大陆，而要求解除收养关系；或者去台的生父母一方要求解除收养关系的，应根据养父母、养子女、生父母三方面关系的实际情况，体现老有所养、幼有所育的原则，予以解决。

对涉及两岸居民婚姻家庭纠纷的判决，当事人可以向大陆中级人民法院申请认可。

涉港澳台婚姻法律咨询要点

准确了解港澳台方面关于婚姻家庭的规定，注意区分其在婚姻家庭法律规定方面的差异，注意法律的时效规定。

【案例1—5】他们该到哪登记

✥ 案例描述

李先生，系我国台湾居民，后到大陆某大学上学。上学期间，与同校学生、大陆居民王女士相识并恋爱。2008年李先生决定留在大陆工作，遂与王女士到王女士户籍所在地的某县人民政府婚姻登记机关办理结婚登记，该县婚姻登记机关以该机关无登记权为由，决定不予登记。为此求助于婚姻家庭咨询师。

✥ 分析与建议

本案涉及的主要问题是大陆居民与台湾居民在大陆办理结婚登记应具备哪些条件。

由于历史的原因，两岸居民在办理结婚登记时需要遵循一些特别的规定，凡在大陆办理结婚登记的，均适用大陆的法律。根据民政部的《大陆居民与台湾居民婚姻登记管理暂行办法》规定，大陆居民与台湾居民在大陆结婚登记、离婚登记、复婚登记，应当由双方共同到大陆一方户籍所在地的省（自治区、直辖市）民政厅（局）指定的地级以上地方人民政府民政部门的婚姻登记管理机关申请。

本案中婚姻家庭咨询师可以告知李先生和王女士，该县婚姻登记机关的确无权办理李先生与王女士的结婚登记。他们二人可以到该省、自治区或直辖市指定的民政部门去办理结婚登记。

📌 相关链接

涉台结婚登记所需证明文件

依民政部《大陆居民与台湾居民婚姻登记管理暂行办法》第4条之规定，申请结婚登记的台湾居民应当提交下列证件和证明：（1）《台湾居民来往大陆通行证》或其他有效旅行证件；（2）在台湾地区居住的有效身份证明和出境入境证件；（3）台湾公证机关出具的无配偶声明和经证明无误的户籍誊本，有效期三个月；（4）婚前检查医学证明。申请结婚登记的当事人离过婚的，应当提交离婚证件。丧偶的，应当提交配偶死亡证明。已在大陆定居的原台湾居民在大陆申请婚姻登记，应当提交台湾公证机关出具的配偶声明和经证明无误的户籍誊本，有效期三个月。

台湾居民在香港、澳门地区定居后，在大陆申请婚姻登记，适用香港、澳门同胞办理婚姻登记的规定。侨居国外的台湾居民在大陆申请婚姻登记，适用华侨办理婚姻登记的规定。若其在香港、澳门地区连续停留6个月以上来大陆的，还应当提交香港婚姻注册或澳门婚姻及死亡登记局出具的婚姻状况证明。其在外国连续停留6个月以上来大陆的，则应当提交居住国出具并经公证机关公证和中华人民共和国驻该国使、领馆认证的婚姻状况证明。

【案例1—6】他们该在何处办理离婚手续

❖ 案例描述

蔡先生为香港居民，与王女士（福建晋江人）经人介绍按民俗举行婚礼后，又在福建省晋江市补办结婚登记手续。婚后感情尚好，生育一男一女，两子女随王女士在晋江生活。后来王女士以会夫为由获准携两子女往香港定居。3年后两人产生纠纷，后分居生活。蔡先生和王女士决定到法院离婚，但究竟到哪个法院却发生了分歧，蔡先生趁在大陆旅行期间向晋江市人民法院提起离婚诉讼。晋江市人民法院以原、被告实际分居时间短，夫妻感情尚未破裂为理由，判决不准原告蔡先生与被告王女士离婚。两年后，蔡先生再次向晋江市人民法院提起离婚诉讼。王女士在答辩中提出管辖权异议，称：导致夫妻感情破裂的原因是原告的重婚行为，本诉讼案并非一般普通离婚案，它涉及在港的重婚问题，在香港可一并审理。并且离婚案的双方当事人及其子女户籍、生活均在香港，应由原告所在地法院受理，以香港法例解决较为实际；双方婚姻关系存续期间拥有的共有房屋、物业等，大部分在港澳，在香港诉讼较为方便；现已向香港法援处申请离婚，且被接受交法院进行排期，请求将该案交由香港法院受理。如果二人在决定离婚前就以上问题前来咨询，该如何答复？

❖ 分析与建议

本案涉及夫妻双方都是香港居民可否到内地进行离婚诉讼的问题。

最高人民法院1984年4月14日（84）法民字第3号《关于原在内地登记结婚后双方均居住香港，现内地人民法院可否受理他们离婚诉讼的批复》规定："对于夫妻双方均居住在港澳的同胞，原在内地登记结婚的，现在发生离婚诉讼，如果他们向内地人民法院请求，内地原结婚登记地或原户籍地人民法院可以受理。"但是，依照我国《民事诉讼法》的规定，离婚案件的管辖，一般适用原告就被告的原则，特殊情况下适用被告就原告的原则。但不论适用什么原则，均是以被告或原告的住所地或经常居住地为管辖联系因素的。本案不论原告还是被告的住所地或经常居住地，均不在晋江市，故晋江市人民法院对本件离婚诉讼是没有管辖权的。我国《民事诉讼法》没有规定婚姻缔结地可作为离婚案件的管辖地，作为一种例外，即上引最高人民法院的司法解释，承认在一定条件下婚姻缔结地法院对该类离婚案件可以行使管辖权。这种例外，指离婚案件的双方当事人均为港澳居民，但婚姻缔结地在内地，现双方在港澳离婚确有困难，双方回内地请求内地人民法院处理其离婚问题的，婚姻缔结地所在的内地人民法院可以受理。内地法院受理此种案件，必须符合司法解释规定的全部条件，只要有一项条件不具备的，内地法院就没有管辖权，不应受理此种案件。

本案中当事人双方及其子女均在香港，夫妻大部分共同财产也在港澳，说明本件离婚案件不具备由内地法院按特例管辖的全部条件，内地法院不应管辖此案。

【案例1—7】 台胞马先生能收养大陆弟弟的孩子吗？

❖ 案例描述

台湾居民马先生原籍陕西，在台湾有三个子女。2007年马先生回大陆探亲，想收养胞弟的小儿子（已经25岁）为养子，不知是否可以，前来咨询。

❖ 分析与建议

该案例涉及台湾同胞在大陆收养的有关政策。

根据我国现有法律和政策的规定，台胞回大陆收养成年子女，不论收养人是否有子女，被收养人是否能到台湾与收养人共同生活，只要符合收养子女的其他条件，即《收养法》第六条中（二）有抚养教育被收养人的能力；（三）未患有在医学上认为不应当收养子女的疾病；（四）年满三十周岁就允许收养一名子女。台湾同胞回大陆收养未成年子女，可不受有无子女的限制。收养后一般回台湾抚养，但如果留大陆抚养，应仅限于收养一名三代以内旁系血亲的人为子女。所以根据大陆的法律和政策，马先生可以收养，但是，要注意是否违反台湾的相关规定。而根据下述有关台湾方面的立法规定，马先生的收养行为在台湾是不被认可的。

相关链接

台湾关于收养的有关规定

台湾的有关民事规定要求"收养子女应申请法院认可，不经法院认可或法院不予认可的，收养关系不能成立"；台湾"两岸关系条例"还规定，台湾地区人民收养大陆地区人民为养子女，除须符合民法有关规定外，有下列情形之一者，法院也不予认可：已有子女或养子女者；同时收养二人以上为养子女者；未经行政院设立或指定之机构或委托之民间团体验证之事实者。特别说明的是台湾对"养子"的规定是：一、必须是当事人亲自收养，不得由他人，包括配偶、父母等代为"收养"；二、收养人与被收养人的年龄必须相差20岁。上述两项缺一不可。否则该养子是不会被承认享有继承权的。

【案例1—8】张先生在大陆的儿子如何继承遗产？

❖案例描述

张老先生是去台人员，在台湾有房产和其他不动产若干，张老先生原来在大陆有妻子和两个儿子。去台后，由于两岸隔离，又在台湾娶妻生子。后来张先生曾到大陆探亲。2000年，张先生在台湾去世，遗嘱中把其中的两套房子留给在大陆的两个儿子。两个儿子该通过何种方式继承父亲在台遗产，前来咨询。

❖分析与建议

本案例涉及大陆居民继承在台遗产的法律问题。

根据1992年在新加坡签订的《两岸公证文书查证使用条例》的有关规定，及台湾当局的"两岸人民关系条例"的有关规定，张家两儿子应按以下规定办理在台遗产的继承：(1) 在继承人户籍所在地的公证处办理亲属关系公证书及委托公证书；(2) 上述两份公证文件经台湾财团法人海峡两岸交流基金会验证后，才会被推定为形式上真实，才可在台湾使用（验证通常由在台的受委托人办理）；(3) 向台湾"法院"提出继承申请。

> **相关链接**
>
> 亲属关系公证是为了证明继承人和被继承人之间存在亲属关系；委托公证，是表明受托人有权为委托人办理相关继承事宜，以及在委托人和受托人之间形成的权利义务关系。内地居民具体向法院提出继承申请的方式有：(1) 本人赴台申领遗产。可以通过因探病、奔丧等原因亲自去台后方可实现；(2) 委托在台湾的亲友、同乡会代为申领遗产；(3) 委托在香港、澳门等第三地的亲友赴台申领遗产；(4) 委托与台湾律师有协作关系或业务联系的大陆或香港、澳门的律师事务所或法律服务公司，再通过他们转委托台湾律师办理。
>
> 要注意台湾对于大陆居民赴台继承有很多相关的限制规定。比如"两岸人民关系条例"规定大陆居民继承台湾居民遗产的，从被继承人死亡之日起 3 年内，大陆继承人需以书面形式向台湾"法院"表示继承，否则逾期视为放弃继承权。另外，要注意关于继承人身份及继承顺序的确认需要。

本单元思考题

男女双方都是大陆居民，可以到港澳台地区登记结婚吗？其婚姻在大陆是否受到法律的保护？当事人可否按照内地法律的规定要求对方？

 学习单元 4　处理重婚问题的法律建议

重婚作为一种违法犯罪的行为，它的存在不仅导致了婚姻家庭纠纷甚至婚姻家庭破裂，而且败坏了社会风气，影响了社会的安定，因此，对于重婚行为应给予道德上的谴责和法律上的制裁。同时由于重婚行为牵扯多方当事人及其利益，因此处理重婚问题时既要严格遵守法律的规定，分清罪与非罪的界限，又要考虑各方当事人的具体情况，切实保护受害者合法权益。

 学习目标

➤ 熟悉重婚的概念
➤ 掌握重婚罪的构成要件和法律责任

一、重婚的概念

一夫一妻是婚姻法的基本原则，法律也已经明确规定禁止重婚。但是，在当今的现实生活中，重婚现象并没有绝迹，而是以各种不同的形式表现着，因此用法律对重婚问题加以规范和制裁是完全必要。根据我国法律的有关规定，重婚是指自己有配偶而与他人结婚，或者明知他人有配偶而与之结婚的行为。

二、我国刑法规定的重婚罪

重婚作为一种违法犯罪的行为，它的存在不仅导致了婚姻家庭纠纷甚至婚姻家庭破裂，而且败坏了社会风气，影响社会的安定。为此2001年修改婚姻法时，重婚问题成为当时讨论的热点和焦点话题。众所周知，我国1950年《婚姻法》、1980年《婚姻法》和2001年《婚姻法修正案》中，都没有明确定义什么是重婚，在相关的司法解释中对重婚基本上采取了与刑法相同的定义。虽然"探讨刑法中的重婚行为时，通常要以民法中的重婚认定规则为基础。民法中的重婚与刑法中的重婚具有内在的逻辑关系，二者相互对应，共同构筑了保护我国一夫一妻制度的法律屏障。但毕竟民法与刑法有各自的调整对象和范围，二者分别为独立的部门法，彼此的侧重点有较大差异，刑法中讨论重婚是以行为人的行为是否具有社会危害性为落脚点，而民法中讨论重婚则以维护具有法律效力的婚姻关系，保护婚姻当事人的合法权益为落脚点"。也就是说，民事法律中对重婚行为的禁止，重在对合法婚姻关系当事人的保护，而刑法中重婚罪的规定则重在对一夫一妻制的保护。因此，民事法律语境下的重

> 从范围上看民事法律语境下的重婚要比刑事法律语境下的重婚广泛。

婚与刑事法律语境下的重婚是有所不同的,从范围上看,民事法律语境下的重婚要远比刑事法律语境下的重婚范围要广泛得多,一些在民事法律中被确认为是重婚的行为,在刑事法律中可能并不被作为重婚罪来处理。符合民事法律中被确认为重婚的行为,如果社会危害性没有达到一定程度,就不是犯罪,只有那些社会危害性达到了一定的程度,符合刑法规定的重婚罪犯罪构成的行为,才被追究刑事责任。

我国《刑法》第258条规定:"有配偶而重婚的,或者明知他人有配偶而与之结婚的,处二年以下有期徒刑或者拘役。"据此可知,重婚罪的构成要件为:

1. 重婚罪侵犯的客体,是我国社会主义婚姻制度的一夫一妻制

一夫一妻制是我国社会主义婚姻制度的基本原则之一。我国婚姻法明确规定,实行婚姻自由,一夫一妻、男女平等的婚姻制度。禁止重婚。根据一夫一妻制的要求,任何成年人,不论男女,在同一时期只能有一个配偶,不允许一夫多妻,或者一妻多夫。因此,有配偶再行结婚,或者明知他人有配偶而与之结婚的,就直接侵害了一夫一妻的原则。

2. 重婚罪在客观方面表现为自己有配偶又与他人结婚或明知他人有配偶而与之结婚的行为

> 重婚就是有配偶者又与他人结婚或明知他人有配偶而与之结婚的行为。

重婚包括两种情况,一种是法律婚,即有配偶之人在夫妻关系尚未解除之前又与他人登记结婚或无配偶之人明知他人有配偶而与之登记结婚。另一种是事实婚姻,即虽未进行登记,但公开以夫妻名义共同生活在一起,而且群众也认为他们是夫妻,形成事实上的婚姻关系;对于事实婚姻,虽婚姻法不予承认和保护,但在刑法上仍以重婚罪论处。根据《最高人民法院关于〈婚姻登记管理条例〉施行后发生的以夫妻名义非法同居的重婚案件是否以重婚定罪处罚的批复》精神,有配偶的人与他人以夫妻名义同居生活的,仍应按重婚罪处罚。

3. 重婚罪的主体有两种人

一种是已有配偶,在夫妻关系存续期间又与他人结婚的人,这种人在理论上称为重婚者。另一种是本人无配偶,但明知对方有配偶而与之结婚者。这种人严格说来,其本身并未重婚,而是重婚的共犯,所以理论上称为相婚者。我国《刑法》所以明文将相婚者作重婚处理,主要是考虑到结婚必须是双方的事情,一个人不可能成立婚姻关系;同样,没有相婚者,重婚就不能成立,这种情况理论上叫做必要的共犯。相婚者

本人虽无配偶，但明知对方有配偶而与之结婚，本身就构成了重婚案件的不可分割的一方，重婚者与相婚者都是他人婚姻关系和一夫一妻制的破坏者，《刑法》将二者放在一起，都按重婚罪处理，是完全可行的。而且现代外国刑法中，也多有类似的规定，以为借鉴。

4. 构成重婚罪的主观方面只能出于故意

重婚的动机是多种多样，有的出于喜新厌旧，玩弄异性；有的出于贪图安逸享受，骗取钱财；有的是为了生儿育女，传宗接代；也有的因夫妻感情不和等。动机如何一般不影响重婚罪的成立，在量刑时可以酌情考虑。如果一方因受骗不知对方有配偶而与之结婚，受骗方不构成重婚罪。

三、划清重婚行为罪与非罪的界限

重婚是一个非常复杂的现象，在处理有关重婚问题咨询时，应当准确告知求助者划清罪与非罪的界限，以便帮助当事人作出正确的判断。

1. 要区分重婚罪与有配偶者与他人同居的界限

我国《婚姻法》在禁止重婚的同时，也明确禁止有配偶者与他人同居。根据最高人民法院的司法解释，有配偶者与他人同居是指有配偶者与婚外异性，不以夫妻名义，持续、稳定地共同居住。有配偶者与他人同居的行为虽然也为法律所禁止，但这种行为与重婚有着很大的区别，重婚行为是一种犯罪行为，有配偶者与他人同居是一种违法行为，有配偶者与他人同居与重婚最大的区别就在于有配偶者不是以夫妻名义与他人同居，如果是以夫妻名义就构成了重婚。

> 注意重婚与有配偶者与他人同居的不同性质、不同法律后果。

2. 同居行为是否构成重婚问题

同居情况很复杂，有的是以夫妻名义共同生活的，这种情况应以重婚论处；有的则属于有配偶者与他人同居的情形，还有的实际是长期的包养，要根据《治安管理处罚法》处理；有的则是姘居，最高人民法院1958年1月27日在《关于如何认定重婚行为问题的批复》中指出："如两人虽然同居，但明显只是临时姘居关系，彼此以'姘头'相对待，随时可以自由撤散，或者在约定时期届满后即结束姘居关系的，则只能认为是单纯非法同居，不能认为是重婚。"

3. 要区分重婚罪与有配偶的妇女被拐卖而重婚的界限

拐卖妇女是一种严重侵害妇女身体自由权和人格尊严权的犯罪行为，

犯罪分子通过非法拐骗、绑架、收买、贩卖、接送或者中转妇女的行为达到自己的各种非法目的。有的妇女已经结婚，但被犯罪分子拐骗、贩卖后被迫与他人结婚，在这种情况下，被拐卖的妇女在客观上尽管有重婚行为，但其主观上并无重婚的故意，与他人重婚是违背其意愿的、是他人欺骗或强迫的结果。被拐卖妇女的这种行为一般不认定为构成重婚罪。

4. 情节显著但危害不大的重婚行为也不宜按重婚罪处理

犯罪的本质特征是有一定的社会危害性。我国刑法第十三条规定"一切危害国家主权、领土完整和安全，分裂国家、颠覆人民民主专政政权和推翻社会主义制度，破坏社会秩序和经济秩序，侵犯国有财产或者劳动群众集体所有财产的，侵犯公民私人所有财产的，侵犯公民的人身权利、民主权利和其他权利的，以及其他危害社会的行为，依照法律应当受刑罚处罚的，都是犯罪，但是情节显著轻微危害不大的，不认为是犯罪"。据此，下列两种情况的重婚行为不宜做犯罪处理：

（1）夫妻一方因不堪家庭暴力或虐待外逃而重婚的。实践中，由于受封建思想或家庭矛盾等因素的影响，家庭暴力和虐待现象时有发生。如果一方，尤其是妇女，因不堪家庭暴力或虐待而外逃后，又在外地又与他人结婚，由于这种重婚行为的动机是为了摆脱虐待，社会危害性明显较小，所以不宜以重婚罪论处。

（2）因遭受灾害外逃而与他人重婚的。因遭受灾害在原籍无法生活而外出谋生的。一方知道对方还健在，有的甚至是双方一同外出谋生，但迫于生计而不得不在原夫妻关系存在的情况下又与他人结婚。这种重婚行为尽管有重婚故意，但其社会危害性不大，也不宜以重婚罪论处。

四、重婚罪与破坏军婚罪的区别

> 注意重婚与破坏军婚之间的联系与区别。

破坏军婚罪，是指明知是现役军人的配偶而与之同居或者结婚的行为。破坏军婚罪与重婚罪都破坏了他人的婚姻家庭关系。前者有时也表现为重婚的形式，二者均在不同程度上违反了一夫一妻制的婚姻原则。从广义上讲，有些破坏军婚罪也属于重婚的范畴。为了对现役军人的婚姻关系进行特殊保护，刑法将破坏军人婚姻的行为独立规定为犯罪。它与重婚罪的主要区别是：

1. 侵犯的直接客体不同

前者侵犯的是现役军人的婚姻关系；重婚罪侵犯的是非现役军人的

婚姻关系，即一夫一妻的婚姻制度。

2. 客观行为表现不尽相同

前者表现为同现役军人配偶同居或者结婚的行为；重婚罪在客观上则表现为已有配偶的人又与他人结婚的行为，或者明知对方有配偶而与之结婚的行为。包括非法登记重婚和事实上的重婚，不包括与他人同居行为。

3. 主观故意内容不同

破坏军婚罪要求行为人必须明知对方是现役军人的配偶；而重婚罪则只要求行为人明知对方是有配偶的人即可。

4. 犯罪主体不同

重婚罪的主体，包括有配偶的人和明知对方有配偶的人，对重婚的男女双方只要达到法定责任年龄，具有刑事责任能力的都可定罪；而破坏军婚罪一般只对与现役军人配偶同居和结婚的一方定罪，刑法对现役军人配偶不以犯罪论处。

五、重婚罪的法律责任

1. 重婚的民事责任

我国《婚姻法》明确规定，我国实行一夫一妻制，禁止重婚。为了保证一夫一妻制的贯彻，《婚姻法》对于重婚这种直接破坏一夫一妻制的违法犯罪行为规定了相应的民事责任：

（1）重婚被规定为婚姻无效的一种情形

也就是说，有配偶而重婚的，或者明知他人有配偶而与之结婚的，这种所谓的结婚不产生当事人预期的法律后果，而是一种无效婚姻，不产生受法律保护的婚姻关系。而且这种无效婚姻被宣告无效后，自始无效。当事人不具有夫妻的权利和义务。同居期间所得的财产，由当事人协议处理；协议不成时，由人民法院根据照顾无过错方的原则判决。对重婚导致的婚姻无效的财产处理，不得侵害合法婚姻当事人的财产权益。

（2）重婚是构成当事人离婚的法定理由之一

根据我国《婚姻法》规定，当事人一方重婚的，另一方可据此提出离婚，调解无效时，人民法院应当判决准予离婚。

（3）由于一方重婚导致离婚的，无过错方有权请求损害赔偿。

2. 重婚的刑事责任

我国《婚姻法》规定，对重婚的，依法追究刑事责任。受害人可以依照刑事诉讼法的有关规定，向人民法院自诉；公安机关应当依法侦查，人民检察院应当依法提起公诉。我国《刑法》规定，有配偶而重婚的，或者明知他人有配偶而与之结婚的，处二年以下有期徒刑或者拘役。

> **重婚问题法律咨询要点**
>
> 能正确地分析、判断求助者咨询问题的性质，准确地告知求助者构成重婚的法定条件。如果求助者是受害人，应告知其可依法行使的权利以及可以获得救助的途径；如果求助者是重婚行为的实施者，应明确告知重婚行为的违法性以及由此可能引起的法律后果。

【案例 1—9】已婚男子婚外又与他人以夫妻名义共同生活被判刑

❖ **案例描述**

刘先生 1995 年 7 月与王女士登记结婚，婚后两年生一女儿。2003 年，刘先生开了一家公司，和来公司应聘的外地单身女性贾女士一见钟情，遂开始追求贾女士。贾女士了解刘先生已婚后，开始不同意，后来在刘先生的一再追求和承诺给她办理北京户口后同意和刘先生同居。2006 年以后贾女士因刘先生一直没给她办理北京户口而不满，要求刘先生要么把北京户口办好，要么离婚后和她结婚。刘先生于是承诺和她结婚。回家后和妻子王女士商量，每月给王女士和孩子生活费，让他和贾女士单独另过。王女士因平时惧怕刘先生，没敢说不同意。于是刘先生就假称已经和王女士离婚，于 2006 年 7 月邀集了一些朋友和贾女士办了结婚酒席，于是二人过起了夫妻生活。开始几个月刘先生还能按时给王女士和孩子生活费，但 2007 年 2 月以后就不再支付了，王女士越想越觉得后悔，于是向警方举报。最后法院以重婚罪判处刘先生有期徒刑一年六个月，缓刑两年。

❖ **分析与建议**

法院以重婚罪处理刘先生是正确的。因为刘先生早在 1995 年 7 月就与王女士登记结婚，成立了合法的夫妻关系，是属于有配偶的人。有配偶的人又与他人结婚，显然完全符合重婚的定义，加之在这个过程中，刘先生自己有重婚的故意，在客观上实施了重婚的行为，这种行为侵犯我国《婚姻法》确定的一夫一妻制，完全符合重婚罪的法定构成要件。也许有的人会认为，刘先生和贾女士的"结婚"只是办了婚宴，没有依法登记，不产生婚姻的效力，因而不应当按重婚处理。这种观点所讲的"刘先生和贾女士的'结婚'只是办了婚宴，没有依法登记，不产生婚姻的效力"是对的，但认为不构成重婚是错误的。对此，根据《最高人民法院关于〈婚姻登记管理条例〉施行后发生的以夫妻名义非法同居的重婚案件是否以重婚定罪处罚的批复》精神，这种有配偶的人与他人以夫妻名义非法同居生活的，仍应按重婚罪处罚。

本案中，刘先生重婚的对象是贾女士，那么贾女士是否也构成重婚呢？应该说，贾女士在明知刘先生有配偶的情况下仍与其同居，这是非常错误的，这种情况也是为婚姻法所禁止的。但是，在刘先生和她"结婚"时，欺骗贾女士说已经和王女士离婚，贾女士并不知道刘先生和王女士的婚姻关系还存在，因此，贾女士不属于"明知他人有配偶而与之结婚的行为"，因而贾女士的行为不构成重婚罪。倘若贾女士明知刘先生和王女士没有离婚而与刘先生结婚，则同刘先生一样构成重婚罪。

【案例1—10】先有事实婚姻后又与他人登记结婚是否构成重婚？

✣ 案例描述

姜女士在1998年20岁时与同村的于先生在未办理结婚登记手续的情况下，按当地习俗举行了婚礼，继而同居生活，并于2000年生了一男孩。这期间两人经常因一些琐事争吵。2005年3月，二人又因是否外出打工的事吵架，姜女士回娘家住了一段时间，之后就到外地去打工了。在打工的过程中，姜女士和同一个工厂的同事林先生产生了感情，于是就和林先生在林先生老家所在地办理了结婚登记。于先生知道后非常生气，2007年1月向法院提起刑事诉讼，要求追究姜女士的重婚罪责任。

✣ 分析与建议

在对于姜女士的行为是否构成重婚罪有两种不同意见：第一种意见认为，姜女士的行为构成重婚罪。理由是我国《刑法》第258条规定："有配偶而重婚的，或者明知他人有配偶而与之结婚的"，姜女士和于先生虽然没有办理结婚登记，但已经形成事实婚姻，姜女士就属于明知自已有配偶，而与他人办理登记结婚的，属于重婚行为，第二种意见认为姜女士的行为并不构成重婚罪。最后法院认定姜女士不构成重婚罪。法院之所以认定姜女士的行为不构成重婚罪主要是因为：

从重婚罪的主体看。我国《刑法》第258条规定的重婚行为，其中之一就是有配偶而重婚，也就是有配偶的人在婚姻关系没有终止前又与别人结婚。这里的关键就是主体必须是有配偶的当事人"自己有配偶"或"明知他人有配偶"是构成重婚罪的主体要件。2001年修改后的《婚姻法》第8条规定："要求结婚的男女双方必须亲自到婚姻登记机关进行结婚登记。符合本法规定的，予以登记，发给结婚证。取得结婚证，即确立夫妻关系。"2001年12月27日施行的最高人民法院《关于适用〈中华人民共和国婚姻法〉若干问题的解释（一）》第五条规定："未按婚姻法第八条规定办理婚姻登记而以夫妻名义同居生活的男女，起诉到人民法院要求离婚的，应当区别对待：（一）1994年2月1日民政部《婚姻登记管理条例》公布实施以前，男女双方已经符合结婚实质要件的，按事实婚姻处理。（二）1994年2月1日民政部《婚姻登记管理条例》公布实施以后，男女双方已经符合结婚实质要件的，人民法院应当告知其在案件受理前补办结婚登记；未补办结婚登记的，按解除同居关系处理。"姜女士与于先生结合是1998年，之后也没补办结婚登记，二者的关系应按同居关系处理。也就是说姜女士不属于有配偶的人，自然她与别人登记结婚也就不构成重婚。

在此，有人可能会发出这样的疑问：同样是事实婚姻，为什么（案例1—9中）刘某的第二次婚姻是事实婚就构成重婚，而（案例1—10中）姜女士的第一次婚姻是事实婚姻就不构成重婚。这其中的区别在哪里？由于我国在不同的时期对事实婚姻的法律效力问题采取了不同的态度，因而在重婚罪的构成中是否排除事实婚姻是个较为复杂的问题。从事实婚姻的民事法律效力来看，在新中国成立后相当长的时期内是承认事实婚姻并予以保护的；到了1989年12月13日，最高人民法院《关于人民法院审理未办理结婚登记而以夫妻名义共同生活案件的若干意见》将不同时期的事实婚姻的效力做了区别，即：一是1986年3月15日《婚姻登记办法》施行以前，未办结婚登记手续即以夫妻名义同居生活的，群众也认为是夫妻关系的，如双方在起诉时均符合结婚的法定条件，可以认定为事实婚姻关系；二是1986年3月15日《婚姻登记办法》施行以后未办理结婚登记手续即以夫妻名义同居生活,群众也认为是夫妻关系的,如果同居时双方均符合结婚的法定条件,可以认定为事实婚姻关系;三是 1994 年 2 月 1 日中华人民共和国民政部新的《婚姻登记管理条例》施行之日起,未办理结婚登记即以夫妻名义同居生活的,则一律按非法同居对待。2001 年修改的《婚姻法》,一方面强调了结婚必须登记,未办理登记的应当补办,另一方面又没有明确地将事实婚姻规定为无效婚姻。之后的最高人民法院《关于适用〈中华人民共和国婚姻法〉若干问题的解释(一)》[2001 年 12 月 27 日施行,以下简称司法解释(一)]中做了相应的明确。由此不难看出,我国民事法律对事实婚姻问题经历了一个从无条件承认到有条件承认再到不承认的变化过程。在这一过程中始终伴随着对这种变化的充分肯定、继续保持,还是根据具体情况做不同处理的争论。从新《婚姻法》对这一问题的规定来看,它更多地考虑了我国的实际情况,为有条件地承认事实婚姻留下了余地。无论民事法律中如何处理事实婚姻,但在刑事法律上事实重婚始终是被承认的。根据《最高人民法院关于〈婚姻登记管理条例〉施行后发生的以夫妻名义非法同居的重婚案件是否以重婚定罪处罚的批复》精神,有配偶的人与他人以夫妻名义同居生活的,仍应按重婚罪处罚。1994 年 2 月 1 日以后,在重婚罪中,是否排除了事实婚姻的存在呢?根据最高人民法院的前述批复,事实婚姻仍可作为重婚罪的构成要件。对最高人民法院批复中的所谓"有配偶的人",应理解为是指已经依法登记结婚的人。对未经依法登记而以夫妻名义共同生活的人,不能称为"有配偶的人"。因此,已经登记结婚的人,又与他人以夫妻名义同居生活的,或者明知他人已经登记结婚,还与之以夫妻名义同居生活的,今后同样构成重婚罪。对于先有事实婚姻,又与他人登记结婚和两次及两次以上均是事实婚姻的,则依法不构成重婚罪。

【案例 1—11】 与别人重婚签了财产赠与协议的是否有效

✤ 案例描述

宋先生于 1985 年与周女士结婚,后来宋先生开公司挣了很多钱,开始对周女士不满,从 2005 年 1 月起与未婚女子庄小姐以夫妻名义同居。2005 年 10 月,宋先生以自己公司利润 80 万元的价格购房一套,作为两人"结婚"的礼物送给庄小姐并签署了赠与协议。2006年3月，宋先生的行为被周女士发现，将其告上法庭，要求追究宋先生和庄小姐的重婚责任，并要求庄某返还宋先生所赠房屋。庄小姐认为该房屋是宋先生赠与的，所有权已经发生转移，周女士无权要求返还。

❖分析与建议

本案中宋先生和庄小姐的协议是无效的。因为：

1. 宋先生以自己公司利润80万元的价格所购房屋是宋先生和周女士的共同财产。我国《婚姻法》规定，夫妻关系存续期间一方或双方的经营所得属于夫妻共同财产；

2. 我国《婚姻法》规定，夫妻对共同所有的财产，有平等的处理权。所谓平等的处理权应当理解为：

（1）夫或妻在处理夫妻共同财产上的权利是平等的。因日常生活需要而处理夫妻共同财产的，任何一方均有权决定。

（2）夫或妻非因日常生活需要对夫妻共同财产做重要处理决定，夫妻双方应当平等协商，取得一致意见。他人有理由相信其为夫妻双方共同意思表示的，另一方不得以不同意或不知道为由对抗善意第三人。本案中宋先生赠与庄小姐的房屋既不是因日常生活需要而处理夫妻共同财产的情况，也不是有理由相信其为夫妻双方共同意思表示的情形。因此宋先生擅自将夫妻共有财产送给庄小姐的行为违反法律规定，侵犯了周女士的财产所有权，应认定为无效民事行为。

【案例1—12】因重婚而离婚时的损害赔偿

❖案例描述

吕先生2001年和曲女士登记结婚，婚后吕先生到山东某市工作。闲暇无事上网聊天时和一个网名叫"风花雪夜"的人聊得很投机。于是互通了电话并见了面。见面后知道"风花雪夜"姓郝，因丈夫常年在外自己无聊上网。吕先生也告知郝女士自己已在老家山西结婚，现在山东也很寂寞。两人之后经常往来，关系发展迅速。没过多久，两人即以夫妻名义住在了一起。共同生活几个月后，被郝女士的公婆发现告知了曲女士。曲女士感到非常难以接受，决定起诉离婚，并要求吕先生进行精神损害赔偿。法院支持了曲女士的请求，判决吕先生赔偿曲女士7 000元。

❖ **分析与建议**

我国《婚姻法》第46条规定："有下列情形之一，导致离婚的，无过错方有权请求损害赔偿：（一）重婚的；（二）有配偶者与他人同居的；（三）实施家庭暴力的；（四）虐待、遗弃家庭成员的。"本案中，曲女士的丈夫吕先生婚外与他人以夫妻名义共同生活，其行为显然已构成重婚，而曲女士自身并没有实施这种行为，因而是无过错方，有权请求损害赔偿。曲女士在要求损害赔偿时要注意：（1）承担损害赔偿责任的主体，为离婚诉讼当事人中无过错方的配偶。也就是说曲女士只能要求自己出轨的丈夫，尽管郝女士作为第三者也对这种行为负有直接责任，但根据法律规定，曲某不能要求郝女士赔偿。（2）曲女士只能在人民法院判决准予离婚或者她和吕先生协议离婚时才能获得赔偿。如果人民法院判决不准离婚，对于曲女士基于《婚姻法》第46条提出的损害赔偿请求，则不予支持。在婚姻关系存续期间，曲女士不起诉离婚而单独依据该条规定提起损害赔偿请求的，人民法院不予受理。（3）如果曲女士自己不愿离婚而吕先生提出离婚的，此时本案就成了无过错方曲女士作为被告的离婚诉讼案件，如果曲女士不同意离婚也不提起损害赔偿请求的，则曲女士可以在离婚后一年内就此单独提起诉讼。

❖ **注意事项**

1. 重婚问题是法律性非常强的问题，婚姻家庭咨询师必须熟悉相关的法律规定，对当事人提出的问题必须了解具体的情节，同时必须注意当事人是否有相关的证据支持。

2. 重婚问题非常复杂，罪与非罪的界限有时很难划分，婚姻家庭咨询师如果没有确定把握时，应建议求助者去律师事务所进行相关的法律咨询。

本单元思考题

1. 重婚罪的本质特征是什么？
2. 重婚罪与破坏军婚罪有哪些区别？

学习单元 5　处理婚外生育问题的法律建议

生育是人类进行自身繁育所必需的一个过程，生育权则是公民一项基本的人权。随着社会的发展，国际社会越来越强调自由且负责任的行使生育权，强调夫妻个人对子女、家庭和社会的"责任"，强调夫妻在行使生育权时，要考虑到将来子女的需要和对社会的责任。《中华人民共和国人口和计划生育法》（以下简称《人口和计划生育法》）也明确规定，公民有生育的权利，也有依法实行计划生育的义务，夫妻双方在实行计划生育中负有共同的责任。对于生育问题，我国法律一方面保障公民生育子女的权利，同时也要求公民有依法实行计划生育的义务，这也就是说，生育权的行使必须要符合相应的法律和政策规定。

 学习目标

➢ 了解什么是生育权
➢ 掌握婚外生育的后果

一、正确理解和行使公民的生育权

1. 公民生育权的概念

公民的生育权是指公民在法律和政策允许的范围内，按照自己的意愿决定有关生育问题并获得相应保障的权利。

目前规范生育权的法律主要有人口与计划生育法、妇女权益保障法、母婴保健法。

关于公民的生育权，国际社会给予了特别的关注。国际人权会议于1968年5月13日在德黑兰宣布的《德黑兰宣言》第16条宣告："家庭及儿童之保护仍为国际社会所关怀。父母享有自由负责决定子女人数及其出生时距的基本人权。"1974年联合国国际人口和发展大会通过的决议也确认人口政策应该尊重"父母繁衍后代和自主、负责地决定其子女的人数和生育间隔的权利"。联合国大会于1979年12月通过的《消除对妇女一切形式歧视公约》第16条规定："缔约各国应采取一切适当措施，消除在有关婚姻和家庭关系的一切事务上对妇女的歧视，并特别应保证妇女在男女平等的基础上……有相同的权利自由负责地决定子女人数和生育间隔,并有机会使妇女获得行使这种权利的知识、教育和方法。"我国《人口和计划生育法》第17条明确规定:"公民有生育的权利,也有依法实行计划生育的义务,夫妻双方在实行计划生育中负有共同的责任。"

2. 公民生育权的基本内容

(1) 生育选择权

根据我国的有关法律规定,生育选择权含有:

1) 公民享有按照国家有关规定生育子女的权利即公民享有决定生育的权利。在不违反国家法律和政策的前提下,公民有权取得生育指标、生育子女,任何人不得无故刁难或强迫中止妊娠。

2) 公民享有不生育的自由,不生育的自由即包括自始至终不生育的自由,也包括不再生育的自由,任何人包括夫妻之间,都不得以对方不生育或不能生育为由而加以歧视和虐待。

3) 公民享有堕胎的权利,法律既然明确规定公民享有不生育的自由,也就理所当然地要赋予公民堕胎的权利。公民不论出于自身健康的考虑还是按照国家的计划生育政策,都有权决定终止妊娠。我国法律禁止的是非法堕胎,严禁利用超声技术和其他技术手段进行非医学需要的胎儿性别鉴定;严禁非医学需要的选择性别的人工终止妊娠。

(2) 生育安全权

公民享有生育保健以保证生育安全的权利。《中华人民共和国母婴保健法》规定:"国家发展母婴保健事业,提供必要条件和物质帮助,使母亲和婴儿获得医疗保健服务。国家对边远贫困地区的母婴保健事业给予扶持。"为了保证妇女的生育安全,医疗机构应当为育龄妇女和孕产妇提供下列孕产期保健服务:

1) 母婴保健指导,对孕育健康后代以及严重遗传性疾病和碘缺乏病等地方病的发病原因、治疗和预防方法提供医学意见。

2) 孕妇、产妇保健,为孕妇、产妇提供卫生营养、心理等方面的咨询和指导以及产前定期检查等医疗保健服务。

3) 胎儿保健,为胎儿生长发育进行监护,提供咨询和医学指导。

4) 新生儿保健,为新生儿生长发育、哺乳和护理提供医疗保健服务。在生产过程中,"医师和助产人员应当严格遵守有关操作规程,提高助产技术和服务质量,预防和减少产伤","不能住院分娩的孕妇应当由经过培训合格的接生人员实行消毒接生"。人口和计划生育法规定,国家建立婚前保健、孕产期保健制度，防止或者减少出生缺陷，提高出生婴儿健康水平。各级人民政府应当采取措施，保障公民享有计划生育技术服务，提高公民的生殖健康水平。

(3) 生育保障权

公民的生育保障权是指公民特别是妇女在生育期间获得物质帮助的权利。妇女权益保障法规定，国家推行生育保险制度，建立健全与生育相关的其他保障制度。人口和计划生育法则进一步规定，国家建立、健全基本养老保险、基本医疗保险、生育保险和社会福利等社会保障制度，促进计划生育。国家鼓励保险公司举办有利于计划生育的保险项目。有条件的地方可以根据政府引导、农民自愿的原则，在农村实行多种形式的养老保障制度。公民晚婚晚育，可以获得延长婚假、生育假的奖励或者其他福利待遇。妇女怀孕、生育和哺乳期间，按照国家有关规定享受特殊劳动保护并可以获得帮助和补偿。公民实行计划生育手术，享受国家规定的休假；地方人民政府可以给予奖励。

3. 公民有依法实行计划生育的义务

> 实行计划生育是国家的基本国策。

由于人口问题始终是制约我国全面协调可持续发展的重大问题，是影响经济社会发展的关键因素，因此我国确定了实行计划生育的基本国策。我国实行计划生育以来，有效地缓解了人口对资源、环境的压力，有力地促进了经济发展和社会进步。实践证明，我国坚持不懈地实行计划生育的基本国策，对建设中国特色社会主义、实现国家富强和民族振兴产生了巨大影响，为促进世界人口与发展发挥了重要作用。目前，我国虽然已经进入低生育水平国家的行列，但由于人口基数大，人口低增长率与高增长量将长期并存。未来十几年，我国人口总量仍将保持持续增长的态势，预计每年净增人口在 800 万人到 1000 万人之间，总人口到 21 世纪 30 年代中期将达到峰值 15 亿人左右。我国人口多、底子薄、人均资源相对不足的基本国情没有根本改变。人口问题是社会主义初级阶段长期面临的重大问题。为此，我国宪法规定："国家推行计划生育，使人口的增长同经济和社会发展计划相适应。" 2001 年 12 月 29 日颁布的《中华人民共和国人口与计划生育法》进一步明确，"实行计划生育是国家的基本国策"，"国家稳定现行生育政策"。要求公民有依法实行计划生育的义务，夫妻双方在实行计划生育中负有共同的责任。2001 年修改后的婚姻法也明确要求，夫妻有实行计划生育的义务。2006 年 12 月 17 日公布的《中共中央国务院关于全面加强人口和计划生育工作统筹解决人口问题的决定》（中发［2006］22号，以下简称中央《决定》）再次强调，"必须坚持计划生育基本国策和稳定现行生育政策不动摇"。

4. 要切实保障妇女的生育权

生育虽然以两性结合为基础，但妇女在整个生育活动中却要付出更多的艰辛和代价。然而在男女不平等的以男性为中心的封建社会，妇女的生育活动却被严格控制在男性手中，妇女成为夫家传宗接代的生育工具。社会主义制度的建立，使妇女在政治、经济、文化、社会的和家庭生活等各方面，获得了与男子平等的地位和权利，那种生育为私、传宗接代、多子多福、把妇女当做生育工具的旧观念受到了严厉的批判。但是，由于我国经历了几千年的封建社会，加之目前仍存在着物质文明不够发达、科学教育水平较低等易于传播封建道德观念的社会基础，因而愚昧落后的生育观念并没有因遭批判而被肃清，依然残存在人们的头脑中，并对我们的社会生活产生消极的影响。有些妇女出于家庭、家族、社会传统习惯势力的压力和经济上对丈夫的依赖而不得不在生育问题上做出违心的行为；也有些妇女因为生育女婴或不能生育而受到歧视、虐待和残害。所有这些情况的存在，都严重影响了妇女生育权的实现，破坏了国家计划生育政策的贯彻，是愚昧落后的生育观作祟的表现。为了切实保障妇女的生育权，全社会都应树立正确的生育观，以男女平等、少生少育、优生优育的态度来对待妇女的生育问题，尤其是每一个做丈夫的男子，对自己妻子自觉执行计划生育政策、自愿少生晚育或不生育等正当行使生育权的行为，都应给予相应的理解、尊重和支持，而不允许歧视、限制，更不允许采用非法手段逼迫妻子进行计划外生育。

为了切实保障妇女的生育权，《中华人民共和国妇女权益保障法》（以下简称《妇女权益保障法》）规定："妇女有按照国家有关规定生育子女的权利，也有不生育的自由。育龄夫妻双方按照国家有关规定计划生育，有关部门应当提供安全、有效的避孕药具和技术，保障实施节育手术的妇女的健康和安全。"《婚姻法》也明确规定："女方怀孕期间、分娩后一年或中止妊娠后6个月内，男方不得提出离婚；妇女提出离婚的，或者人民法院认为确有必要受理男方离婚请求的，不在此限。"《劳动法》规定，不得安排女职工在怀孕期间从事国家规定的第三级体力劳动强度的劳动和孕期禁忌从事的活动。对怀孕7个月以上的女职工，不得安排其延长工作时间和夜班劳动。女职工生育享受不少于90天的产假。不得安排女职工在哺乳未满一周岁的婴儿期间从事国家规定的第三级体力劳动强度的劳动和哺乳期禁忌从事的其他劳动，不得安排其延长工作时间和夜班劳动。劳动合同法规定，女职工在孕期、产期、哺乳期的，用人单位不得非法解除劳动合同。

二、婚外生育的法律问题

1. 婚外生育的概念

婚外生育，是相对于婚内生育而言的一种生育情形，是指未办理结婚登记生育子女或有配偶者与配偶以外的人生育子女的情形。

2. 婚外生育的分类

婚外生育按不同的标准可以做下列分类：

（1）按是否符合法律规定，婚外生育可分为合法的婚外生育与非法的婚外生育

> 注意婚外生育与非法生育的联系与区别。

在多数情况下婚外生育都是非法生育，但在有些情况下，婚外生育也可以合法生育。我国《人口和计划生育法》规定的"公民有生育的权利"，这里的公民并没有限定为已婚的公民，因此是否已婚并不是生育是否合法的绝对标准。在有些情况下，没有婚姻关系的人也可以通过一定的途径进行合法的生育，例如，2002年9月27日吉林省第九届人民代表大会常务委员会第三十二次会议通过的《吉林省人口与计划生育条例》第三十条第二款规定："达到法定婚龄决定不再结婚并无子女的妇女，可以采取合法的医学辅助生育技术手段生育一个子女。"

（2）按生育的主体不同，婚外生育可以划分为未婚生育与有配偶与他人的生育

未婚生育是指男女双方都没有配偶的人在结婚之前或不结婚的情况下生育子女。有配偶者与他人的生育，是指一方或双方有配偶而与自己合法配偶之外的人生育子女。未婚生育在某些情况下可能为法律法规所允许，而有配偶者与他人的生育则一定是违反法律的。

3. 婚外生育与非法生育

非法生育是指违反国家计划生育政策的生育行为。一般来说，婚外生育是违法生育的一种行为，而非法生育的既包括婚外的非法生育，也包括婚内的非法生育。具体表现为：

(1) 符合再生育一个子女的条件未取得生育证生育的；
(2) 不到生育最低年龄而生育的或者违反生育间隔时间而生育的；
(3) 违法多生育一个子女的；
(4) 重婚生育子女的；
(5) 有配偶者与他人生育子女的；
(6) 未办理结婚登记生育子女的。

4. 婚外生育的后果

由于在多数情况下婚外生育是一种非法生育，因而一旦有婚外生育的情况发生，则会产生相应的后果。

(1) 婚外生育的直接后果就是产生非婚生子女与生父母的权利义务关系。

由于非婚生子女与生父母之间的权利义务关系已在前面相关的单元中述明。此处不再赘述。

(2) 实施非法婚外生育的，要依法缴纳社会抚养费。

《人口和计划生育法》第41条规定："符合本法第18条规定生育子女的公民，应当依法缴纳社会抚养费。未在规定的期限内足额缴纳应当缴纳的社会抚养费的，自欠缴之日起，按照国家有关规定加收滞纳金；仍不缴纳的，由作出征收决定的计划生育行政部门依法向人民法院申请强制执行。"《人口和计划生育法》第18条的规定内容是"国家稳定现行生育政策，鼓励公民晚婚晚育，提倡一对夫妻生育一个子女；符合法律、法规规定条件的，可以要求安排生育第二个子女。具体办法由省、自治区、直辖市人民代表大会或者其常务委员会规定。少数民族也要实行计划生育，具体办法由省、自治区、直辖市人民代表大会或者其常务委员会规定"。

(3) 行政机关公务员有非法的婚外生育行为的，要给予相应的行政处分。

《行政机关公务员处分条例》第33条规定："违反规定超计划生育的，给予降级或者撤职处分；情节严重的，给予开除处分。"人口和计划生育法也规定，缴纳社会抚养费的人员，是国家工作人员的，还应当依法给予行政处分；其他人员还应当由其所在单位或者组织给予纪律处分。

(4) 非法婚外生育者，不享有相应的待遇

《劳动部工资局复女职工非婚生育时是否享受劳保待遇问题》中明确指出："女职工非婚生育时，不能按照劳动保险条例的规定享受生育待

遇。其需要休养的时间不应发给工资。对于生活有困难的，可以由企业行政方面酌情给予补助。"

（5）非法婚外生育的其他责任

2007年8月30日，中组部、人口计生委等11部委《关于加强人口和计划生育工作若干政策措施的通知》中强调，党员、干部和社会公众人物应带头模范地遵守人口和计划生育法律法规和政策。各有关部门要将遵守人口和计划生育法律法规和政策作为提拔任用干部，推荐各级中国共产党代表大会代表、人民代表大会代表、政协委员、青联委员候选人、工商联执委，评选各类劳动模范和先进个人的一项基本要求，并建立必要的审查制度。人口计生部门要建立公民再生育审批结果公开制度，建立健全有奖举报制度；批准党员、干部再生育，以及发现党员、干部违法生育的，应及时向同级组织人事部门通报，组织人事部门应做好登记、备案工作。要将城镇居民违法生育情况纳入中国人民银行征信系统。对违法生育的党员材料，要移送党的纪律检察机关，严格依照党纪和有关法规处理。对公务员及其他国家工作人员违法生育的，要严格按照《公务员法》《人口与计划生育法》《行政机关公务员处分条例》以及各地人口与计划生育条例的规定从严处理。对企业法定代表人或主要负责人违法生育的，其企业不得评为先进、模范企业。对社会公众人物违法生育、情节严重的，要公开曝光，并根据法律和政策的有关规定，严格依法处理。

婚外生育法律咨询要点

1. 婚姻家庭咨询师应当正确判断求助者所咨询问题的性质。
2. 明确告知求助者婚外生育的法律后果。
3. 要帮助求助者全面分析婚外生育所带来各种问题。

【案例1—13】女职工非婚生育不能享受产假待遇

✠ 案例描述

2005年7月，四川省成都市某公司的林小姐在工作期间与当地一男青年恋爱并怀孕，后来由于种种原因两人最终并没有结婚，但林小姐仍然决定要生下这个孩子。2006年3月，林小姐产下一子，产后在家休息了两个多月后，林小姐回到公司，向经理提出了要求公司给予她产假待遇，支付她产假期间的工资。经理不同意向她支付产假工资。林小姐认为根据《劳动法》和女工劳动保护的规定，自己应该享受90天的产假，这期间，公司应当发给自己产假工资。而公司坚持认为林小姐是非婚生育，不能享有相应的待遇。为此，林小姐进行了咨询。

❖ 分析与建议

我国《劳动法》第62条规定："女职工生育享受不少于90天的产假。"《妇女权益保障法》第27条第一款规定："任何单位不得因结婚、怀孕、产假、哺乳等情形，降低女职工的工资，辞退女职工，单方解除劳动（聘用）合同或者服务协议。但是，女职工要求终止劳动（聘用）合同或者服务协议的除外。"从上述法律规定不难看出，女职工享受产假以及在产假期间用人单位不得降低其工资，这是女职工的一项重要权利。任何单位都不得侵犯。与此同时需要指出的是，公民享有依法生育的权利，同时应当依法履行计划生育的义务，其生育行为应当符合人口与计划生育法的规定。女职工享有生育保险的权利要以合法生育为前提，也就是说女职工的生育行为违反了人口与计划生育法和当地有关计划生育的规定，这项权利就会丧失。《女职工劳动保护规定》第15条规定："女职工违反国家有关计划生育规定的，其劳动保护应当按照国家有关计划生育规定办理，不适用本规定。"《中共中央、国务院关于进一步做好计划生育工作的指示》："对于不按计划生育的，要给予适当的经济限制。国家干部和职工，城镇居民，计划外生第二胎的，要取消其按合理生育所享受的医药、福利等待遇，还可视情况扣发一定比例的工资，或不得享受困难补助、托幼补助。"《劳动部工资局复女职工非婚生育时是否享受劳保待遇问题》写明："女职工非婚生育时，不能按照劳动保险条例的规定享受生育待遇。其需要休养的时间不应发给工资。对于生活有困难的，可以由企业行政方面酌情给予补助。"

本案中林小姐在没有建立合法婚姻的前提下生育子女，违反了人口和计划生育法和四川省《人口与计划生育条例》，不应受法律保护。同时根据四川省《人口与计划生育条例》第43条第二款的规定，林小姐属于未履行婚姻登记手续生育第一个子女，应按计征基数的3~4倍征收社会抚养费。

【案例 1—14】女大学生未婚生育受处分

❖ 案例描述

湖北某高校大三女学生高小姐（20 岁，党员），在大学期间与江先生认识并热恋，高小姐随之搬出学生宿舍与江先生同居。发现怀孕后，高小姐要求结婚，江先生开始同意，后来又以父母不同意为由拒绝。高小姐很失望，但已有身孕六个多月，堕胎十分危险，于是高小姐决定将这个孩子生下来。孩子生下来后，当地的计生部门要求其缴纳社会抚养费，学校也对高小姐进了纪律处分。为此，高小姐的亲属前来咨询。

❖ 分析与建议

大学生是在接受高等教育，应当带头遵纪守法。自 2005 年 9 月 1 日起施行的《普通高等学校学生管理规定》明确要求大学生在校期间依法履行下列义务："（一）遵守宪法、法律、法规；（二）遵守学校管理制度；（三）努力学习，完成规定学业；（四）按规定缴纳学费及有关费用，履行获得贷学金及助学金的相应义务；（五）遵守学生行为规范，尊敬师长，养成良好的思想品德和行为习惯；（六）法律、法规规定的其他义务。"本案中，女大学生高小姐在未婚的情况下生育子女，不仅给自己完成学业造成了困难，而且违反了国家的计划生育政策，同时作为党员，也违反了党的纪律，因此应受到相应的处分。根据湖北省《人口与计划生育条例》的规定，未履行婚姻登记手续生育第一个子女的，征收当事人双方各 500 元社会抚养费。根据《人口计生委教育部 公安部关于高等学校在校学生计划生育问题的意见》，高校学生在校期间违法生育的，按照其户口所在地人口与计划生育法规规定处理，所在高校可视其情节轻重给予处分；是党员的，按照中国共产党纪律处分条例的规定处理。《中国共产党纪律处分条例》第 166 条规定："违反人口与计划生育法律、法规超计划生育的，给予严重警告或者撤销党内职务处分；情节严重的，给予留党察看或者开除党籍处分。破坏人口与计划生育法律、法规实施的，给予撤销党内职务或者留党察看处分；情节严重的，给予开除党籍处分。"根据上述的规定，有关部门给予高小姐的处分是有依据的。

❖ 注意事项

1. 由于婚外生育是一个敏感的话题，既涉及当事人的隐私，又涉及国家的法律政策，因此，婚姻家庭咨询师必须掌握好相关的政策，给当事人以正确的引导,防止出现因对计划生育政策的误解而产生对政府和社会的对抗情绪。

2. 非婚生育除了带来相关的法律问题外,还有非婚生子女的抚养和成长问题,以及如何协调保障公民生育权与保障非婚生子女享受美满幸福家庭生活的权利。

> **相关链接**
> **调查显示近年美国四成婴儿为非婚生育**
>
> 美国政府2006年11月公布的一项生育健康报告显示,大约每10名新生婴儿中有4人的父母未婚,婚前生育成为越来越多美国人的一种生活方式。
>
> 西班牙裔美国人最爱婚前生育
>
> 据美联社报道,美国社会长久以来将婚前生育视为"少年妈妈"的专利,但最新调查报告显示,10~17岁的美国女孩怀孕率稳中有降,选择婚前生育的女人大都超过20岁。除了10~17岁这个年龄段女子婚前生育率下降外,其他年龄段的婚前生育率都有所提高。婚前生育率在美国各种族人群中的比率都在提高,其中以西班牙裔美国人为最。
>
> 专家表示,这一结果表明美国人的婚姻观正逐渐发生变化,对婚姻逐渐漠视,越来越多的人接受婚前同居和婚前生育的方式,婚前有孩子也不再被看做是件蒙羞的事了。亚特兰大摩尔豪斯医学院青少年医药专家尤兰达·温伯丽博士认为,生理因素和婚姻观的转变是造成美国婚前生育猛增的主要原因。她认为,30~40岁的女人考虑到生理衰老因素往往顾不上自己还是单身就先要个孩子,而温伯丽说:"在当今美国社会,越来越多的人认同了婚前生育。"未婚父母的孩子与传统意义上的所谓"私生"子女不完全相同。这些"妈妈"以后仍可能选择和孩子的父亲结婚。
>
> 未婚怀孕在增加。美国2005年年初婚年龄男女分别为27和25岁,而1950年这个指标分别为23和20岁。未婚情侣加上1个小孩组成的3口之家2005年超过了170万户,而1970年这个数字只有20万户。

> **本单元思考题**
>
> 1. 婚外生育会带来哪些问题?
> 2. 如何对待单身女性要求生育子女问题?

第 2 节　离　婚　咨　询

  学习单元 1　处理离婚时有关财产疑难问题的法律建议

夫妻离婚,即导致人身关系的变化,也会引起财产的分割和债务的清偿。对于夫妻之间的个人债务、共同债务的确定及清偿是离婚时必须要妥善处理的问题。同时,由于夫妻离婚原因复杂,当事人心态各异,为财产争执不休或想方设法争夺财产的也不乏其例。因此依法处理离婚时有关财产疑难问题,对于解决当事人之间的矛盾,维护社会稳定和离婚后双方的幸福都十分重要。

 学习目标

➢ 掌握夫妻对外债务的认定及清偿问题
➢ 掌握离婚时一方隐藏、转移、变卖、毁损夫妻共同财产或者伪造债务行为的相关法律规定

一、夫妻对外债务的认定及清偿问题

夫妻在解除婚姻关系时,不仅会涉及夫妻共同财产的分割,还常常会涉及夫妻一方或双方共同债务的认定和清偿问题。

1. 夫妻对外债务的认定

《婚姻法》第41条规定："离婚时，原为夫妻共同生活所负的债务，应当共同偿还。共同财产不足清偿的，或财产归各自所有的，由双方协议清偿；协议不成时，由人民法院判决。"最高人民法院《关于人民法院审理离婚案件处理财产分割问题的若干具体意见》（以下简称《财产分割若干意见》）第17条规定："夫妻为共同生活或为履行抚养、赡养义务等所负债务，应认定为夫妻共同债务，离婚时应当以夫妻共同财产清偿。下列债务不能认定为夫妻共同债务，应由一方以个人财产清偿：

第一，夫妻双方约定由个人负担的债务，但以逃避债务为目的的除外。

第二，一方未经对方同意，擅自资助与其没有抚养义务的亲朋所负的债务。

第三，一方未经对方同意，独自筹资从事经营活动，其收入确未用于共同生活所负的债务。

第四，其他应由个人承担的债务根据上述规定，处理夫妻债务问题时首先应分清债务的性质是夫妻共同债务还是个人债务，然后根据不同情况落实清偿责任。"

（1）夫妻共同债务的认定

从发生的时间看，夫妻共同债务应该发生在夫妻婚姻关系存续期间。从发生的原因看，根据《财产分割若干意见》第17条的规定，夫妻共同债务是为夫妻共同生活所负的债务。为夫妻共同生活所负的债务是指夫妻为维持家庭的共同生活以及为共同生活的目的共同从事生产、经营活动所负的债务。为夫妻共同生活所负的债务，包括因购置生活用品、住房等所负的债务，为履行法定的抚养、扶养、赡养义务等所负债务，一方或双方因治疗疾病所负的债务，以及其他在日常生活中发生的应当由夫妻双方负担的债务。为夫妻共同生产、经营所负的债务，包括双方共同从事个体经营或在农村承包经营所负的债务，购买生产资料所负的债务，共同从事投资或者其他金融活动所负的债务等。

> 注意认定夫妻共同债务的标准和具体情形。

（2）夫妻个人债务的认定

夫妻个人债务是指夫妻一方以个人名义所负的与夫妻共同生活无关的债务。从发生时间看，夫妻一方的债务既可以发生在夫妻登记结婚之前，也可以发生在夫妻关系存续期间。从发生原因看，根据《婚姻法》和《财产分割若干意见》规定的内容及其立法宗旨，夫妻个人债务可分为以下几类：

1) 夫妻双方或一方各自在婚前所负的债务。

2) 婚姻关系存续期间，夫妻双方约定由个人清偿的债务，但以逃避债务、规避法律、侵害第三人权益为目的的约定除外。《财产分割若干意见》第一条规定："夫妻双方对财产归谁所有以书面形式约定的，或以口头形式约定双方无争议的，离婚时应按约定处理。但规避法律的约定无效。"《婚姻法》第19条第3款规定"夫妻对婚姻关系存续期间所得的财产约定归各自所有的，夫或妻一方对外所负的债务，第三人知道该约定的，以夫或妻一方所有的财产清偿"。《司法解释（一）》第18条规定："婚姻法第19条所称'第三人知道该约定的'，夫妻一方对此负有举证责任。"

3) 一方未经对方同意，擅自资助与其没有扶养义务的亲朋所负的债务。

4) 一方未经对方同意，独自筹资从事经营活动，其收入确未用于共同生活所负的债务。

5) 婚姻关系存续期间，夫妻双方或一方为满足个人欲望挥霍享受或进行赌博、吸毒等非法活动而形成的与共同生活无关的债务。

2. 夫妻对外债务的清偿

(1) 夫妻共同债务清偿

根据《婚姻法》及《司法解释（二）》的有关规定，离婚时，原为夫妻共同生活所负的债务，应当共同偿还。对于夫妻共同债务，夫妻承担连带责任。先用夫妻共同财产清偿，共同财产不足以清偿债务时，以各自法定个人所有或约定个人所有的财产予以清偿。用夫妻的个人财产加以清偿应首先由夫妻进行协商，由当事人双方互谅互让协议确定清偿责任，人民法院将夫妻协商的结果记载在调解书中。在夫妻双方协商不成的情况下，由人民法院判决。人民法院的判决应以双方的经济状况、生活条件和保护妇女权益的原则等为依据，既要保护债权人的利益，又要考虑当事人的负担能力。《司法解释（二）》第24条规定："债权人就婚姻关系存续期间夫妻一方以个人名义所负债务主张权利的，应当按夫妻共同债务处理。但夫妻一方能够证明债权人与债务人明确约定为个人债务，或者能够证明属于婚姻法第 19 条第 3 款规定情形的除外。"《中华人民共和国婚姻法》第 19 条第 3 款规定"夫妻对婚姻关系存续期间所得的财产约定归各自所有的，夫或妻一方对外所负的债务，第三人知道该约定的，以夫或妻一方所有的财产清偿"。《司法解释（二）》第 25 条规定："当事人的离婚协议或者人民法院的判决书、裁定书、调解书已经对夫妻财产分割问题作出处理的，债权人仍有权就夫妻共同债务向男女双方主张权利。一方就共同债务承担连带清偿责任后，基于离婚协议或者人民法院的法律文书向另一方主张追偿的，人民法院应当支持。"《司法解释（二）》第 26 条规定："夫或妻一方死亡的，生存一方应当对婚姻关系存续期间的共同债务承担连带清偿责任。"

(2) 个人债务应以个人财产清偿

对于个人债务，对方不负连带清偿责任，债权人只能向该方主张权利由单方偿还。但对方愿意清偿的，法律也不禁止。《司法解释（二）》第 23 条规定："债权人就一方前所负个人债务向债务人的配偶主张权利的，人民法院不予支持。但债权人能够证明所负债务用于婚后家庭共同生活的除外。"用于清偿个人债务的个人财产，包括共同财产中分割后属于个人所有的财产、法定的个人财产以及夫妻双方约定的归各自所有的财产等。

在清偿夫妻对外债务时应注意以下问题：一是要注意分清债务是属于共同债务还是个人债务。二是清偿共同债务的财产，首先是共同财产，当共同财产不足以清偿时，其次是双方的个人财产。三是注意保护妇女、儿童的合法权益。虽然男女双方对于夫妻共同债务均应承担清偿责任，但具体执行中应根据双方的经济状况、健康状况等情况并适当保护妇女、儿童的权益。

二、对离婚时一方隐藏、转移、变卖、毁损夫妻共同财产或者伪造债务行为的处理

对夫妻共同财产，夫妻享有平等的处理权，在作出重要处理决定时，夫妻应平等协商取得一致意见。但在现实生活中，一些夫妻在离婚过程中或者在离婚之前，为达到让对方少分或不分夫妻共同财产的目的，常常采取隐藏、转移、变卖、毁损夫妻共同财产甚至是伪造共同债务等行为，侵犯了另一方的合法权益。为保护双方当事人的合法权益，《婚姻法》第 47 条针对此类问题规定了相应的法律对策。《婚姻法》第 47 条第 1 款规定："离婚时，一方隐藏、转移、变卖、毁损夫妻共同财产，或伪造债务企图侵占另一方财产的，分割夫妻共同财产时，对隐藏、转移、变卖、毁损夫妻共同财产或伪造债务的一方，可以少分或不分。离婚后，另一方发现有上述行为的，可以向人民法院提起诉讼，请求再次分割夫妻共同财产。"第 47 条第 2 款规定："人民法院对前款规定的妨害民事诉

讼的行为，依照民事诉讼法的规定予以制裁。"

1. 离婚时，一方隐藏、转移、变卖、毁损夫妻共同财产，或伪造债务企图侵占另一方财产的，分割夫妻共同财产时可以少分或者不分。对上述行为，人民法院依照民事诉讼法的规定予以制裁。

隐藏是指藏匿财产；转移是指改换原物放置的地方；变卖是指出售财产换取现款；毁损是指损伤、损坏财产；伪造债务是指夫或妻本不对债务人负担共同债务却伪造证据证明对债务人负担债务或者夸大对债务人负担共同债务的数额；企图侵占另一方财产是指伪造共同债务的目的是在用夫妻共同财产清偿伪造的共同债务，从而获得本不该得到的共同财产的全部或一部，是否有侵占另一方财产的企图依据客观事实加以判断。

一般而言，离婚过程中分割夫妻共同财产时，在当事人无法达成协议的情况下人民法院原则上应当均等分割，具体的分割方式可以是实物分割、变价分割或作价补偿。但如果夫妻中一方或双方当事人实施了隐藏、转移、变卖、毁损夫妻共同财产，或伪造债务企图侵占另一方财产的行为，必然侵害另一方对夫妻共同财产平等分割的权利，为此，人民法院可以依法根据情节对实施上述行为的一方决定少分或者不分。这一规定，对于违法行为人而言是一种惩罚。其中的少分是指人民法院判决实施上述违法行为的一方获得比均等分割份额少的财产，不分是指人民法院判决实施上述违法行为的一方不能分得任何共同财产。

同时，对实施隐藏、转移、变卖、毁损夫妻共同财产，或伪造债务企图侵占另一方财产的行为，人民法院依照《民事诉讼法》的规定对行为人予以制裁，即依据《民事诉讼法》第十章"对妨害民事诉讼的强制措施"第102条第1款第1项的规定予以罚款、拘留。

2. 离婚后，一方发现另一方隐藏、转移、变卖、毁损夫妻共同财产，或者伪造债务的，可以向人民法院提起诉讼，请求再次分割夫妻共同财产。

如果在离婚诉讼过程中当事人没有发现另一方有隐藏、转移、变卖、毁损夫妻共同财产或者伪造债务行为，而是在离婚后又发现的，仍然可以向人民法院提起诉讼，请求再次分割夫妻共同财产。因为本应属于夫妻共同所有的财产却被另一方通过非法隐藏、转移、变卖、毁损或者通过伪造共同债务的行为所侵占，必然导致对原告权利的侵害，故人民法院理应受理这类诉讼请求，依法对原告进行救济。至于请求再次分割夫妻共同财产的诉讼时效，《司法解释（一）》第31条明确规定："当事人依据《婚姻法》第47条的规定向人民法院提起诉讼，请求再次分割夫妻共同财产的诉讼时效为两年，从当事人发现之次日起计算。"

人民法院在处理此类纠纷中，应当具体情况具体分析，根据不同的情况作出不同的处理：

（1）在一方"隐藏"和"转移"共同财产的情况下，可以直接请求分割共同财产。

（2）而在一方"变卖"共同财产的情况下，如果转让的共同财产为动产，受让人取得该动产时出于善意，是善意取得人，依据最高人民法院《关于贯彻执行民法通则若干问题的意见（试行）》的有关规定，该买卖行为有效，起诉的一方仅能够请求分割价金而不能请求分割共同财产。

（3）一方毁损夫妻共同财产的，另一方仅能请求损害赔偿。

（4）一方伪造债务的，起诉的一方可以请求非法占有人返还共同财产，在返还不能的情况下，可以请求赔偿损失。

人民法院审理上述纠纷时，即一方在离婚后发现另一方有隐藏、转移、变卖、毁损夫妻共同财产或者伪造债务的行为，请求再次分割夫妻共同财产时，人民法院对实施隐藏、转移共同财产等行为的一方当事人是否可以适用少分或不分的原则，对此法律未作明文规定。根据《婚姻法》第47条的立法宗旨，应当肯定受害人享有这一权利。只有如此，才能惩罚违法行为人，有效地保护受害人的利益。

> **离婚财产疑难问题法律咨询要点**
>
> 1. 婚姻家庭咨询师应当熟悉目前离婚过程中财产纠纷的常见情况，并对求助者咨询的问题进行较为准确定性。
> 2. 对夫妻债务的性质要作出准确的判断，并在此基础上向求助者提供符合法律的建议。

【案例1—15】对夫妻双方借离婚逃避债务的处理

❖ 案例描述

2007年11月，原告夏女士到人民法院起诉与其丈夫江先生离婚。原告诉称与被告江先生于1995年结婚，生育一女。江先生从1997年起开始从事养猪业，收入均用于家庭共同生活。江先生在经营初期的生意较好，赚了些钱。2006年，养猪场的多数猪因为瘟疫得病死掉，损失不小。之后江先生情绪低沉，一蹶不振，并开始赌博还有个人赌博欠债，也不管家和孩子，夏女士多次规劝不见好转，夫妻关系日渐恶化。故夏女士起诉到人民法院请求法院判决离婚，家中财产归原告，女儿归原告抚养，被告江先生每月给付抚养、教育费600元，现共同居住的住房归原告和女儿居住，被告的个人欠债个人偿还。被告辩称：同意离婚，同意住房判给女方，个人欠债个人偿还，但自己目前已破产，无钱支付女儿的抚养、教育费。在法院第一次开庭后，于先生等几位债主到法院反映，并出示借条证明，江先生在1997年至2006年做养猪生意过程中欠几位债主总计28万元债务一直未还，这些债务是江先生在夫妻婚姻关系存续期间为做生意所欠债务，且生意收入用于共同生活，应认定为共同债务，由夫妻双方共同偿还，现在夏女士和江先生夫妻二人是闹假离婚，目的是逃避债务，二人有40万元存款以夏女士的名义存在银行。本案原告夏女士提出，28万元债务是江先生以个人名义所借，应认定为个人债务，由其个人偿还。

在本案宣判前，于先生等债主找婚姻家庭咨询师求助，询问江先生在婚姻关系存续期间所借28万元债务的性质及如何清偿问题。

❖分析与建议

本案涉及的实际情况属假离婚、真逃债的问题。对这类离婚案件，应注意保护债权人的利益，防范假离婚真逃债得逞。

关于本案中28万元债务的性质及清偿问题。婚姻家庭咨询师认为，夫妻关系存续期间，江先生一方以个人名义对外借债，应首先认定该笔债务是夫妻共同债务还是个人债务。江先生以个人名义所借债务并非赌博所欠赌资，而是从事个体经营所欠债务，从事经营所得收入也用于了家庭共同生活，应认定为共同债务。对夫妻共同债务的清偿。根据《婚姻法》及《司法解释（二）》的有关规定，离婚时，原为夫妻共同生活所负的债务，应当共同偿还。对于夫妻共同债务，夫妻承担连带责任。先用夫妻共同财产清偿，共同财产不足以清偿债务时，以各自法定个人所有或约定个人所有的财产予以清偿。《司法解释（二）》第25条规定："当事人的离婚协议或者人民法院的判决书、裁定书、调解书已经对夫妻财产分割问题作出处理的，债权人仍有权就夫妻共同债务向男女双方主张权利。一方就共同债务承担连带清偿责任后，基于离婚协议或者人民法院的法律文书向另一方主张追偿的，人民法院应当支持。"

在司法实践中，审判人员应对当事人之间约定共同财产处理的协议特别是债务分担协议严格审查，对约定一方为全部财产所有者，另一方为全部债务承担者而债务承担者明显无清偿能力的，虽属当事人"意思表示"，但为杜绝以逃避债务为目的离婚，最大限度地保护债权人利益，也应以可能损害到债权人的利益为由不予确认。在审判中，如果出现不能清偿债务的情况，无论是离婚判决书还是调解书均应明确双方负有连带清偿共同债务的义务。这样在维护了双方当事人权益的同时，也有利于保护债权人。如双方财产约定存在主观恶意，其行为显然规避了以夫妻共同财产清偿共同债务的行为，是无效的行为，人民法院应驳回双方的离婚诉讼。如果双方无主观恶意，仅仅是对债务的处理约定，人民法院应告知双方的行为已经构成了对债权人合法利益的损害，必须重新修改债务处理协议，即按各自财产的分割份额，对外承担清偿债务的责任份额并相互承担连带责任，如双方仍未协商一致，人民法院就应以判决的形式确立共同债务的处理。

双方共同约定：一方承担大部分债务、占有少量财产而另一方承担少部分债务、占有大量财产时，人民法院在查明债务属实时，应告知双方对夫妻共同债务处理时，须征得债权人的同意，根据《民法通则》第78条规定，"共同共有人对共有财产享有权利，承担义务"。夫妻双方基于婚姻关系而形成夫妻共同财产，夫妻在分割共同财产和所欠债务的同时，各共有人也应承担连带责任。如果债权人同意夫妻双方对夫妻共同债务的处理约定，应视为债权人同意了共有人的债务处理，符合民法中的自愿原则。

综上所述，人民法院在对协议离婚案件中夫妻共同债务的处理时，应切实注意债权人合法权益的保护，夫妻共同债务的承担对外须承担连带责任，夫妻各自按比例分摊债务时，在承担了自身的清偿责任外，仍然不能免除其对对方外清偿债务的责任。如果夫妻双方和债权人达成了债务清偿意见，就免除了连带责任。因此，人民法院在处理协议离婚案件中，不能简单地调解结案，应注意合法债权人的利益。司法实践中，应力求避免轻视债权人利益的保护，只有这样，无过错的债权人利益才能得到有效保护，也避免法律上的漏洞。

特别提示：

本案涉及的是假离婚，真逃债的问题。对这类离婚案件，应注意保护债权人的利益，防范假离婚真逃债通过司法审判得逞。

本单元思考题

1. 在清偿夫妻对外债务时应注意哪些问题？
2. 对离婚时一方隐藏、转移、变卖、毁损夫妻共同财产或者伪造债务行为的，在法律上有哪些相应的对策？

 **学习单元 2　处理离婚后子女抚养问题的法律建议**

在法律上，父母子女关系并不因父母离婚而消除，父母离婚后对其子女仍享有抚养教育的权利和义务。但是父母离婚也使双方同时与子女共同生活成为不可能，由此夫妻离婚时必须解决由谁直接对子女进行抚养、没有直接抚养子女的父亲或者母亲如何对子女行使权利和履行义务等问题。未成年子女的抚养问题，是夫妻离婚时和离婚后容易发生争执的焦点问题之一。处理未成年子女的抚养问题，应以有利于子女健康成长、维护子女利益为原则。对此问题父母双方可以协商确定；协商不成时，法院应依法裁判。

 学习目标

➢ 熟悉我国法律关于离婚后子女抚养的规定
➢ 掌握我国法律有关不直接抚养子女一方抚养子女的法律规定

一、离婚时处理抚养子女问题的原则

《婚姻法》第36条明确规定："父母与子女间的关系，不因父母离婚而消除。离婚后，子女无论由父或母直接抚养，仍是父母双方的子女。离婚后，父母对于子女仍有抚养和教育的权利和义务。"离婚只解除夫妻关系，不能解除父母子女关系，离婚的夫妻双方对于其子女仍有抚养教育的权利和义务。养父母与养子女的权利义务关系，不因养父母离婚而消除，离婚后的养父母对养子女仍有抚养和教育的权利和义务；不过，

当事人可以依法变更收养关系，将夫妻双方的收养变更为一方单独收养。在继父母与继子女已经形成抚养教育关系的情况下，生母与继父或者生父与继母离婚时，未成年的子女由生父或者生母带走的，该子女与原继父母的关系终止；如果受继父母抚养的子女已经成年的，继父母与继子女之间的权利义务关系不能自然终止，继父母或者继子女提出解除父母子女关系的，可以准许，但对于年老体弱、生活困难的继父母，继子女应当承担赡养扶助的义务。

夫妻离婚后通常不再同时与子女共同生活在一起，未成年子女只能随父亲或者母亲一方共同生活，他方则以给付抚养费和行使探望权等途径行使其抚养子女的权利和义务。在确定子女随哪方共同生活，也就是确定子女的直接抚养方时，应该把子女利益放在首位，从有利于子女健康成长出发，以子女最佳利益为原则。

根据《婚姻法》和最高人民法院《关于审理离婚案件处理子女抚养问题的若干具体意见》（1993年11月3日）的规定，离婚后子女由何方直接抚养，由父母双方协商确定；对于父母达成的协议，经查实，抚养方的抚养能力明显不能支付子女所需费用，或者影响子女健康成长的，应补予准许；如果双方协商不成，由人民法院从有利于子女身心健康、保障子女的合法权益出发，结合父母双方的抚养能力和抚养条件等具体情况判决。《妇女权益保障法》第50条规定"离婚时，女方因实施绝育手术或者其他原因丧失生育能力的，处理子女抚养问题，应在有利子女权益的条件下，照顾女方的合理要求"。

> 离婚后的父母双方，对子女仍有抚养教育的权利和义务。

二、离婚后子女的直接抚养方的确定

《婚姻法》第36条规定："离婚后，哺乳期内的子女，以随哺乳的母亲抚养为原则。哺乳期后的子女，如双方因抚养问题发生争执不能达成协议时，由人民法院根据子女的权益和双方的具体情况判决。"据此，父母离婚后未成年子女直接抚养方的确定，要依子女是否在哺乳期内而分别处理：

1. 哺乳期内的子女，以随哺乳的母亲抚养为原则

按照最高人民法院上述司法解释的规定，这里所讲的哺乳期为2年，因此，在父母离婚时2周岁以下的子女，一般情况下，应该由母亲直接抚养，随母亲共同生活。但在母亲一方有下列情形之一的，2周岁以下的

子女可随父亲一方生活：

（1）患有久治不愈的传染疾病或者其他严重疾病，子女不宜与其共同生活的；

（2）有抚养条件不尽抚养义务，而父亲一方要求子女随其生活的；

（3）因其他原因，子女确无法随母亲一方生活的。需要明确的是，如果父母双方协议2周岁以下的子女随父亲一方生活，并对子女健康成长无不利影响的，可予准许。

2. 哺乳期后的未成年子女的抚养方，可由离婚父母双方协商确定

双方协商不成的，由人民法院判决。人民法院在判决时，在符合有利于子女健康成长的原则基础上，要综合考虑父母双方的经济条件、身体和精神健康状况、道德水平、与子女的感情等各项因素，确定直接抚养方。如其中一方有如下情形之一，可优先考虑子女随该方生活：

（1）已做绝育手术或因其他原因丧失生育能力的。

（2）子女随其生活时间较长，改变生活环境对子女健康成长明显不利的。

（3）无其他子女，而另一方有其他子女的。

（4）子女随其生活，对子女成长有利，而另一方患有久治不愈的传染性疾病或其他严重疾病，或者有其他不利于子女身心健康的情形，不宜与子女共同生活的。

（5）父亲一方与母亲一方抚养子女的条件基本相同，双方均要求子女与其共同生活，但子女单独与祖父母或外祖父母共同生活多年，且祖父母或外祖父母要求并且有能力帮助子女照顾孙子女或外孙子女的，可作为子女随父或母生活的优先条件予以考虑。

（6）父母双方对10周岁以上的未成年子女随父或随母生活发生争执的，应考虑该子女的意见。10周岁以上的未成年人已有部分民事行为能力，在处理有关其切身利益的问题时，理应尊重本人的意愿。

此外，在有利于保护子女利益的前提下，父母双方协议轮流抚养子女的，可予准许。

3. 变更抚养关系

离婚后，由于父母的抚养条件发生变化，或者子女要求变更抚养关系的，父母双方可以协议变更，协议不成的，人民法院可作出判决。一方要求变更子女抚养关系，有下列情形之一的，应予以支持：

（1）与子女共同生活的一方因患严重疾病或者因伤残无力继续抚养子女的。

（2）与子女共同生活的一方不尽抚养义务或者有虐待子女行为，或者与子女共同生活对子女身心健康确有不利影响的。

（3）10周岁以上或未成年子女，愿意随另一方生活，该方又有抚养能力的。

（4）其他原因。

> 父母在处理子女抚养问题时，不能以自己的利益取代子女的利益。

三、离婚后子女抚育费的负担

《婚姻法》第37条规定："离婚后，一方抚养子女，另一方应负担必要的生活费和教育费的一部分或全部，负担费用的多少和期限的长短，由双方协议；协议不成时，由人民法院判决。关于子女生活费和教育费的协议或判决，不妨碍子女在必要时向父母任何一方提出超过协议或判决原定数额的合理要求。"最高人民法院《关于审理离婚案件处理子女抚养问题的若干具体意见》（1993年11月3日）就子女抚育费支付的期限、金额等作出了具体的规定。

抚育费是子女的生活费、教育费、医疗费等的总称。在子女抚育费的支付问题上，父母双方离婚后仍有共同负担子女抚育费的义务，这是法律对父母规定的强制性的义务。虽然父母双方可以协议子女随一方生活并由抚养方负担子女全部抚育费，但经过查实，抚养方的抚育能力明显不能保障子女所需费用，影响子女健康成长的，不予准许。

子女抚育费的数额，可根据子女的实际需要、父母双方的负担能力和当地的实际生活水平确定。上述司法解释确定了具体标准：有固定收入的，抚育费可按其月总收入的20%～30%的比例给付。负担两个以上子女抚育费的，比例可适当提高，但一般不得超过月总收入的50%。无固定收入的，抚育费的数额可依据当年总收入或同行业平均收入，参照上述比例确定。有特殊情况的，可适当提高或降低上述比例。抚育费应定期给付，有条件的可一次性给付。对一方无经济收入或者下落不明的，可用其财物折抵子女抚养费。

未成年子女抚育费的给付期限，一般至子女18周岁为止。16周岁以上不满18周岁的子女，以其劳动收入为主要生活来源，并能维持当地一般生活水平的，父母可停止给付抚育费。子女抚育费可依法变更。子女抚育费的金额和给付期限，一般是在父母离婚时确定；父母离婚后，可以根据实际情况的变化，依法予以增加、减少或者免除。《婚姻法》第37条第2款还特别明确规定，"关于子女生活费和教育费的协议或判决，不妨碍子女在必要时向父母任何一方提出超过协议或判决原定数额的合理要求"。

值得注意的是，根据《婚姻法》第21条第2款"父母不履行抚养义务时，未成年的或不能独立生活的子女有要求父母付给抚育费的权利"的规定，父母不仅对未成年子女有抚养的义务，对于不能独立生活的成年子女也有抚养义务。《最高人民法院关于适用〈中华人民共和国婚姻法〉若干问题的解释（一）》（2001年12月27日起施行）第20条规定，"不能独立生活的子女，是指尚在校接受高中及其以下学历教育，或者丧失或者未完全丧失劳动能力等非主观原因而无法维持正常生活的成年子女"。因此，父母离婚时或者离婚后，对这类成年子女的抚养问题应予以处理。

> 最高法院的这个规定，与《关于审理离婚案件处理子女抚养问题的若干具体意见》中的相关规定有所不同。

四、离婚后父母对子女的探望权

夫妻离婚后，不直接抚养子女的一方不与子女共同生活，为保护子女的身心健康和父母双方的合法权益，2001年修订后的《婚姻法》增设了探望权制度。所谓探望权，是离婚后不直接抚养子女、不能与子女共同生活的一方，享有对其抚养的未成年子女定期探望、联系交往、短期共同生活的权利。《婚姻法》第38条规定"离婚后，不直接抚养子女的父亲或母亲，有探望子女的权利，另一方有协助的义务"。

探望权是离婚后不直接抚养子女的父亲或者母亲的权利。与子女分开生活的父亲或者母亲才有必要探望，与子女共同生活的直接抚养方应当为其行使权利提供方便，给予协助。

行使探望权利的方式、时间由当事人协议；协议不成时，由人民法院判决。具体而言，非直接抚养方可以定期探望，也可以不定期探望；可以与子女通过电话、书信等形式保持联络；也可以与子女短期共同生活，如节假日将子女接到家中共同生活等。

不直接抚养子女的父或母探望子女，不利于子女身心健康的，未成年子女、直接抚养子女的父或母及其他对未成年子女负担抚养、教育义务的法定监护人，有权向人民法院提出中止探望权的请求，由人民法院依法中止探望的权利；中止的事由消失后，应当恢复探望的权利。当事人在履行生效判决、裁定或者调解书的过程中，请求中止行使探望权的，人民法院在征询双方当事人意见后，认为需要中止行使探望权的，依法做出裁定。中止探望的情形消失后，人民法院应当根据当事人的申请通知其恢复探望权的行使。人民法院做出的生效的离婚判决中未涉及探望权，当事人就探望权问题单独提起诉讼的，人民法院应予受理。关于对拒不执行有关探望子女等判决和裁定的，由人民法院依法强制执行的规定，是指对拒不履行协助另一方行使探望权的有关个人和单位采取拘留、罚款等强制措施，不能对子女的人身、探望行为进行强制执行。

> 直接抚养方干涉、妨碍对方行使探望权的，权利人可依法提起诉讼或者申请强制执行。

离婚后子女抚养问题法律咨询要点

1. 了解求助者离婚后子女的实际情况，确定求助者所要咨询的具体问题。

2. 应就求助者的要求，给出具体的解答意见或者可行的建议，同时，应告知求助者要尊重孩子的意见。

3. 告知求助者，在采取诉讼或者申请强制执行等措施时，要注意避免对子女的伤害。

【案例1—16】抚养权可否变更

❖ 案例描述

王先生是一家企业的软件工程师，1992年3月，他告别妻儿只身一人去国外留学。留在国内的妻子李女士把一岁的儿子交给自己的父母抚养，重又过起了单身生活。没过多久，她就在一个常去的舞厅结识了风度翩翩的刘先生，连续几次约会使他们的感情迅速升温，很快就住在了一起。

4年后，王先生拿到了绿卡，觉得自己当初将李女士母子放在国内，没有尽到做丈夫、父亲的责任，内心深感愧疚。他很快就回到国内将妻子和儿子带到国外与自己一起生活，对他们尽心尽力，百般体贴呵护。王先生发自内心的爱使李女士深受触动，同时也愧疚不已，她最终鼓足勇气，向丈夫坦言了自己曾背叛丈夫的那段隐情。听到这些之后，王先生一开始不敢相信自己的耳朵，但妻子的眼神让他明白了这一切都是真的。这样的打击来得既突然又猛烈，王先生一时不知如何是好。经过一段痛苦的煎熬，王先生决定为了儿子的成长，暂时不考虑离婚一事，等儿子长大之后再说。但自此以后，王先生和李女士之间再也没有了往日的夫妻温情，夫妻相处形同路人。

又过了几年，他们一家三口回国探亲。在探亲期间，李女士将儿子的护照交给自己父母保管。也许是为了报复丈夫的冷淡，也许是与刘先生的旧情复燃，李女士再次投入刘先生的怀抱。很快，王先生就察觉到了妻子对自己再次不忠的迹象，他在心灰意冷之时向法院起诉要求与李女士离婚。经过多次调解，法院依法解除了他们的婚姻关系，并依照二人的协议将儿子的抚养权归属王先生。李女士的父母得知这一消息后，非常生气，老两口不但拒绝向王先生交出外孙的护照，而且还将外孙藏到外地远亲的家里。目睹这一切让李女士深感内疚，在劝说父母无效的情形下，她将二老告上法院，请求法院判令他们将儿子交还给王先生。但没过多久，迫于亲情的压力，李女士又主动撤回对父母的起诉。此时王先生探亲假已满，只好先独自一人回到国外。

2007年6月，王先生再次回国，以自己的抚养权遭侵害为由，将前妻李女士的父母告上法庭，同时追加李女士为第三人，请求法院判令他们立即交出儿子和他的护照。但紧接着，前妻却以有利于孩子的健康成长为由，将王先生诉至法院，要求法院变更儿子的抚养关系，儿子改由她抚养，并判令王先生每月支付儿子抚养费5 000元。鉴于孩子的抚养关系是这两起案件的关键，法院率先开庭审理了抚养关系变更案。庭审中，王先生认为，几年前他与李女士离婚时，法院几经调解，最终确认儿子由他单独抚养，现在李女士对此提出异议要求变更抚养关系没有任何道理。法院审理后认为，子女由谁抚养，应以有利于子女身心健康为标准。王先生对儿子的抚养能力、抚养条件明显优于经济条件不太好的李女士。且当年二人离婚时，法院业已作过调解，判定孩子由王先生抚养，该调解书对双方当事人均具有法律约束力。据此，法院驳回了李女士的诉讼请求并另行审理王先生诉自己的抚养权遭侵害一案。

❖分析与建议

本案中王先生与前妻争议的焦点是儿子的抚养权可否变更问题。当年经法院调解二人就儿子的抚养权问题曾达成一致协议：由王先生抚养儿子。孩子归谁抚养，不仅取决于父母双方的协商，同时也更应该考虑到孩子的利益,从孩子的最大利益原则出发来解决问题。作为母亲的李女士,理应对年幼的儿子倾注本有的母爱,但她却一味只顾关注自己的情感需求,无视王先生对她的爱意,忽略儿子在不良家庭氛围中的感受,与他人发生不该有的故事。在从国外回国探亲期间,李女士重回昔日情人怀抱,这无疑是对丈夫王先生的再次巨大伤害,无助于夫妻关系的改善,同时也给孩子的生活环境蒙上更浓重的阴影。因此,当王先生提起离婚之诉后,经过调解,儿子最终确定由父亲王先生抚养,这样的结果于他们二人及孩子都是一个不坏的选择,对孩子身心的健康发展也很有利。但是由于李女士的父母从中作梗,阻挠了王先生对儿子抚养权的实现,以致后来迫使王先生不得不于2007年再次回国请求法院判令前妻的父母交还儿子及儿子的护照。而此时李女士却出尔反尔,到法院起诉王先生要求变更抚养权,并让王先生支付儿子每月的抚养费5 000元。面对这两起相关联的案件,法院的认定是准确的:必须先理清孩子的抚养归属,然后再解决其他问题。结合相关法律的规定和司法解释,从最大限度有利于孩子的成长出发,法院依法驳回了李女士的诉求,仍判定由王先生享有对儿子的抚养权。解决了抚养权的归属问题之后,其他相关的问题随之也就不难得到妥善处理。

  由于我国的独生子女政策,夫妻离异时在涉及孩子的抚养问题上往往会互不相让,争夺子女的抚养权。无论子女归谁抚养,都应本着有利于子女利益的原则来处理。一般来说,2周岁以下的孩子,由于尚处在哺乳期,由母亲抚养为宜,但也不能一概而论。当母亲身患久治不愈的传染性疾病或其他严重疾病的,或母亲不肯尽抚养义务而父亲有抚养孩子意愿等情形发生时,应本着"儿童最大利益原则",准许孩子由父亲抚养。夫妻离婚时孩子已过哺乳期但尚未满10周岁,孩子随父还是随母,要综合考虑各种因素后作出决定,比如父母双方的经济收入状况、身心的健康状况、对待子女的情感因素等,最终作出一个有利于孩子健康成长的决定。至于父母离婚时孩子虽未成年但已满10周岁,在确定抚养权的归属时一定要征求孩子的意见,尊重其意愿和选择。

  总之,从"儿童最大利益原则"出发,父母在离婚时就子女抚养权问题若发生争议,不能仅考虑个人的情感感受,由何方抚养孩子对其成长最有利就应由该方抚养。当后来的抚养条件发生变化或子女要求变更抚养关系时,由父母双方协商变更抚养权,协商不成时可由法院根据各种因素作出有利于孩子健康成长的判决。

【案例1—17】抚养费数额可否变更

❖ 案例描述

1990年初，曹先生与刘女士结婚，第二年夏天生了女儿。1997年，因感情不和曹先生与刘女士协议离婚，协议约定离婚后女儿随母亲刘女士共同生活，父亲曹先生每月给付女儿抚养费200元。事实上，出于对女儿的关爱，自1998年起，曹先生每月给付抚育费实为250元，到了2001年，他又将抚养费增至每月300元，这种情形一直持续到2006年。2006年6月，刘女士因患严重疾病无法坚持工作，经专门机构鉴定，刘女士已丧失大部分劳动能力，经济上依靠政府发放的最低生活保障金维持家庭日常生活开销，压力很大。2007年9月，女儿已满16岁，开始就读高中，教育费和生活费用也大大增加，刘女士已无力负担女儿生活和学习方面的费用。万般无奈之下，女儿找到父亲曹先生，请求增加每月的抚养费至500元。然而，此时的曹先生刚刚再婚，他以自己没有固定工作和经济收入不多为由拒绝了女儿，只同意仍按每月300元的标准支付抚养费。为此，女儿前来咨询。

❖ 分析与建议

这个案例与抚养费数额可否变更相关。在父母与子女之间，其权利义务关系不因父母离婚而消除。父母离婚后，未与子女生活的一方仍负有抚养和教育子女的义务，这其中就包括支付抚养费。在本案例中，作为父亲的曹先生一直履行着离婚协议中的约定，支付着女儿的抚养费。他不仅足额而且超额履行自己的义务至2006年，由这一点就可看出他对女儿的爱心和自身的责任心。但到了2006年6月，前妻刘女士因病丧失劳动能力，难以履行抚养义务，加之女儿于9月份又要就读高中，所需学费大增，故当女儿提出增加抚养费的要求时，曹先生就应尽量给予满足。之所以如此，是缘于我国《婚姻法》第37条第2款的规定，"关于子女生活费和教育费的协议或判决，不妨碍子女在必要时向父母任何一方提出超过协议或判决原定数额的合理要求"。因此，对于曹先生的女儿来说，当与其共同生活的母亲丧失劳动能力，仅凭父亲原有支付的抚养费已难以维持学习和生活时，理所应当地有权要求父亲增加抚养费，直至完成高中阶段的学业。不过，根据《最高人民法院关于适用〈中华人民共和国婚姻法〉若干司法问题的解释（一）》（2001年12月27日起施行）的规定，当曹先生的女儿完成高中阶段的学业后业已成年，若考上大学继续读书，从法律角度讲曹先生是没有义务再支付抚养费的。不过从亲情角度考虑，为了孩子的前途，建议曹先生能够妥善处理好此事。

需要另外说明的是，离婚后支付抚养费变更有三种情况：一是增加抚养费，二是减少抚养费，三是免除抚养费。抚养费增加是子女在必要时提出的，除了因物价调整，原定数额难以维持子女生活所需；或子女升学、实际所需抚养费用超过原定数额以外；还可能因为子女身患疾病，抚养一方无力支付全部医疗费用；或有给付义务的一方经济收入显著增加，在这种情况下，子女与其生活水平相差悬殊等。反之，有给付义务的父方或母方，在特殊情况下也可减免给付抚养费，比如，给付一方由于长期疾病或者丧失劳动能力，经济相当困难，无力按原数额给付，而抚养子女一方又能负担子女的大部分抚养费，就可请求减少给付。总之，不管是增加还是减免抚养费，都是对抚养费的变更，均可依法进行。

【案例1—18】不可中止的探望权

◆案例描述

2002年3月，相识相恋多年的朱先生与王女士步入婚姻的殿堂，次年6月，他们有了个天真可爱的儿子。为了照顾好孩子，朱先生特意从老家把父母接到自己身边共同生活。但时间一久，由于性格和生活习惯的差异，王女士对共居一室的公婆越来越无法容忍，加之在养育孩子问题上又与二位老人不时发生争执，这在客观上也影响了她和朱先生的感情。2007年12月，矛盾越积越深的朱先生与王女士婚姻走到了尽头，经法院调解，他们结束了婚姻。双方约定，儿子随父亲朱先生共同生活，母亲王女士每月给付儿子生活费300元，教育费和医疗费双方各分担一半。双方又达成口头协议：王女士每个周末可探望儿子一次。但离婚才过一个月，朱先生就开始以种种借口拒绝王女士探望儿子。春节过后，无奈的王女士只得向法院提起诉讼，要求每星期探望儿子一次，每次不少于24小时，在寒暑假及法定假日期间，儿子能够在自己身边连续居住2至15天。被告朱先生在答辩状中认为，原告王女士没有按照离婚协议的约定按时支付抚养费，要求法庭驳回其诉讼请求。经过认真调查和审理，法院认为，朱先生和王女士离婚后，儿子随父亲朱先生生活，不直接抚养儿子的母亲王女士依法享有对未与之共同生活的子女进行探望和交往的权利，朱先生不但负有不妨碍王女士行使探望权的消极不作为义务，而且还应负有积极协助的义务。朱先生提出王女士未按时给付儿子抚养费的主张，不得作为中止王女士探望儿子的依据，朱先生应依照当初所作的约定协助王女士行使其探望权。

✤ 分析与建议

在本案例中，朱先生和王女士因感情不和而离婚，儿子随父亲朱先生生活，王女士虽未与儿子共同生活，但也履行着相应的抚养义务，每月支付抚养费300元。除了应尽的义务之外，王女士还享有我国《婚姻法》所规定的探望权利。有关行使探望权利的方式、时间由双方当事人协商确定，如果当事人无法达成协议，可由人民法院判决决定。无论是协议还是判决确定的探望方式和时间，都是为了维系子女与不与其共同生活的父亲或母亲之间的情感，最大限度地减少对子女的感情伤害，也尽量满足不能与子女一起生活的父亲或母亲的情感需要。因此，对于与子女共同生活的一方，应充分认识到这一法定权利对于子女和前夫或前妻的意义，真正担负起配合和协助对方实现探望的权利。本案中朱先生出于对前妻王女士未按时支付抚养费用的不满而拒绝让儿子与王女士见面，这一做法不仅欠妥，而且无助于纠纷的顺利解决，最终受到伤害的不仅仅是前妻王女士，还会波及儿子。所以，于法于情，朱先生都应当协助前妻行使其探望儿子的权利，至于前妻未按时支付抚养费一事，可另行通过协商或其他方式予以解决。

在实践中，某些当事人阻止前夫或前妻行使探望权，其原因有可能是因为前夫或前妻权利行使不当，在探望子女期间，挑拨离间，在子女面前讲一些不利于教育子女或影响自身形象的言论。一旦发生这种情形并且有可能或已严重影响到子女的生活和学习时，当事人一方可到法院提起诉讼，根据最高人民法院《关于适用〈中华人民共和国婚姻法〉若干问题的解释（一）》第25条规定，请求人民法院中止前夫或前妻的探望权。人民法院在征询双方当事人意见后,认为需要中止行使探望权的,可依法做出裁定。中止探望的情形消失后,人民法院再根据当事人的申请通知其恢复探望权的行使。

本单元思考题

1. 在处理子女抚养问题上,如何贯彻有利于子女健康成长的原则?
2. 再婚一方的配偶如何处理其与再婚一方的子女的关系?
3. 案例分析题

(1) 王某与李某于1997年11月结婚。婚后4年无子女,经过医院检查,妻子李某没有生育能力。为养育后代和稳定婚姻家庭关系,李某和王某一致同意李某到医院进行人工授精。双方在申请书中明确承诺:我们承认人工授精后生的子女是我们的亲生子女。李某人工授精后,于2001年8月生下一女。由于与预想的要个儿子的想法不合,王某与李某的关系渐至恶化,王某还常年不归家,更以女儿与自己无血缘关系为由不愿抚养。女儿3岁时,李某无奈提出离婚并要求王某支付抚养费。请问:王某对李某通过人工授精所生的女儿是否应承担抚养义务?李某要求王某支付抚养费的请求应否得到支持?

(2) 吴某与张某于2000年1月结婚,2002年4月,张某生下一子后吴某发现张某一直与第三人杨某有不正当关系,遂要求离婚。经过协议,张某同意与吴某离婚,夫妻共同财产归吴某所有,儿子也由吴某抚养,张某按月向吴某支付孩子的抚养费500元。离婚1年后,张某提出要领回儿子由自己抚养,吴某坚持不同意,张某便告知吴某,儿子的生父不是吴某。吴某得知后,非常气愤,强烈要求对儿子进行亲子鉴定。在吴某的一再要求下,医院对吴某与其子进行了亲子鉴定,鉴定排除了吴某与其子之间的血缘关系。之后,张某领回了儿子。吴诉至法院要求张某返还从孩子出生到被张某领回期间的抚养费。请问,吴某的请求是否应得到支持?

第3节 婚姻暴力咨询

 学习单元1 对婚姻暴力受害妇女的辅导

在一生中,大多数人都会步入婚姻,组织家庭。人们总是把婚姻、家庭比喻为温馨的避风港,家人是人们感受最亲近的人。然而,有时家庭内并不平静,家人间也并非都是相亲相爱,有时也会有暴力。家庭暴力像毒瘤一样伤害着家庭,也损害着社会,成为不容小视的社会问题。家庭暴力有不同的形式,其中婚姻暴力则是其重要表现形式。

有研究表明,婚姻暴力具有循环性,长期遭受婚姻暴力的妇女会产生受虐妇女综合征的特征,表现出一些特有的身心特点。婚姻家庭咨询师只有对此有充分的认识,才能正确理解婚姻暴力的受害者,也才能有效地帮助她们。

 学习目标

➢ 了解婚姻暴力受虐妇女综合征
➢ 了解受虐妇女的心理问题
➢ 能对受虐妇女提供相应建议并进行辅导

一、受虐妇女综合征的概念和特点

"受虐妇女综合征",也有称为"受虐妇女综合症"的,原来是一个社会心理学的概念,它最早是在20多年前,由美国临床法医心理学家雷诺尔·沃柯医生提出。沃柯医生在对400名受虐妇女的跟踪治疗和研究后发现:长期遭受婚姻暴力虐待的女性,通常会表现出一种特殊的心理和行为模式,包括婚姻暴力的周期循环性和受虐妇女产生的无助感。

婚姻暴力的发生有周期性。它通常分三个阶段，即紧张情绪的累积阶段，施暴者对受害者不断表现出莫名的愤怒并伴有轻微暴力；暴力的爆发阶段，丈夫便会频频殴打妻子，手段也更凶狠；施暴者道歉后双方重归于好的平静阶段，暴力事件后，丈夫往往向妻子忏悔自己的行为是出于无法控制，许诺以后不会再伤害她，即进入"爱的痛悔阶段"，妻子往往愿意相信丈夫能改变，于是两人重归于好。这个过程会发生循环，正是这种周而复始的暴力方式，使妇女能感知自己处在何种阶段并预知自己是否会遭到不法侵害。

长期受虐的妇女，通常会产生一种无法摆脱施暴者的心理。这被称为"后天无助感"，也被称做"习得性无助"，最初由心理学家马丁·沙利格文在20世纪60年代提出。他曾做了个试验，将几条狗放在一个铁笼子里，每天不定时电击笼子的各个部位，并随意改变电击频率。一开始这些狗到处躲避，但很快它们发现所做的都是徒劳的，就放弃了积极躲避，而是在遇到电击时，脸朝下趴在笼子里一动不动以减少痛苦。试验一段时间后，他将笼门打开，然而这些狗已无勇气走出笼子了。这个试验被沃克用来解释受虐妇女的心理瘫痪状态。长期受虐，使妇女们明白无论如何都无法躲避丈夫施暴，反抗只会引来变本加厉的殴打，于是她们选择默默忍受、顺从。随着一次次挨打，她们也越来越顺从，越来越无助。可见，受虐待的妻子为什么不离开丈夫，是因为无数次的挨打和失败的反抗，都强化了受虐妇女内心的无助感。她们不离开施暴的丈夫，不是因为她们天生喜欢挨打，而是因为无助。她们变得逆来顺受，直到暴力的严重程度超过了她们的承受能力，最终导致自杀或杀夫。

"受虐妇女综合征"尤其是其中的"后天无助理论"，消除了人们对妇女保持受虐关系是因为喜欢挨打的误解，有助于人们深刻理解受虐妇女的生活现状、心理和行为。

> 在咨询中容易产生同感和同情心，更有助于让受虐妇女对婚姻家庭咨询师产生信任，促成咨询的成功。

二、婚姻暴力受害者的心理特征

受害者由于长期遭受暴力，形成了习得性无助感，因此产生了特殊的心理。

1. 依赖心理

由于社会历史原因及传统观念的影响，女性的依赖心理一般重于男性。女性常常认为或者被教育认为长大后找个男人就有了依靠。这些女性缺乏独立性，对丈夫有崇拜心理。有的女性因为自己经济上不独立，对配偶有经济依赖，只能听任对方的训斥与打骂。

2. 爱面子心理

大多数妇女爱面子，认为"家丑不可外扬"，当暴力发生后，为了维护自己及家庭的名声而极力掩盖，一次又一次地原谅丈夫的暴行，这在无形中给婚姻暴力蒙上了一层遮羞布，在一定程度上是纵容了施暴者，默认了婚姻暴力的存在。

3. 维系家庭心理

有些妇女害怕家庭破裂，害怕子女失去完整的家庭，为了孩子、家庭，长期忍气吞声，导致丈夫的暴力更加有恃无恐。

4. 轻信心理

这种妇女一般性格软弱，忍让轻信，男性在施暴后，赔礼道歉写保证，就幻想男方以后会改邪归正，不会再对自己施暴。

5. 偏激心理

由于受害妇女长期生活在重压之下，心情忧郁、沮丧，有的对生活失去信心。在丈夫的毒打和亲人邻居的误解嘲笑下，孤独无助，极有可能采取极端行动，自杀或者杀夫。

三、婚姻暴力对妇女的伤害

1. 婚姻暴力严重危害妇女生理和心理健康

在长期遭受暴力的情况下，妇女不仅会在身体上受到残害，并且会伴随着精神上的痛苦和压抑。十九年来，在所有向妇联进行的婚姻暴力投诉案件中，受害者均受到轻微伤以上的伤害，经常性的暴力伤害可能摧毁妇女对人生的信念和生活信心，并导致有的妇女精神失常或走上轻生的道路。广西柳州、来宾、北海、百色等地 2002 年连续发生了 8 起因婚姻暴力致死、致残或杀人的恶性案件，造成受害妇女 3 人致死、2 人致残。广西北海市下岗女工小苏因不堪忍受丈夫赌博，不同意丈夫卖房还赌债而提出离婚，于 2002 年 10 月被丈夫从三楼抛下致残。合山市女工蓝某，原是个能干的女青年，2000 年结婚，婚后刚一年就经常被丈夫无端毒打和恐吓，两次被打致流产。忍无可忍，2002 年 5 月的一天半夜，趁丈夫熟睡时，她用尼龙袜套住丈夫的头把他打死，自己也变成罪犯。云南楚雄州禄丰县妇女陈某长期遭受丈夫肉体和精神折磨，致使精神失常。

广东省佛山市妇联的调研表明，遭受婚姻暴力的妇女在 SCL90 量表测量结果中的 9 个因子均分高于全国常模参照样本，特别是在躯体化、强迫、人际敏感、抑郁、焦虑等因子上显得特别突出。研究结果提示，遭受婚姻暴力妇女的心理状况欠佳，存在着强迫、人际敏感、抑郁、偏执和敌对症状和心理问题。

2. 婚姻暴力成为诱发女性犯罪的重要原因之一

如果受害妇女的情绪创伤得不到宣泄，有的人就容易走入极端，选择以暴制暴、以死抗暴来解决问题。江苏省妇联权益部曾对南通监狱女子分狱 1 477 名女犯做过问卷调查，在回收的 513 份有效问卷中，有 237 份是家庭存在着暴力问题，其中有 125 人的犯罪直接与婚姻暴力有关，有 93 人长期遭受丈夫的殴打、虐待，有 62 人因婚姻暴力问题犯故意杀人罪。2003 年在南京市曾轰动一时的弱妻杀夫一案中，丁某因不堪忍受长期的婚姻暴力，以暴制暴，举锤反抗终至丈夫死亡。广西壮族自治区妇联在对 40 名犯罪妇女的调查中，因不堪忍受婚姻暴力而从受害者变成杀人犯的妇女占 40%。2002 年广西曾有 3 人因长期受婚姻暴力，生命受到威胁而杀人犯罪。广东省佛山市妇联在监狱调查时发现，在被调查的女犯中，近一半的家庭存在暴力，52% 的犯罪直接与婚姻暴力有关。2004 年该市发生的妇女以暴抗暴的案件中，一半以上的妇女是因长期忍受丈夫的暴力之后，以暴制暴。云南楚雄州元谋县姜驿乡的妇女朱某因不能生育，经常被丈夫打得遍体鳞伤，她提出离婚，但丈夫死活不离。2001 年 3 月，当她再次遭到丈夫的毒打，在忍无可忍的情况下用刀将丈夫砍死，从受害者变为了罪犯。

四、对受虐妇女的咨询和辅导

婚姻家庭咨询师对求助的婚姻暴力受害妇女进行辅导，重点应放在以下几方面：

1. 建立面对婚姻暴力的正确认知

在现实生活中，面对婚姻暴力时，常常会有一些对婚姻暴力的"似是而非"的认知，这些认知常常束缚着婚姻暴力的受害妇女。因此，婚姻家庭咨询师应当积极帮助婚姻暴力受害妇女改变似是而非认知，建立正确的观念。

> SCL90 量表的全称是《症状自评量表—SCL90》，是著名的心理健康测试量表之一，是当前使用最为广泛的精神障碍和心理疾病门诊检查量表，也被广泛运用于心理咨询中。该表共 90 个自我评定项目，包含 9 个因子。运用该表进行测量的目的是从感觉、情感、思维、意识、行为、生活习惯、人际关系和饮食睡眠等多种角度，评定一个人是否有某种心理症状及其严重程度如何。

表1—1　　　　　　　　有关婚姻暴力的正确、错误认知

错误认知	正确的观念
夫妻吵架是一定会发生的,因此,在婚姻中挨打被骂是难免的	婚姻暴力是违法犯罪的行为,任何人都没有理由对另一个人使用暴力
男人虐待妻子是被迫的,是妻子逼的	即使妻子真做错了什么,也不允许拳脚相向,因为人身权利受法律保护,不能受任何人侵犯
婚姻暴力不会常常发生,即使偶尔发生也不会恶化	因为受害人的个人观念,或被社会认为是家务事的情况下,婚姻暴力很少被公开,而实际发生数远远大于报案数;暴力如果未能妥善处理,便会一再发生,而且越来越严重
为了给孩子一个完整的家,即使不堪虐待,也要继续忍受	目睹暴力,足以对孩子造成长久的影响与伤害;在一个完整而不健全的家庭,孩子通常是另一个受害人,因此,对婚姻暴力姑息、忍耐是伤害自己同时伤害孩子的处理方式
婚姻暴力施暴者没有能力改变或控制自己的暴力行为,做什么努力都是无用的	只要婚姻暴力施暴者愿意接受辅导或治疗,学习用新的行为方式来解决问题、控制情绪,就应当积极帮助他,及时寻求婚姻家庭咨询师或专业人员的帮助

2. 帮助其建立支持网络

人们从不同角度对社会支持给予不同的界定,一般可将社会支持定义为:是由社区、社会网络和亲密伙伴所提供的感知的和实际的工具性或表达性支持。这里所说的社会网络,是指个人可以直接接触的一些人,包括亲戚、同事、朋友等;亲密伙伴是个人生活中的一种亲密关系,关系中的人认同和期待彼此负有责任;而工具性支持指运用人际关系作为手段以实现某种目标,如找工作、借钱、帮忙照看孩子等,也包括协助、有形支持与解决问题的行动等;表达性支持涉及分享感受、发泄情绪和挫折、寻求对问题或议题的了解、肯定自己和他人的价值与尊严等,也包括心理支持、情绪支持、自尊支持、情感支持和认可等。

西方国家和我国香港、台湾等地区的相关研究表明,很多婚姻暴力的受害人不能脱离暴力关系的主要原因是缺乏有效的社会支持。正是由于缺乏有效的社会支持,受害人不知道去哪里寻求帮助、寻求资源,也不知道用什么方法去获取帮助、获取资源,而陷于孤立无援的境地,处于更加脆弱的状态。

帮助婚姻暴力受害妇女建立的社会支持网络包括:

第一,家庭成员支持网络。要与婚姻暴力受害妇女一起详细地分析在家庭成员中,有哪些人在自己需要帮助的时候是可以提供帮助的,帮助受害妇女建立或巩固与他们的联系。

第二,邻里朋友同事支持网络。由于婚姻暴力多数发生在家庭环境

> 针对婚姻暴力受害人的身心特点,尤其是具有受虐妇女综合征的受害人,帮助她们建立相应的支持网络是极为重要的。

中，这时，如果有人能迅速及时地制止或防止暴力扩大尤为重要。邻里就可以起到这样的作用，正如俗话所说"远亲不如近邻"。朋友和同事可以为受害妇女提供重要的心理、情绪、情感等支持，不容忽视。

第三，婚姻暴力受害妇女互助支持网络。在可能的情况下，婚姻家庭咨询师应帮助数名婚姻暴力的受害妇女建立起彼此相互交流沟通支撑的支持网络。作为具有同样遭遇的人，她们会感到彼此更容易理解，他人的经验更有意义。帮助建立婚姻暴力受害妇女互助支持网络，通常运用团体辅导的方法效果更好。

第四，专业人员支持网络。如果说以上几种支持网络属于非正式社会支持网络，那么，专业人员组成的支持网络就属于正式的社会支持网络。而这种正式的社会支持网络对于婚姻暴力受害妇女而言，是十分重要的。研究表明，许多受害人是在求助于非正式的社会支持网络无效的情况下，才会求助正式的社会支持网络。可以说，正式的社会支持网络是婚姻暴力受害人尤其是具有受虐妇女综合征的受害人最后的求助途径。专业人员支持网络包括警察、医生、居委会干部、村委会干部、妇联干部、民政局等政府工作人员和婚姻家庭咨询师、心理医生等。

3. 提供信息建议

婚姻家庭咨询师要根据求助的婚姻暴力受害妇女不同的需要，提供不同的信息和建议，概括起来主要有以下几方面：

（1）熟记相关援助电话

要建议受害妇女熟记本地相关的咨询、援助电话号码，以便在有与婚姻暴力相关的疑问，需要找人谈谈、给予支持、想要了解如何避免自己再受到暴力侵害，或是想要询问相关法律问题等情况下，能及时、方便地进行求助。

（2）请求警察保护安全

如果受害妇女正遭受紧急危险的婚姻暴力或有遭受重大伤害的可能性时，要建议其立即拨打110报警，或自行前往离家最近的派出所报案。

（3）通过法律维护权益

要为希望通过法律维护自身及子女权益的婚姻暴力受害妇女提供相应的法律知识以及本地区公益性法律援助的信息。对于那些不愿意继续忍受暴力、准备离开暴力环境的受害妇女，要提供有关离婚的知识。

> **婚姻暴力受害妇女咨询要点**
>
> 1. 要充分理解婚姻暴力受害人尤其是具有受虐妇女综合征的受害人。婚姻家庭咨询师要认识到,理解婚姻暴力受害妇女不能脱离暴力环境的原因,是有效支持和帮助她们摆脱困境的前提。
>
> 2. 在咨询辅导的过程中,婚姻家庭咨询师要与婚姻暴力受害妇女建立良好的工作关系,不应批评、指责她们,避免使受害人在咨询辅导中再次受到伤害。

【案例1—19】因为她,儿子杀死了自己的父亲

❖案例描述

孙某今年40多岁,是村小学的教师,当年因为手有残疾嫁给了一个农民。丈夫是村里出名的懒人,整天好吃懒做,一点活儿也不干。孙某不仅要上班,还得种责任田,家里所有的花销都是孙某承担,孩子出生后也由孙某一手带大,平时也是孙某的母亲和妹妹经常来帮忙。

孙某结婚第三天就开始遭受婚姻暴力,20年来一直过着谨小慎微、担惊受怕的日子。不知什么时候什么原因丈夫就开始打骂她,开始只是用拳头,后来用刀用斧头,好几次孙某被打受伤躺在床上。丈夫不仅打孙某,而且还打孙某的父母,有时还到孙某上课的学校纠缠,一次用刀把孙某砍倒在讲台上,还要去杀校长。孙某曾多次提出离婚,都迫于丈夫要杀死全家的威胁而放弃。孙某也曾找村委会主任、村妇代会主任和派出所民警,他们都同情孙某的遭遇,但都爱莫能助。

孙某的孩子从有记忆开始就在父母的争吵、父亲的拳头下长大,总觉得家里的氛围太压抑,而在外面又抬不起头,经常上着课也为母亲担心,无法集中精力。儿子长大后也劝父亲对母亲好些,不要打母亲,但父亲根本不听。

一天,孙某又挨了打,还被关在门外,孙某只好到同村的父母家去。下午,丈夫到孙某父母家吵闹,又动手打孙某,还打伤了孙某的父亲,临走时威胁孙某不跟他走就要杀死孙某和孙某全家。傍晚,孙某的丈夫拿着斧子又到孙某父母家,孙某18岁的儿子透过窗户的玻璃看到父亲在院子里用力撕扯母亲,母亲的头上已经流了很多血,愤怒中就冲到院子

里与父亲拉扯起来,最后杀死了自己的父亲。事后孙某及其父母带儿子到公安局自首。

出事后,孙某几乎崩溃,非常自责,总觉得是自己害了孩子,最大的愿望是救孩子。孙某的妹妹带她到婚姻家庭咨询中心求助。

❖ 分析与建议

这是一个典型的以暴制暴案例,分析这个案例,我们可以看到:

第一,婚姻暴力的循环。孙某遭受暴力并不是一次两次的偶然事件,而是婚后20多年的"家常便饭",而且不断升级,从拳头,到棍棒,到刀斧,一次比一次厉害,并威胁到全家人的生命安全。这说明,婚姻暴力一旦发生,如果不加以干预,是不会停止的。因此,不应对婚姻暴力抱幻想。

第二,婚姻暴力的危害。婚姻暴力不仅危害家庭,也危害社会。在这个案件中,不仅孙某、孙某的孩子及家人是受害者,孙某的丈夫也是受害者。不仅如此,孙某工作学校的学生、老师,孙某所在村子的村民也深受这一婚姻暴力案件的危害。

第三,受虐妇女综合征。在孙某身上,具有明显的特点,常年遭受到婚姻暴力,以及求助无效,使孙某产生无助感,身心疲惫,处于孤立无援的境地。

第四,反对婚姻暴力是全社会的责任。孙某无法摆脱暴力环境,最后酿成家庭悲剧的事实,充分证明只有建立起反对婚姻暴力人人有责的社会环境,建立婚姻暴力受害人有效的社会支持网络,才能使受害人摆脱暴力环境,使施暴者得到应有的惩罚,才能减少婚姻暴力的发生或降低其危害。

具体而言,作为婚姻家庭咨询师,可以运用受虐妇女综合征理论来帮助孙某。例如,可以联系当地妇联等机构,向法庭等司法机构说明有关受虐妇女综合征及其在司法中的运用,以帮助孙某及其家庭解脱出来。

【案例1—20】她为什么杀死了丈夫

❖ 案例描述

依照吕女士的个人意愿,她本不想与何先生结婚。早在谈恋爱时,吕女士就发现何先生游手好闲,有赌博恶习。但每当她提出结束恋爱关系时，换来的都是何先生的警告："你如果嫁给别人，我就杀了你。"吕女士不得不与何先生结了婚。婚后，吕女士曾提出过离婚，何先生的手段依然是威胁，声称如果离婚便杀了她全家。吕女士也曾想过自杀，但年幼的孩子使她放心不下。她是为了家人、为了孩子被迫忍受暴力的。吕女士在长期的婚姻关系中反复遭受丈夫何先生的肢体暴力、精神暴力和性虐待，时刻忍受着暴力带来的伤痛和恐惧的煎熬。终于，她认为"不是他死就是我死"，她杀死了丈夫。她并不后悔自己做的事，因为到了看守所她才有了"安全感"。

❖ 案例分析

吕女士遭到了长期的肢体暴力、精神暴力和性虐待，同时又遭受着被杀害的恐吓威胁，因此产生过自杀的想法，可见婚姻暴力对吕女士的伤害之深，它危及吕女士的生命安全，属于高风险，同时也属于自杀高风险的一类。吕女士想摆脱暴力，但是又担心何先生杀害自己的家人，丢下孩子也放心不下。这种情况下，吕女士既无法摆脱暴力的折磨，又无法忍受这些折磨，最后把解决婚姻暴力的办法选定为杀死何先生。本案例中婚姻暴力威胁产生的三种高风险同时具备：一是受暴者有被暴力致死的危险；二是受暴者有自杀的危险；三是也有杀死施暴者的危险。因此，评估后的暴力威胁指标最高。

> 此时吕女士打算实施以暴制暴的方法，风险极高。

❖ 咨询建议

婚姻家庭咨询师要站在求助者的立场上，首先不作道德的评判，而是要帮助受暴者找回她的自信。

1. 以倾听、共情来平复求助者情绪

开始咨询时求助者情绪异常激动，一直在哭泣，她有一肚子的苦水想向人倾诉。婚姻家庭咨询师的第一个作用就是耐心倾听，让求助者把心里的苦楚和郁闷宣泄出来。倾诉和宣泄，是人们在心理失衡的状态下重新获得心理平衡的一种常用而且有效的方式。在求助者讲了她的苦难以后，她的情绪开始平复下来。

一个在暴力下生活的受害者，其心理是压抑的，经常处在孤独无援、惊恐、彷徨的心理状态。任何人都希望得到理解和尊重，受虐妇女更不例外。求助者遭受了三种暴力的折磨，而且在百般无奈的情况下成了杀人犯，要接受法律的惩罚，这对她的影响更为深远。此时，用共情的技术理解她经历的坎坷、内心的冲突、接受法律惩罚的无奈，并与之共鸣，是十分重要的。

2. 确定咨询目标

求助者由于处在情绪化的状态中，叙述絮叨，思维混乱。这时，婚姻家庭咨询师要一面倾听，一面提问，以便澄清问题、掌握准确的信息、寻找出她的主要症结所在，也就是找到靶目标。本案例可以从分析求助者为什么采取以暴制暴这一方法来解决问题作为切入点，以改变"把以暴制暴作为摆脱婚姻暴力的最佳方法"作为初级咨询目标；同时，以"平复情绪，重构认知，重新鼓起生活的勇气"作为高级咨询目标。

3. 认知重构，建构安全网络

一开始，求助者希望获得理解；她杀死施暴者是在没有办法的情况下实施的。这一点，婚姻家庭咨询师一定先给予理解和支持，这样可以缓解内心的冲突，有利于平复情绪。在情绪和认知都处于一种较平稳正常的状态时，再提出质疑："这种方法是不是最好的和唯一能解决问题的方法？"对原有的认知提出挑战，从而有机会反思原有认知中的局限。要帮助求助者懂得可以从法律、反家庭暴力机构、亲属、朋友等多方面寻求援助，建构安全网络，减少这种悲剧的发生。

4. 消除自杀风险，提高自信

缓解由于长期婚姻暴力造成的心理创伤，特别是自杀的倾向，要根据上一单元自杀咨询的要点，降低以至最后消除求助者自杀的风险。

同时，婚姻家庭咨询师要帮助求助者看到自身的优势。婚姻经历过沧桑也是一种财富，她使人更懂得珍惜以后的生活，学会更精心地经营以后的婚姻。在看守所积极改过自新，尽快获得自由与孩子相聚，开始新的生活。

> **相关链接**
>
> 在北美一些国家，受虐妇女综合征已是一个法律概念，它在法律上被用来指长期受丈夫或男友暴力虐待的妇女表现出的一种特殊的行为模式，成为证明妇女长期受虐待而被迫杀夫的行为属于正当防卫的可采证据。最早被用于加拿大的司法实践。22岁的琳·拉娃莉长期遭受同居男友的谩骂和毒打，身心备受折磨。在1987年的一次晚会上，男友又无端对她拳打脚踢。拉娃莉逃到楼上卧室

近些年来，在我国不少地方成功运用受虐妇女综合征的案例，有专家将其归纳为三种形式：一是将受虐妇女综合征专家鉴定这种新型的证据形式，导入我国的司法实践；二是律师在办理以暴制暴个案中运用受虐妇女综合征理论，为被告妇女辩护，要求法院在量刑时考虑被告妇女杀夫前长期的受暴史而酌情从轻量刑。三是妇联组织在干预此类案件时，运用受虐妇女综合征理论，说服法院对以暴制暴的被告妇女从轻量刑。

躲到衣橱里，但男友追来，把她拖出来又打了一顿，并威胁说待客人离去后，要宰了她。在极度恐惧中，拉娃莉在男友离开卧室时，从背后开枪杀了他。她因而受到谋杀罪的指控。审理此案时，辩护律师出示了大量的证据，证明她的男友在同居期间经常打她。专家证人出庭作证，证明拉娃莉患有明显的受虐妇女综合征。一审法官采纳了专家证据，裁定正当防卫的辩护成立，拉娃莉无罪释放。1990年加拿大最高法院重新审理此案，多数大法官们认为，受虐妇女综合征作为专家证据有两个可以互补的作用：第一，证明根据刑法规定，受虐妇女对自己正遭受严重伤害或死亡威胁的担心是合理的，以暴力进行自我保护的行为是合理的。第二，澄清社会对受虐妇女的误解，可以证明受虐妇女不是因为喜欢挨打而是由于后天无助感才无法离开充满暴力的婚姻或同居关系的。

本单元思考题

1. 如何理解受虐妇女综合征？
2. 为什么婚姻暴力受害妇女不能轻易摆脱暴力环境？

 学习单元2 对婚姻暴力施暴者的辅导

事实表明，在婚姻暴力中，大多数施暴者是男性。婚姻家庭咨询师只有掌握婚姻暴力的特点，了解施暴者暴力形成的因素，才能有效地对婚姻暴力施暴者提供辅导。

 学习目标

➤ 了解婚姻暴力的基本特点
➤ 掌握婚姻暴力施暴者暴力行为形成的因素
➤ 了解婚姻暴力施暴者的心理特征

➢ 能为求助的婚姻暴力施暴者提供辅导

一、婚姻暴力

1. 家庭暴力的定义

在我国,"禁止家庭暴力"是法律的明确规定。2001年最高人民法院审判委员会第1202次会议通过的《最高人民法院关于适用〈中华人民共和国婚姻法〉若干问题的解释(一)》和2008年全国妇联、中央宣传部、最高人民检察院、公安部、民政部、司法部和卫生部联合制定的《关于预防和制止家庭暴力的若干意见》,均将家庭暴力界定为:"行为人以殴打、捆绑、残害、强行限制人身自由或者其他手段,给其家庭成员的身体、精神等方面造成一定伤害后果的行为。"

2. 婚姻暴力现象

由于行为当事人不同,一般可以把家庭暴力区分为婚姻暴力、虐待儿童、虐待老人和手足暴力。其中婚姻暴力,即发生在婚姻关系中的暴力形式,是家庭暴力的重要表现形式。国内外的事实证据和生活经验都表明,婚姻暴力的受害者一般是妇女,而暴力的施暴者一般是男人。虽然也有男人遭殴打、妇女虐待男人的报道,但国内外的各种研究表明,90%以上的婚姻暴力都是男人施暴于女人的。

在2008年全国妇联权益部组织开展的各地妇联维权调研报告活动中,涉及家庭暴力的调研报告进一步证实了以下两方面现象:一方面,虽然家庭暴力的类型可以区分为夫妻婚姻暴力、虐待儿童、虐待老人和手足暴力,但婚姻暴力是最常见的家庭暴力类型;另一方面,虽然夫妻间的婚姻暴力既有丈夫对妻子的,也有妻子对丈夫的,但占绝大多数的婚姻暴力是丈夫强加于妻子的,妇女是家庭暴力的主要受害者。例如山西省大同市妇联的调查显示家庭暴力的施暴者90%是男性,受害者多为妇女、儿童、老人,其中受害者为妇女的占63%;南京市妇联的调查表明妇女为家庭暴力受害者的占总数的93.7%。因此,在许多国家和地区,也将婚姻暴力直接称为家庭中针对妇女的暴力、虐妻等。

此外,对婚姻暴力应有进一步延伸的理解。这里所说的婚姻暴力,不但包括存续着婚姻关系的夫妻之间的暴力,还包括曾经存在婚姻关系的夫妻之间的暴力,即离婚双方之间的暴力,也包括同居双方之间的暴力。

3. 婚姻暴力的特点

综上所述，婚姻暴力具有以下几方面重要特点：第一，婚姻暴力是家庭暴力的主要类型；第二，婚姻暴力的受害者主要是女性，妇女成为家庭暴力最主要的受害者；第三，婚姻暴力既包括婚姻关系存续期间的暴力，也包括曾经存在婚姻关系的人之间的暴力；第四，婚姻暴力既存在于有明确婚姻关系的人之间，也可以存在于虽没有明确的婚姻关系但具有亲密关系的人之间。对此，婚姻家庭咨询师应有明确的认识。

二、影响男性暴力倾向和行为养成的因素

一般而言，可以从社会文化、家庭和个人三方面分析男性暴力倾向和行为是如何养成的。

1. 男性优势的社会文化对男性暴力倾向和行为的影响

社会文化至今为止仍是男性优势的文化，存在着性别偏见和对女性的歧视。这种男性优势的文化在某种意义上，对男性的暴力倾向和行为的养成具有重要影响作用。

在人类历史上，存在着性别偏见、男女不平等、男性对女性的性别歧视，男性始终处于主宰地位，女性处于从属地位，传统文化就是这种状况的真实反映，例如：唯女子与小人难养也，君为臣纲、父为子纲、夫为妻纲，女子无才便是德，嫁出去的姑娘泼出去的水……语言中用于女性的贬义词远远多于用于男性的，汉语中不少带有贬义的词语是以"女"字为偏旁的，什么"奸""妒""嫉""妄""妓""嫖""娼"等。这些文化上对男性及男性权利的赞扬、对女性的歧视，潜移默化地延续了男性的优势地位，也对男性的暴力倾向和行为产生了重要影响。

由于受男尊女卑的封建思想的影响，施暴者往往认为妻子是自己的私有财产，应当被管教，男人应当掌握家庭经济等权利，应当成为一家之主，"打老婆"是家庭内部的事情，别人无权干涉。

2. 施暴者的心理特征

一般而言，施暴者存在着以下心理特征：

（1）有自卑心理，且自信心不足

施暴者在一些相关能力上通常有所缺乏或不足，如缺乏自我肯定的能力、处理批评的能力、调节冲突的能力、处理情绪的能力。在施暴者八面威风的外表下，有着一颗并不坚强的心和一个混乱的自我。有些男性自信心不足，无法接受配偶事业上的成功，总是有意无意地贬低对方的成就，或者就是关起门来修理妻子，以获得心理上的平衡。

（2）敏感多疑

有的男性性格内向，敏感多疑。由于妻子容貌较好，特别在意妻子与异性的交往。一旦看见或听到妻子同异性接触，就会出现不满、妒忌、怀疑心理，甚至进行跟踪，无论妻子如何解释，都无济于事。无端的猜疑导致用暴力来发泄心中的不满。

（3）压力过重寻求宣泄

现代社会竞争日趋激烈，男性会遇到诸如失业、工作压力大、遭受挫折打击等问题，面对巨大的生存压力，他们不会控制自己的情绪，也找不到解决问题的适当办法，就会寻求一种宣泄的途径，诸如酗酒、发脾气等，酒后情绪控制力更差，容易对妻子、家人有暴力行为。

（4）大男子主义及自以为是的优越感

几千年男尊女卑封建思想至今在一些人的头脑中依然根深蒂固，把妻子作为私有财产，认为"娶来的媳妇买来的马，任我骑来任我打"，妻子一切要顺从丈夫。特别是在一些农村地区，男性把妻子视为附属品，稍不如意就拳打脚踢。在家庭暴力案件中，也不乏高级知识分子、高社会地位者，他们认为自己提供家人所需的物质生活，家人也应该照自己的想法行事，当自己的权威受到挑战时，容易使用家庭暴力。有的丈夫把妻子当做自己的财产，完全忽略她的自主权，或是固执于传统男主外、女主内的性别角色，压抑了女性的才能。

（5）性障碍心理

性和谐是维持婚姻关系的一个重要内容。男性的性功能障碍，导致性生活不和谐，久而久之，在女性面前就有自卑心理。但男人的自尊又使他们回避现实，用冷淡的态度对待女性，造成女性的苦闷与压抑，家庭会出现冷暴力现象。

（6）模仿原生家庭解决问题模式的遗传心理

有的男性童年是在暴力的环境氛围中长大，耳濡目染的暴力行为，在他的头脑中留下深刻印象，认为这种方式就是解决家庭问题的一种方法，成年后，会不自觉地用这种方式处理家庭问题。

掌握了施暴者的心理特征，有助于在咨询中有针对性地使用辅导和治疗的方法。

男性除了应改变对女性的错误认知外，还应改变对愤怒与攻击的错误认知。男子汉气概，不一定只表现于强者的姿态。一个受人尊敬、受人欢迎的男人，一定是思想成熟、态度体贴的人，而不是咄咄逼人、甚至滥用暴力的人。

三、对施暴的误解

在生活中，常常会听到一些对施暴男性的说法，认为他们是来自社会底层、事业上缺乏成就,男人是被妻子逼迫发生暴力行为的。但是,美国明尼苏达州圣保罗家庭服务中心的研究却表明这些看法是错误的,是与事实情况不相符的,见表1—2。

表1—2　　　　　　　　　　对施暴的误解与事实

错误看法	事实情况
那些有虐妻记录的男人是来自社会底层,他们是丑陋的、脏的、容易生恨的	社会上各种层次的男人都有虐妻可能,包括那些温文儒雅、干净、做事利落、有学识者或英俊体贴的人
施暴者是那些工作不易成功或缺乏资源去面对和处理自己生活的人	很多施暴男人在现实生活中是很成功的人,而且有很好的生活技巧去面对工作、社交生活、学识上的事情
有虐妻记录的男人,在与他人关系上也有暴力倾向	大部分施暴者针对他们的妻子或子女,施暴的场所也只限于家里,在公共场合或朋友面前,他们可能都是受尊敬或看起来彬彬有礼的,因为在家里把坏情绪表现出来是安全的
只有那些酗酒的男人才会虐妻	酗酒者当然有虐妻可能,但有很多男人并不是酗酒者,甚至是滴酒不沾的男人,也会有施暴妻子的可能
男人虐妻时往往很凶暴,甚至天天殴打妻子	每个施暴者有其特别虐待方式,有些很少有身体上殴打,但却经常有性及情绪上的虐待;有些男人可能生平只有一次虐妻,但却十分严重且大大伤害了他的妻子,而且这种伤害会持续很久
当男人虐妻时是在一种无法控制自己行为的状态中	男人虐妻完全是在可以控制的状态下的行为,如他可能潜意识地或有意地在计划和盘算要如何殴打、打多重、打哪里、用打还是掐、踢等方式等
虐妻男人是有心理疾病者失去了道德与价值意识	虐妻者事实上有道德及价值意识,只是他学习并习惯于用生气、攻击、暴力、侵略方式来处理压力,对象是他们的妻子,他们并非是心理变态者
男人是被迫虐妻的,比如是在他们的妻子过度唠叨下被迫使用暴力的	施虐男人可能自认为自己的暴力行为是被迫出来的,但事实上行使暴力或虐待行为也是他们选择的方式,人们会用不同方法来面对及处理有压力或被唠叨状况,但并非所有的人都使用暴力来处理这种情况
曾经有过虐妻行为者,就会一辈子永远是个施暴者	如果这些虐妻者可以得到适当的心理支持或接受治疗,将可能停止虐待行为,转而使用较建设性的方法处理事情

四、为婚姻暴力施暴方的求助者提供咨询辅导

1. 咨询准备

(1) 有关妇女权益保护的法律法规

婚姻家庭咨询师要明确未成年人、老年人和妇女都是社会中的弱势群体,需要得到法律的保护。可以准备和制作一些有关妇女权益保护的

法律法规小册子或宣传单，帮助求助者较为方便地了解，这些法律法规中对他们的权利的表述是什么，有哪些保护规定。

（2）有关婚姻知识的资料

准备一些有关婚姻的资料如婚姻心理学知识和婚姻关系调节方法的小册子，以备求助者随时需要。这类小册子应通俗易懂，最好结合常见的婚姻矛盾和婚姻问题，以解答问题的形式进行编写。

（3）有关防止家庭暴力小知识的资料

准备一些有关防止家庭暴力小知识的宣传单，方便求助者取阅。这类小传单、小资料卡内容一般应包括：第一，什么是家庭暴力，家庭暴力的形式、类型等；第二，有关反对家庭暴力的国家法律法规、地方性法律法规；第三，有关应对家庭暴力的基本方法，如何应对暴躁的脾气，如何应对争吵等；第四，本地区相关部门单位的地址、联系方式等，如医院、派出所、法院、妇联、居委会、村委会、司法所、律师事务所、法律援助所、公益性的社会组织等。以便于在家庭暴力发生后，受害者或邻居能够及时地向有关单位求助，及时制止暴力的继续或扩大。

2. 咨询与辅导

（1）了解求助者婚姻暴力的情况

婚姻家庭咨询师要全面了解求助者的暴力情况，包括家庭、职业、年龄、学历等背景，还要了解求助者的婚姻背景，了解暴力发生的原因、持续时间、发生的频率等。

（2）改变求助者对家庭暴力的观念

婚姻家庭咨询师要帮助求助者分析产生婚姻暴力的原因（经济问题、家庭理念等），树立不论是对社会上的人还是家人都不能使用暴力来解决问题的基本观念。

婚姻家庭咨询师还要具体从以下方面帮助求助者：第一，帮助求助者明白婚姻关系是平等的，不应在婚姻关系中控制自己的妻子；第二，要帮助求助者树立需要为自己的行为负责任，特别是要为控制妻子或施暴的行为负责任的理念；第三，帮助求助者明确建立这样的观念，他们需要与妻子合作，以尊重他人的方式处理彼此之间的差异以及解决意见不合的问题；第四，帮助求助者淡化在家庭中以自我为中心的目标，而以同妻子共同建立目标取而代之。

（3）学习新的家庭沟通方法

> 在向求助者了解婚姻暴力的情况时，要特别注意不应把重点简单地放在暴力发生的原因上，否则容易使施暴者强化"打老婆有理"的错误看法。

帮助求助者改变原有的沟通方法，学习新的家庭沟通方法，这是婚姻家庭咨询师对婚姻暴力施暴者进行辅导的关键。帮助施暴者转变观念的目的，是要改变他以往的行为，帮助他学习新的家庭沟通方法，建立新的家庭沟通模式。

婚姻家庭咨询师可以运用行为治疗技术帮助求助者。行为治疗是以改善或者减轻当事人的症状或不良行为为目标的一类心理治疗技术的总称。它具有针对性强，容易操作，见效快，治疗时间短的特点。在对施暴者的辅导中，可以运用代币治疗法、自控法等具体行为治疗方法。

所谓代币法，是以代币作为增强物，若当事人表现恰当行为时，便给予代币。相反若出现不恰当行为便扣除代币。例如可帮助求助者设计自己喜欢的东西作为代币，当自己能够用良性的方法与妻子沟通时，就奖励自己一个代币，否则就扣除代币。

而自控法，则有行为中止法和替代法等具体方式。行为中止法是用毅力强行中止强迫行为的自控方式，当暴力行为出现时，心里就默念："毫无必要，我有毅力控制它！"然后用顽强的意志强行中止行为。替代法是用不相容的观念、意念和行为去取代强迫观念、意向和行为的自控方式，在出现施暴妻子的暴力倾向时，立即去回忆或设想夫妻间有趣的情景或者立即去从事需要高度集中注意力的各种活动，从而使症状自行消除。

婚姻暴力施暴者咨询要点

1. 婚姻暴力施暴者的施暴行为是违法行为，但对于到婚姻家庭咨询中心求助的施暴者，婚姻家庭咨询师应以平等、尊重的态度对待他们，而不应对他们进行直接批评指责。这样做，有助于婚姻暴力施暴者的改变。

2. 对婚姻暴力施暴者的辅导，必须持之以恒。

3. 婚姻家庭咨询师应尝试运用团体辅导的方法来帮助婚姻暴力的施暴者。境内外的经验都表明，团体辅导的方法是帮助施暴者的有效方法。

【案例 1—21】 我要做个好丈夫

❖ **案例描述**

张先生今年 42 岁，中学文化，原来在一家外贸公司工作，结婚 15

年，有一个女儿，妻子是一个单位的中层干部。这些年来，张先生对妻子的态度十分矛盾，一方面，以自己有这样一个年轻、漂亮、能干又贤惠的妻子感到骄傲；另一方面，又常常感到不放心，觉得妻子看不起自己。因此，夫妻俩常常因为一些事闹意见，张先生也经常会谩骂、殴打妻子。每当他发泄过后，总会深深地后悔，为证明自己是爱妻子的，是个好丈夫，他就总是给妻子买各种好吃的，但是，时隔不久，他又会殴打妻子。张先生想改变现状，主动来求助，并明确提出他只向婚姻家庭咨询师进行咨询。婚姻家庭咨询师接待了张先生。

❖ **分析与建议**

婚姻家庭咨询师对张先生进行了一定时间的询问、进行了必要的评估后，为他专门制订了一个为期三个月的咨询辅导计划，这个计划规定前两个月张先生每星期到婚姻家庭咨询中心一次，每次接受一小时咨询辅导，后一个月每两星期到中心一次接受咨询辅导。

在整个为期三个月的咨询辅导过程中，婚姻家庭咨询师主要围绕着两个目标进行：一是通过帮助张先生分析了解施暴的主要原因，使张先生认识到原有观念的不妥，尝试改变原有的观念；二是教会了张先生一些心理调适、行为矫正的简单方法。通过这样的咨询辅导，张先生努力按照学到的新知识、新方法去做，感到夫妻关系发生了改变，融洽了，妻子也常常说张先生变化了，成为了一个好丈夫。

在这个案例中，婚姻家庭咨询师具有丰富的知识和经验，准确地为张先生制定方法并实现了工作目标。

1. 改变观念

婚姻家庭咨询师详细询问了张先生及其家庭的情况，帮助张先生回顾、分析对妻子施暴的原因。原来，张先生在外贸公司上班时，是公司重要的业务骨干，工作中独当一面，每天都非常忙，早出晚归，是家里的经济支柱，在家里说一不二，不管妻子多忙自己多空闲也从来不做家务。五年前，由于业务原因公司倒闭了，张先生和其他人一样离开公司。但由于他不会做其他的工作，文化水平又不高，虽然朋友们多次为他介绍工作，不是单位对他不满意，就是他对工作不满意，一直没有一个长期固定的工作，很多时间都待在家里。这时，他忽然发现，自己的妻子早已经拿到大学本科学历，成为单位的中层干部，深受同事喜爱，每天工作繁忙。她回到家里又忙里忙外做家务，在忙不过来的时候有时会有所抱怨，要求张先生帮助做家务。

通过婚姻家庭咨询师的询问，张先生也渐渐地发现，家里的暴力正是那时开始的，而且一发不可收拾，越来越严重，越来越频繁。而暴力的出现，与自己的一些观念密不可分：第一，传统的"男尊女卑""男主外，女主内"观念。通过婚姻家庭咨询师的帮助，张先生发现，虽然自己一直接受男女平等的教育，但并没有意识到在家里也需要男女平等，传统的大男子主义的性别观念对自己的影响十分严重，当自己是家里经济主要来源时，在家里不可一世；当妻子的发展比自己好时，认为女人再会赚钱，在家里也要做家务伺候自己。第二，自卑、多疑的心理。张先生发现，当自己在公司上班时，还以妻子在职读书为自豪，常常在同事面前夸耀。但当妻子的文化水平、职务、工作等各方面都比自己强、每天接触不同的人时，自己的心理发生了很大变化，不仅感到自卑，还对妻子无端猜疑。妻子因工作难免要与男同志接触，有时也难免不能按时回家，这种情况下自己就对妻子产生怀疑，不断地审问妻子，殴打妻子，控制、限制妻子的行动。

在婚姻家庭咨询师的帮助下，张先生渐渐认识到自己观念的错误，逐渐改变了这些错误观念，树立起正确的观念。正是观念上的变化，使得张先生感到自己能够体谅妻子的辛劳，理解妻子的行为，对妻子的怨气减少了。

2. 控制行为

在帮助张先生转变观念的同时，婚姻家庭咨询师帮助张先生充分认识在现代社会中，每个人都难免在工作、生活等方面存在各种压力，现代人应当学会调节自己的情绪，控制自己对妻子施暴的行为。例如培养轻松的休闲活动、运动、旅行、与人交谈等。如果情绪实在控制不住要发作，建议其用暂时离开的方法先避一避，以免产生冲突。

本单元思考题

1. 婚姻暴力的特点是什么？
2. 为什么说婚姻暴力施暴者的施暴行为并不是无法控制的？
3. 婚姻家庭咨询师对婚姻暴力施暴者的辅导重点是什么？

学习单元 3　夫妻性虐待问题咨询

 学习目标

➢ 掌握夫妻性虐待问题的状况及危害
➢ 掌握夫妻性虐待问题的咨询方法

一、夫妻性虐待的概念及产生的原因

1. 夫妻性虐待的概念及表现

性虐待是一个相对广泛的概念,成人对儿童的性虐待也是其中之一,而本单元探讨的是夫妻之间的性虐待问题。夫妻之间的性虐待是发生在具有合法婚姻关系的夫妻双方之间的、一种与性有关的虐待行为,而这种性行为往往会对受虐方造成严重的心理或肉体上的伤害。一般认为,施虐者多数情况下具有性变态心理。

目前,我国学者对这一现象的研究还不多。国外一些专家的研究成果表明,具有性变态心理的人分为三种,即性施虐癖、性受虐癖、施虐受虐三种类型。

(1) 关于性施虐癖

性施虐癖(Sadism)一词来源于 18 世纪法国作家萨德侯爵(Marquis de Sade)之名,因为他本人是性施虐癖者,又在他的书中对性施虐癖做了细致入微的描写。

性施虐癖者的特点是具有持久的、强烈的性欲望和性幻想,他们常常虐待和折磨性对象,使之遭受痛苦和羞辱,从而激起自己的性兴奋和获得性满足。他们对性对象施虐的方式很多,如口咬、脚踢、手撕、刀割、针刺、鞭抽、绳捆等,极端情况下可能造成性对象的伤残和死亡,因而构成谋杀罪。如此严重的施虐癖者当然是极少的。轻度施虐癖表现为施虐幻想,想象使性对象遭受痛苦和羞辱。性施虐癖者多为男性,也有少量女性。

(2) 关于性受虐癖

性受虐癖（Masochism）一词源于19世纪奥地利小说家马苏赫（Leopold van Sacher Mascoh）之名，在他的书里详细描述了受虐癖性变态心理。

与性施虐癖的症状正好相反，性受虐癖者在性行为过程中主动要求接受来自对方的痛苦和羞辱以激起性兴奋和获得性满足。性受虐癖者在性活动中被对方口咬、脚踢、手撕、捆绑、鞭抽和辱骂，接受持久的形形色色的性惩罚。男性受虐癖在性活动中还会穿上女人的衣服或童装来羞辱自己。有的则兼有恋物癖或异性装扮癖。个别人则会把自己捆紧，在半缺氧状态中挣扎以激起性兴奋和得到性满足，这种行为称性窒息，严重者可导致死亡。轻度受虐癖只停留在性幻想阶段，幻想自己受到种种羞辱和痛苦。性受虐癖者多为女性，男性较少见。

（3）关于施虐受虐行为

施虐受虐行为（sadomasochistic behavior）指在同一个人身上既存在施虐行为，又存在受虐行为，他们在性活动中残暴地虐待性对象，同时又要求性对象残暴地虐待自己。施虐和受虐可以看做是同一性变态的两种不同表现，而受虐则是指向自己的施虐。在生活中施虐受虐者往往结为伴侣，互相施虐和受虐。二人之中，经常是一人以施虐为主，另一人以受虐为主。这种结合中的施虐受虐行为一般具有较强的隐秘性，在咨询中较少遇到这类情况。同时，在这种结合中，由于双方都出于自愿，伴侣之间通常不会造成生理心理上的危险与严重伤害。

如果夫妻双方一方是性施虐癖或性受虐癖，一方为心理正常的人，那么，夫妻之间会发生严重的冲突，甚至给受虐一方造成严重的伤害。前来咨询的，多为心理正常的受虐方。

2. 性虐待产生的原因

（1）性施虐癖产生的原因

国外的研究认为，性施虐癖形成的因素可能有：

1）一些人，主要是男性，把虐待异性当成是一种象征性行为，代表对权威的反抗和对人生障碍的摧毁。这种人可能在生活中遭受过挫折与欺凌或遭受过异性的拒绝与侮蔑，因而形成了一种报复反抗心理。

2）是对自身自卑感的一种过度补偿。这些人因为自己的某些缺陷而不安焦虑，借对异性的残暴来发泄性欲并表现自己男性的优越感。

3）幼年生活中养成了对性的错误态度，或是从小说、电影故事中学

关于性施虐癖和性受虐癖的成因至今并不很清楚，但是其根源都明显地要追溯到他们的儿童时期。施虐受虐行为通常开始于成年早期，但是施虐受虐幻想则是在儿童时期就已经出现了。

到了不正确的性观念。

(2) 性受虐癖产生的原因

国外的研究者认为影响性受虐癖形成的因素有：

1) 一些人，主要是女性，对被遗弃或被拒绝所产生的恐惧的变态反应，她们希望借接受对方的虐待来表示接受对方的爱。

2) 对某些女性来说是对一种罪恶歉疚感的自责自罚的表现，她们借对痛苦的接受以显示向对方顺从。

3) 对男性受虐癖形成的原因，有研究者认为：独立和负责的个性会让某些男性有时感觉不堪重负或者压力太大，而性受虐行为可以为他们提供一个暂时躲避负责和独立的那个自我的空间，会让他们正常的自我意识水平得到一些活力。

(3) S·弗洛伊德的相关观点

精神分析大师S·弗洛伊德进一步研究了施虐癖和受虐癖的概念，把它看做是人的本能的基本组成成分之一。在他的深层心理学中，性行为被认为是生存延续的本能，即生本能。这种生本能既有想停留在无尚幸福状态的欲望；也包括把人推向毁灭的破坏性力量，是一种自我毁灭的本能，即死本能。他认为，性本能与残酷行径之间本来就是息息相关的，施虐癖是死本能向体外转化，是破坏性力量与性力量的融合。他还认为攻击性内驱力在性心理发展的每一个阶段都有所表现，从而产生并使用了口欲期施虐欲、肛门期施虐欲、性蕾期施虐欲等概念。同时，他认为各种性行为中均包含不同程度的受虐欲成分。

二、把握住正常性心理与性变态心理的界限

在咨询中，有些求助者认为受到了丈夫的性虐待。但是，是否真的受到性虐待，是需要加以判别的。比如，有的求助者认为，自己在做爱时仅仅是丈夫性发泄的工具，而自己却一点感觉都没有，就像一个木头人。为此，她的丈夫常和她吵着要离婚，她实在忍受不了这样的性虐待。

事实上，这位求助者缺乏应有的性知识，误以为丈夫有性虐待的问题。原因在于她对性生活存在偏见，所以陷入了这种进退维谷的困境。某些女性求助者往往对性存在戒心和担忧，在性生活中通常是以男性达到性高潮而终结，而自己却经常不能获得高潮；害怕显露出自己的性本性，但又不甘心被动地去满足丈夫的欲望，于是便认为自己只不过是性

的奴隶而已，而丈夫所做的一切就是性虐待。这种认识是不正确的。

> **夫妻性虐待咨询要点**
> 1. 首先要区别求助者是否真的受到了性虐待。
> 2. 认真倾听求助者的诉说，用共情平复其情绪。
> 3. 对求助者进行认知的重构，建构安全网络。
> 4. 建议性虐待一方进行专业的心理治疗。
> 5. 如求助者受到严重的身体伤害，可建议其寻求法律帮助。

【案例 1—22】小兰的性虐待遭遇

❖ 案例描述

小兰的丈夫李某是国内某名牌大学毕业的计算机工程师，原在西北工作，尽管他内向孤僻，但技术在当地堪称一流。三年前南下求职，经过努力拼搏，终于在广州拥有了一家自己的计算机公司。李某凭着自己的工作条件和技术优势，闲暇时便在网络上纵情遨游，尤其热衷于性暴力场面，以致越看越上瘾，陷进痴迷境地。

但是在事业蒸蒸日上的同时，李某的感情生活却相当阻滞，女朋友谈一个吹一个，继同居的女友与其分手后，结婚不足半年的妻子小兰也坚决与他离婚了。原来李某有性虐待癖，妻子小兰难以忍受这种"与狼共舞"的日子。

❖ 案例分析

原因1：李某表现为性兴奋偏好异常。性兴奋会给人带来快感，攻击他人也会带来快感。但是施虐者往往将性兴奋与性暴力联系在一起。施虐者一般表现出一种特殊的变态。这一变态的特征是从他人遭受痛苦中获得快乐，将痛苦作为达到性满足和性高潮的必备前提。这是性兴奋偏好异常的表现。

> 及时纠正不良性格倾向，自觉抵制"黄色"信息的不良影响，对于促进心理健康十分重要。

原因2：李某的性格因素。在李某身上，可以看到两点助长其性虐待倾向的不良因素。其一是他的性格。国外有专家认为："典型的性施虐者常常是怕羞的，被动的，是对妇女有极端偏见和痛恨妇女的人。"据小兰反映，"大男子主义"在李某身上较为突出。

原因3：李某周围的环境因素。网上"黄页"这种"精神鸦片"对他灵魂的腐蚀。有关研究表明，使用淫秽物品时间越长，性变态持续时间也越长，淫秽物品还会促使重复性犯罪。

❖ 咨询与建议

1. 对性施虐者的咨询建议

（1）用行为疗法，对性兴奋与攻击兴奋的连接给予分离

一方面，当出现攻击行为时，给予负向强化，而对正常的性兴奋给予正向强化。通过一段时间的行为治疗，来改善性施虐行为。

（2）加强自我和超我功能的训练，以抵制性施虐行为

同时探索童年经历对此行为的影响，特别关注成长过程中既爱又有暴力的行为经历，逐步消除其影响。

（3）人际交往方面的改善

改善李某孤僻的性格，进而改善其性施虐的行为。

（4）降低环境的影响

减少直至杜绝浏览网络中的刺激性图片，降低环境因素对李某的影响。

2. 对求助者的咨询建议

（1）用倾听、共情来平复情绪

咨询时小兰情绪异常激动，一直在哭泣，她有一肚子"苦水"想向人倾诉。咨询的第一个功能就是耐心倾听，让求助者把心里的苦楚和郁闷宣泄出来。倾诉和宣泄是人们在心理失衡的状态下，重新获得心理平衡的一种常见而且有效的方式。

（2）认知重构，建构安全网络

一开始，受虐者一定希望获得理解，这样可以缓解内心的冲突，同时能够平复情绪。在情绪和认知都处于一种平稳正常的状态时，建议受虐者从法律、亲属、朋友等多方面寻求援助，建构安全网络，减少性侵犯的发生。

（3）消除自杀风险，提高自信

缓解求助者由于长期受虐造成的心理创伤，特别是可能出现的自杀倾向。让小兰看到婚姻经历过沧桑也是一种财富，它使人更懂得珍惜以后的婚姻，学会更精心地经营以后的婚姻。鼓励小兰重建自我，勇于面对生活的压力，树立起自信心。

（4）鉴于小兰已受到严重的身体伤害，她有权得到法律的保护，婚

姻家庭咨询师可向她提出这方面的建议。

> **本单元思考题**
>
> 1. 性施虐癖和性受虐癖有哪些表现？主要形成原因有哪些？
> 2. 对性虐待受害者应怎样展开咨询工作？

学习单元4　处理婚内性虐待的法律建议

婚内性虐待是发生于具有合法婚姻关系的夫妻双方之间的一种与性有关的虐待行为。我国现行法对婚内性虐待虽无明文规定，但受害人可依据《婚姻法》《妇女权益保障法》《治安管理处罚法》《刑法》等关于虐待行为的规定，寻求民事、行政、刑事层面的法律救济。

学习目标

> ➢ 熟悉婚内性虐待的主要特征
> ➢ 掌握对婚内性虐待受害人的法律救济

一、婚内性虐待的主要特征

1. 婚内性虐待发生在合法婚姻关系存续期间

婚内性虐待须发生于具有合法婚姻关系的夫妻双方之间，这使其与其他性虐待行为区别开来。在整个婚姻关系存续期间，即自婚姻关系依法成立之日起，至依法终止之日止，包括分居、离婚诉讼期间等，发生于夫妻间的性虐待都为婚内性虐待。发生于不具有合法婚姻关系的当事人，如恋人、同居者之间的性虐待，则不属于婚内性虐待的范畴。从理论上说，丈夫对妻子或妻子对丈夫均可能实施性虐待行为，但实践中主要表现为丈夫对妻子的性虐待。

2. 婚内性虐待是与性有关的虐待行为

不同于其他虐待行为，婚内性虐待行为须与性行为或性器官有关。

婚内性虐待主要有两种表现形式：一是夫妻一方使用暴力手段，违背另一方意志，强行与之发生性行为，或强行以其不愿接受的方式或工具进行性行为；二是夫妻一方对另一方的性器官进行残害。对受害人而言，前一形式主要侵害了其性自由权和性自主权，后一形式侵害了其身体权和健康权，二者都可能给其身体、精神等方面造成严重的伤害后果。

3. 婚内性虐待具有持续性、经常性

> 婚内性虐待的主要特征是婚姻家庭咨询师认定求助者所述情况是否属于婚内性虐待重要标准。

依据最高人民法院《关于适用〈中华人民共和国婚姻法〉若干问题的解释（一）》第1条，虐待须具有持续性、经常性特征。作为虐待行为的一种具体形式，婚内性虐待也须具有持续性和经常性。这即是说，婚内性虐待的构成，对情节、后果、程度等有一定的要求，夫妻之间偶发的、轻微的与性行为、性器官有关的暴力行为，不属于婚内性虐待，但有可能构成性暴力。

二、对婚内性虐待受害人的法律救济

我国现行法律对婚内性虐待虽然并无明文规定，但婚内性虐待属于虐待行为的一种具体形式，是严重侵犯受害人人身权利的行为，这是毋庸置疑的。《婚姻法》第3条明确规定"禁止家庭成员间的虐待"，并对夫妻间虐待行为的法律后果作出了相应规定。《妇女权益保障法》也有"妇女的生命健康权不受侵犯""禁止用迷信、暴力等手段残害妇女""禁止虐待"等规定。此外，《治安管理处罚法》和《刑法》等也有关于虐待行为的规定。因此，婚内性虐待行为的受害人可以依据现行法律中关于虐待的规定，寻求必要的法律救助。

1. 遭受婚内性虐待的受害人有权向居民委员会、村民委员会以及所在单位提出请求，后者应当予以劝阻、调解。

2. 受害人不堪忍受婚内性虐待，希望与对方当事人解除婚姻关系而向法院提起离婚诉讼的，法院可以根据存在婚内性虐待的事实，依法认定夫妻感情确已破裂，进而作出准予离婚之判决。同时，无过错的受害人可依据《婚姻法》第46条，向实施婚内性虐待的对方当事人请求离婚损害赔偿。

3. 受害人有权请求公安机关对实施婚内性虐待的对方当事人予以行政处罚。公安机关应当依照《治安管理处罚法》第45条的规定，对施虐方处以五日以下拘留或者警告。

4. 夫妻一方实施婚内性虐待行为，情节恶劣，构成虐待罪的，受害人可以依照《刑事诉讼法》的有关规定，向人民法院直接起诉，请求追究对方的刑事责任。人民法院审理后，对犯罪事实清楚，有足够证据的，依法判处二年以下有期徒刑、拘役或者管制。如果夫妻一方实施婚内性虐待行为，致使被害人重伤、死亡的，则不再属于告诉才处理的案件，公安机关应当依法侦查，人民检察院应当依法提起公诉，人民法院可依法判处二年以上七年以下有期徒刑。

> **婚内性虐待法律咨询要点**
>
> 1. 婚姻家庭咨询师应针对求助者提供的事实，准确分析其是否构成婚内性虐待，并为遭受婚内性虐待的受害人提供有关其可以寻求的法律救济的法律意见。
> 2. 婚内性虐待具有很强的隐私性，当事人通常觉得难以启齿。婚姻家庭咨询师应注意引导和劝解，并照顾当事人的情绪，尊重其隐私。

法定的救济途径是受害人保护自身权利的重要手段，上述救济手段可以选择其一，也可并用。

【案例1—23】 发生在离婚期间的性虐待

❖ 案例描述

王女士与丈夫顾先生因婚后感情不和，提出与顾先生暂时分居。但因经济拮据，王女士无处可去，只能与顾先生在同一套房屋内分房居住。一日深夜，顾先生擅自进入王女士所在房间，要求与之发生性行为，王女士不从。顾先生气急败坏，一边对王女士拳打脚踢，一边宣称"只要咱俩一天没离婚，你就得跟我同房一天！"之后还用绳子将王女士捆绑在床上，强行与之发生了性行为。自此以后，类似情形时有发生。王女士不知道顾先生所言是否正确，只希望尽早与其解除婚姻关系，以免继续受其折磨。王女士遂找到婚姻家庭咨询师进行咨询。

❖ 分析与建议

在平等的婚姻关系中，任何一方都享有自主支配自己性行为的权利。虽然同居义务是婚姻关系成立的当然后果，是夫妻关系固有的要求，而夫妻间的性生活是同居义务的重要内容，但这并不意味着夫妻一方有违背对方意志，要求其履行同居义务的权利，否则便构成对对方性自主权的侵犯。同居义务在一定条件下可以暂时或部分中止履行，即使一方无故不履行同居义务,另一方也不得采用直接强制手段迫使当事人履行。因此,顾先生的说法是不正确的,王女士有权基于自己的意志,拒绝与之发生性行为。

同时,婚姻家庭咨询师应向王女士说明:顾先生持续性、经常性地违背王女士意志,以暴力手段强行与之发生性行为,已构成婚内性虐待行为。王女士若向人民法院提起离婚诉讼,并证明婚内性虐待事实的存在,人民法院可以此认定其与顾先生的感情确已破裂,进而作出离婚判决。王女士也能以自己受到婚内性虐待为由,请求顾先生予以离婚损害赔偿。

【案例1—24】刘女士不堪忍受的性虐待

❖案例描述

刘女士与张先生婚后不久生下女儿小红。一日,张先生无意中听到邻居议论,说小红和张先生长相毫不相似。张先生心里犯疑,回家逼问刘女士是否与他人有染,得到刘女士的否定回答后,张先生并不相信。随着小红渐渐长大,张先生的猜疑与日俱增,并开始对刘女士拳脚相向,经常将其打得遍体鳞伤。为了防止刘女士以后和别的男人发生关系,张先生还对刘女士实施了各种"酷刑":用吸足墨水的针管在刘女士胸部刺上"臭""破"等字,经常用蘸满辣椒水的卫生纸塞进刘女士下身,在刘女士私处钉上金属环,等等。起初,刘女士为了女儿有一个完整的家,也为了"面子"忍气吞声,后来实在不堪忍受痛苦和屈辱,向当地公安机关求助,希望能教育张先生,使其痛改前非。公安机关为刘女士做了法医鉴定,结果是重伤,遂依法启动了侦查程序。刘女士不愿女儿失去父亲,希望公安机关不再追究,遭拒后她十分不解,向婚姻家庭咨询师进行咨询。

❖分析与建议

婚姻家庭咨询师应当向刘女士说明:一般而言,虐待属于告诉才处理的自诉案件,以受害人向人民法院提起诉讼为追究施虐者刑事责任的先决条件,公安机关不主动进行侦查,检察机关也不主动提起公诉。受害人在提起自诉之后、法院宣告判决之前,也可依自己意志撤回自诉。但是,虐待行为情节恶劣、后果严重,致使被害人重伤、死亡的,则不属于自诉案件范畴，公安机关应依法进行侦查，人民检察院应依法提起公诉，并由人民法院依法作出判决，这是保护公民人身健康和安全，惩罚、震慑犯罪行为的必然要求。由于张先生对刘女士实施的包括性虐待在内的各种虐待行为已经造成刘女士重伤，故须依法追究张先生的刑事责任，公安机关启动侦查程序无须征得刘女士同意，即使刘女士不同意也不产生影响。同时，婚姻家庭咨询师也应提醒刘女士，暴力环境对未成年人成长有非常不利的影响，继续忍受张先生的虐待对女儿的成长也不利。

虐待并不全是告诉才处理的案件，这是培训中应予注意的知识。

✢ **注意事项**

1. 婚内性虐待须发生在具有合法婚姻关系的夫妻之间，并与性有关，且具有持续性、经常性。

2. 对婚内性虐待受害人的法律救济应尊重受害人的自主意思，一般以受害人提出请求为前提。

本单元思考题

婚内性虐待行为发生在夫妻之间，具有较强的隐秘性。而受害人在寻求有关法律救助时，通常须举证证明婚内性虐待行为的存在，否则便无法获得有效的救济与保护。你认为在处理婚内性虐待案件时，应如何解决受害人举证难的问题？

第2章
家庭危机咨询

　　家庭危机是指家庭成员面临突然或重大生活逆境时所出现的心理失衡状态。它往往表现在家庭成员的自杀倾向、来自家庭内部的暴力威胁以及性侵犯引起的家庭危机。同时，在财产问题上发生争议、在继承问题上发生纠纷，也常常导致家庭危机的出现。当然，在家庭危机中最为严重的是家庭成员的自杀倾向。关于这方面的统计数据，在我国还十分缺乏。根据卫生部1995—1999年提供的数据，自杀是我国人群第五位的死亡原因，是15～34岁人群排第一位的死因。每年我国有28.7万人死于自杀。它不仅影响有自杀倾向者的生命，更危害到家庭成员的安危并阻碍着社会文明的进程。因此，对家庭危机进行干预，是一级婚姻家庭咨询师的重要任务之一。在本章第1节"家庭危机干预"中，比较详尽地阐述了对自杀倾向的干预、对家庭内部暴力威胁的咨询以及对性侵犯引起的家庭危机的心理辅导。在第2节"家庭财产争议咨询"中，提出了处理家庭财产争议的法律建议、处理继承纠纷的法律建议。实践证明，处理家庭财产争议和处理继承纠纷，最根本的解决途径是依法办事。在这一问题上，一级婚姻家庭咨询师只有牢牢把握法律的武器，才能真正为求助者做好咨询工作。

第1节 家庭危机干预

 **学习单元1 对自杀倾向的干预**

根据卫生部1995—1999年提供的死亡数据分析,自杀是我国人群第五位的死亡原因,是15~34岁人群的第一位死因。每年我国有28.7万人死于自杀,同时有200万人自杀未遂。自杀占死亡总数的3.6%,可见自杀问题的严重性。自杀对个体有生命威胁,对亲人会造成巨大的心理创伤,对社会有负面的影响。它不仅影响有自杀倾向者本人的生命,更危害到家庭的幸福并阻碍着社会的进步。本单元的学习,就是帮助婚姻家庭咨询师了解自杀的动机及原因,熟悉自杀的风险评估,掌握对有自杀倾向者的心理干预的要点,通过咨询活动,减少求助者家庭悲剧的发生。

 学习目标

➢ 了解自杀的动机和原因
➢ 熟悉自杀的风险评估
➢ 掌握自杀倾向心理干预的要点

一、自杀的流行病学研究

据世界卫生组织(WHO)《世界卫生统计年报》公布,1989年中国自杀率为17.07/100 000,自杀死亡人数为19万~21万人。又据全国疾病监测系统的数据(1991—1995年),中国的自杀死亡率为19.85/100 000,男女性别比例为0.82∶1,其中15~34岁青少年占40.07%。1999年,在WHO北京精神卫生高层研讨会上,中国卫生部首次正式公布中国的自杀率为22.2/100 000(1993年)。据WHO统计,中国青年自杀率较高,其中15~24岁占自杀总人数的26.64%,25~34岁为18.94%

(1987—1989 年)。自杀已成为青年的主要死亡原因之一。女性自杀率 1987 年为 20.40/100 000（男性为 14.90/100 000）；1988 年为 19.50/100 000（男性为 15.00/100 000），1989 年为 19.60/100 000（男性为 14.70/100 000），自杀率女性高于男性。

二、自杀的动机及原因

1. 自杀的动机

自杀的动机可以分成以下三种类型：

（1）冲动型

在受特定的事件影响后一时冲动而采取的自杀行为。这类自杀者被救活后对自己的自杀行为会感到后悔，有的冲动型自杀者从产生自杀念头到付诸行动不到 5 小时。

（2）威胁型

是指把自杀作为威胁或要挟自己亲人的一种手段的行为。比如丈夫赌博，妻子以自杀的方式来威胁丈夫。

（3）逃避型

这类自杀既不是在一时冲动之下做出的，也不是用来要挟别人的，而只是作为解脱自己的一种手段。

2. 自杀的原因

（1）心理社会因素

从心理层面看，是自杀者没有了生存的理由和信念。正常人群对生活和生命有一种积极的向往和期盼，但自杀者或由于婚恋生活失败、或由于不良生活环境的压力、或由于生活境遇的巨变、生活理想的破灭等多种现实困惑，积极的生活信念发生动摇，找不到自己生存下去的理由，或者没有了生命的信念和支点，消极信念和负面情绪极度增加，进而选择了自杀的方式结束生命。

从家庭层面看，家庭亲密度下降，家庭冲突加剧，甚至家庭矛盾成为不可逾越的障碍，此时自杀的危险性就会上升。最爱的人造成的伤害往往最深。由于家庭成员之间感情是最深的，因此彼此冲突造成的伤害也是最深的。当这种伤害动摇了生命的信念时，自杀的可能性就会上升。但面对家庭外部矛盾产生的生活困扰，如果家庭成员之间亲密和睦、相互支持，就会化解外部矛盾，减少自杀行为的发生。

从社会的层面看，自杀者多为经济水平低、教育水平低、社会地位低、家庭地位低的人群；从人群的特点来看，社会中各种矛盾在社会底层的人群中反映得最为突出。当这些矛盾不能很好化解时，自杀就成为一种最无奈也是结束痛苦最快的选择。

中国的传统文化与西方不同，基督教说生命属于上帝，个体无权选择自杀；中国传统文化则认为生命"受之父母"，而"孝"是生命意义的前提。自杀本身没有好坏，关键在于自杀的理由，舍生取义者是中国传统文化所推崇的。尽管传统的价值观依然在产生影响，但随着我国现代化进程的加快，当代中国正处于"观念转变"的社会转型期，民主、自由的观念逐渐深入人心。某些个体往往处于深刻的矛盾之中：他们常常感到自己没有了独立人格和面子。但如果对独立人格和面子过分追求，就有可能让自己选择逃避矛盾的自杀之路。在传统文化与现代文化相冲突的过程中，社会缺乏对价值观、生死观的正确引导，也是导致自杀的原因之一。

> 深刻了解自杀的原因，对防止自杀的发生、挽救自杀未遂者的生命，有着重要的意义。咨询师要认真领会这一点。

（2）精神障碍因素

在我国自杀即遂及自杀未遂者中，精神障碍者的比例分别是 64% 和 42%，国外报道的一般比例是 90% 以上，这种差异可能与诊断标准有关。多数学者认为，自杀者大多都有严重的心理异常问题，人格缺陷非常突出。国外精神病学家认为，约有 50% 的自杀者有情绪抑郁或处于严重的抑郁状态，精神分裂症和病态人格也和自杀有密切联系。精神障碍、心理素质差、缺乏对危机和冲突的应对技能，是造成自杀的自身内在根源之一。

（3）躯体疾病因素

自杀人群中至少有 25% 的人患有躯体疾病，而老年自杀人群中 80% 有躯体疾病。躯体疾病是一个重大的应激源。患有重大疾病，而且很难治愈，对疾病的治疗丧失信心，不希望给家人和社会增加负担，希望尽早结束自己的生命，也是导致自杀的原因之一。

三、对自杀倾向的干预

1. 对自杀风险的评估

（1）需要关注的人群

对自杀风险的评估，主要依靠临床经验。婚姻家庭咨询师评估求助者是否有自杀风险，首先需要关注下列人群。

1）情绪低落的抑郁者。

2) 曾有过自杀意图或行为者。

3) 谈论过自杀或考虑过自杀的方法者。

4) 亲友中有自杀行为者。

5) 性格较为内向者。

6) 具有内心冲突或受到挫折者。

7) 慢性酒精中毒和吸毒者。

(2) 评估自杀的危险因素

在这里，主要介绍评估自杀危险的 4P 模式，即痛苦、计划、既往史和附加情况。

1) 痛苦。指评估求助者个人受到了多大的伤害，其所受到的伤害是否已经无法承受。

2) 计划。指评估求助者是否决定了自杀的日期、是否有什么特殊的日子、自杀计划的具体内容是什么、其内容是否致命、是否真有可能实施这个计划。

3) 既往史。指评估求助者是否有既往的自杀意图，如求助者心目中重要人的丧失、疾病、婚姻关系的破裂、身心上的创伤以及受到性侵犯的情况。

4) 附加情况。指评估求助者社会支持情况，其抱有的希望与活下去的理由。

一个求助者以上四个方面程度越严重，则自杀的风险越大，必须引起高度重视，并采取必要的预防措施。

2. 对自杀倾向的心理干预要点

(1) 对有自杀倾向者可能会拒绝帮助予以理解

对此婚姻家庭咨询师要有心理准备，有心理危机的人认为自己的问题无法解决，因此拒绝帮助，这种拒绝并不是针对婚姻家庭咨询师本人的。

(2) 要向他们表达关心

询问他们目前面临的困难以及困难给他们带来的影响。鼓励他们向婚姻家庭咨询师或其他值得信任的人谈心。

(3) 多倾听，少说话

给求助者一定的时间说出内心的感受和担忧。婚姻家庭咨询师不要给出劝告，也不要感到有责任找出一些解决办法，尽力想象自己处在他们的位置时会有何感受。

（4）要有耐心

不要因求助者不能很容易地与婚姻家庭咨询师交谈就轻言放弃。允许谈话中出现沉默，有时重要的信息会在沉默之后出现。

（5）不要担心求助者会出现强烈的情感反应

情感爆发或哭泣会利于求助者的情感得到释放。

（6）保持冷静

要接纳求助者，不做评判，也不要试图说服他们改变自己内心的感受，这更有利于求助者表达自己的内心世界。

> 要接纳求助者，不做评判，也就是要保持一种价值中立的态度。这样做不是不分是非，而是更利于求助者说出自己的真心话。只有这样，才能准确无误地实施咨询工作。

（7）对求助者说实话

如果求助者的话或行为令婚姻家庭咨询师害怕，就直接告诉求助者。如果婚姻家庭咨询师感到担忧或不知道该做些什么，也直接向求助者表达。不要假装没事或假装愉快。

（8）询问求助者是否有自杀的想法。不要害怕询问求助者是否考虑自杀，这样不会使求助者自杀，反而会挽救求助者的生命。

问话可以采用以下的句式：

"你是否有很痛苦的时候，以致令你产生了想结束自己生命的想法？"

"有时候一个人经历非常困难的事情时会有结束生命的想法。你有那种感觉吗？"

"从你的谈话中我有一种疑惑，不知道你是否有自杀的想法。"

婚姻家庭咨询师不要采用以下的句式提问：

"你没有自杀的想法，是吧？"

（9）相信求助者所说的话

任何自杀迹象均应认真对待，不论求助者用什么方式流露。

（10）不予保密

不要答应对求助者自杀想法给予保密。

（11）取得他人的帮助

如有自杀的风险，要尽量取得他人的帮助以便与婚姻家庭咨询师共同承担帮助求助者的责任。

（12）让求助者相信别人是可以给他帮助的，鼓励求助者寻求他人的帮助和支持。如果婚姻家庭咨询师认为求助者需要专业的帮助，向求助者提供转介信息。

（13）对转介进行耐心解释

如果求助者对寻求专业帮助恐惧或担忧，应花时间倾听求助者的担心，告诉求助者大多数处于这种情况的人都需要专业帮助，解释建议求助者见其他专业人员不是因为婚姻家庭咨询师对他的事情不关心。

（14）如果求助者即刻自杀的危险很高，要立即采取以下措施：

1）不要让求助者独处。

2）去除自杀的危险物品，或将求助者转移至安全的地方。

3）陪求助者去精神心理卫生机构寻求专业人员的帮助。

对一级婚姻家庭咨询师来说，全面掌握"对自杀倾向的心理干预要点"十分重要，它是咨询中挽救求助者生命的最重要环节。

（15）急救

如果自杀行为已经发生，婚姻家庭咨询师要立即将其送往就近的医院进行抢救。

（16）给予希望

让求助者知道面临的困境能够有所改变。

在结束谈话时，婚姻家庭咨询师要鼓励求助者再次与自己讨论相关的问题，并且要让求助者知道婚姻家庭咨询师愿意继续帮助他。

相关链接

对自杀认识的误区

在人们的日常观念中，对自杀的认识有如下误区：

（1）自杀是一种不合理的行为。事实上，从自杀者角度看，几乎所有采取自杀行为的人都有充分的理由。自杀干预者如果不能理解和接纳求助者，那么信任的关系就难以建立，有效的干预就难以进行。

（2）有些人认为，那些声称要自杀的人并不会真的自杀，只有一声不吭的人才会自杀。这一看法非常错误。一项对71人自杀即遂者案例的研究发现，其中一半人在自杀前3个月明确说过要自杀。也就是说，人们说自己要自杀时，他们可能是认真的。

（3）有些人认为，试图自杀但失败了的人并不是真的要自杀，求助者只是在寻求别人的同情。事实上相反，在所有的自杀即遂者中40%的人曾有过自杀的经历。先前的自杀尝试越多，自杀实现的可能性越大。

（4）有些人认为，在与自杀者交谈时，自杀的话题不应该提及。持此观点的人认为，这样做或者使自杀的想法进入求助者的脑海，或者，如果求助者已经有自杀的想法了，会强化这一想法。实际上与此相反，几乎所有的临床治疗专家都认为应鼓励自杀者谈论自杀的想法，这样专家才有可能帮助他们建立起与自己的信任的关系，进而帮助求助者克服这种想法。

（5）有些人认为，自杀者的确想死，所以阻拦求助者是没用的。事实是，企图自杀者中只有很少一部分人坚决要死，大多数人是在用死亡赌博，求助者往往期望有人来救他们。因此，及时给予真诚的关注和援助不但是必要的，也是有效的。

（6）有些人认为，一个人自杀未遂后，自杀的危险可能就结束了。事实上，自杀最危险的时候可能是情绪高潮期。当想自杀的人严重抑郁后，或刚刚自杀未遂，变得情绪活跃起来的时候（即欣然期），自杀的危险性最大。

（7）有些人认为，自杀者有精神疾病。事实上，仅有少部分自杀者患有精神疾病，自杀者中的大部分是具有严重抑郁、孤独、绝望、无助、被虐待、受打击、深深失望、失恋或者别的情绪状态的正常人。

此相关链接中指出的七点误区对咨询师如何正确看待"自杀"、对待"自杀"有指导意义，必须加以了解。

自杀倾向干预咨询要点

对有自杀倾向的求助者而言，心理咨询是重要的治疗方式之一。要让求助者表达他的不良心境、自杀的冲动和想法，使其内心活动外在化以达到疏导效应。首先让求助者认识到自杀不过是一种解决问题的方法而已，并非目的。因为绝大多数有自杀企图倾向者是因为面临生活逆境不能解决时才选择自杀的，是希望"一了百了"，但如果有解决目前逆境或危机的其他方法，就可以避免自杀。因此，为了改变这一认知，要做的工作是：第一，通过交谈、疏泄其被压抑的情感；第二，认识和理解危机发展的过程及与诱因的关系；第三，掌握问题解决技巧和应对方式；第四，帮助求助者建立新的社交范围，尤其人际交往。另外，注意强化求助者新学到的应对技巧及解决问题的技术，同时鼓励求助者积极面对现实和注意社会支持系统的作用。

【案例2—1】 婷婷失恋后

❖ 案例描述

婷婷大学毕业后，在北京一家公司工作，公司待遇较好，工作比较顺利。其男友是大学时的同学，在深圳工作。开始交往时两人十分满意，但是随着交往时间增长，矛盾不断增多了，经常吵架。两人身处两地，离多聚少，相聚时本该比较开心，但还是常常由于吵架不欢而散。男友的姐姐和母亲都不太同意两个人相处，但是男友却坚持两个人在一起。但由于男友工作压力较大，希望提升工作业绩，为将来的美好生活奠定更坚实的物质基础，希望推迟婚期，让婷婷给予更多的理解。结果两个人在电话里吵了起来。男友提出分手，给婷婷带来巨大的精神打击。婷婷在高中时曾患抑郁症并休学，在大学期间有所好转，但偶尔也有情绪波动；上班后情绪较稳定，工作也顺利。与男友的争吵，影响了她的睡眠和休息，情绪又出现波动，她认为在这个世界上唯一能够理解自己的男友，能够原谅自己、宽容自己的这个人，都提出和自己分手，感到自己未来的情感和生活没有希望了，出现了自杀倾向。

❖ 案例分析

本案例属于抑郁症患者在失恋后出现了自杀倾向。虽然婷婷的抑郁症状在大学期间已经基本好转，但是在失恋的打击下，负性情绪增加，并有自杀倾向。在这里抑郁症状是内因，失恋是导火索。

婷婷及其男友缺乏发展恋爱关系的知识和能力，在遇到意见不一致时不能很好地化解矛盾，使两个人冲突加深，感情淡化，对婷婷造成精神打击。

婷婷的认知错误在于：把爱情看成了生命中最重要的内容。如果失去了爱情，就失去了生命的意义。

❖ 咨询建议

1. 进行危机风险评估

鉴于求助者原来有抑郁症病史，并有自杀倾向，是危机风险较高的个体，而且又有失恋这一重大应激事件，受到的伤害和产生的痛苦程度较高，对未来的情感和生活不抱有希望，并有自杀企图。从总体情况来看，自杀的风险很大，应采取必要的干预措施。

2. 进行心理危机干预的步骤

一般采用6步法，结合婷婷的实际情况应做到：

第一步：确定问题

确定求助者婷婷希望解决的问题，是希望结束恋爱、结束生命，还是希望重归于好。很显然，求助者希望自己能够与男友重新和好，自杀只是无奈无望的一种选择。这就使得事件有了挽救的希望。将下面三个方面作为对求助者进行干预的目标，改变三个"无"中的一个或两个：

无法逃避的感受：要让求助者感受到问题是可以解决的。

无法忍受的感受：要让求助者感受到无法忍受的感受是可以改变的。

毫无止境的感受：要让求助者感受到消极的感受是可以结束的。

这一过程中核心方法为倾听，让求助者将自己的情绪充分宣泄出来，同时也包括理解、真诚、接纳，以及尊重。

第二步：保证求助者安全

在危机干预过程中，把保证求助者安全作为首要目标，这是非常重要的。虽然将保证求助者安全放在第二步，但在整个危机干预过程中都应该将这点作为首要的出发点。

第三步：给婷婷予以支持

让求助者婷婷表达当男友不能理解自己，说要分手时的痛苦感受，并通过共情等技术让她感受到婚姻咨询师的支持。这时，不要去评价求助者的经历与感受是否应当称赞或批评，而是提供这样一种机会，让求助者相信"这里有一个人确实很关心你"。换句话说，婚姻家庭咨询师必须无条件地以积极的方式接纳求助者。

第四步：提出并验证可变通的应对方式

引导婷婷认识如何才能和男友和谐相处，减少冲突的发生，使感情重归于好。让她相信有多种途径可以解决困境，而并非死路一条。如：第一，环境支持——这是提供帮助的最佳资源，让婷婷知道除了男友之外，还有父母，现在和将来都一直关心着自己。第二，应对机制——即求助者可以用来战胜目前危机的行动、行为或环境资源，比如，可以向男友承认自己以前太任性而伤害了男友，并真诚地向他道歉，可能转变当前的危机。第三，采取积极的、建设性的思维方式——可用来改变自己对问题的看法并减轻应激与焦虑程度，比如，让她认识到恋爱中的波折可以增进彼此的了解，减少婚后的磨合期。如果能从这三方面客观地评价各种可变通的应对方式，就能够给感到绝望和走投无路的婷婷以极大的支持。

第五步：制订改善与男友关系的计划

计划的制订应该与求助者合作，让其感到这是她自己的计划，这一点很重要。计划应该根据求助者的应对能力，从切实可行和系统的角度帮助其解决问题。

第六步：得到承诺

多数情况下，这一步比较简单，即让婷婷复述一下帮她制订好的计划："现在我们已经商讨了你计划要做什么，下一步将看你如何表达自己的愤怒或抑郁情绪。请跟我讲一下你将采取哪些行动，以保证你不发脾气或不再绝望。"在结束危机干预前，婚姻家庭咨询师应该从求助者那里得到诚实、直接和适当的承诺。

经过4~6周的危机干预，求助者会渡过危机，情绪症状得以缓和，此时应及时中断干预性治疗，以减少依赖性。在结束阶段，应该注意强化新学得的应对技巧，鼓励求助者在今后面临或遭遇类似应激状态或挫折时，能够采取正确的处理技巧。

总而言之，危机干预实际上是起着一根拐杖的作用，即帮助和援助那些心理失衡的求助者，一旦他们学会自我解决和处理问题的技能，并能举一反三地调整心理失衡状态，提高自我心理适应和承受能力，就应该让他们"扔掉拐杖"，独立面对生活。

❖注意事项

1. 当求助者观念很顽固时，婚姻家庭咨询师不要有放弃的念头，而是要认真倾听，从中找到突破口。

2. 一定要有督导者一起陪伴，当遇到自己无法解决的问题时，及时求助。

3. 如果不是自己擅长的咨询领域，一定要及时将求助者转介到专业机构。

本单元思考题

1. 如何进行危机风险评估？
2. 危机心理干预的基本步骤是什么？

学习单元2 对家庭成员间暴力的咨询

家庭暴力不仅威胁着受害者的健康、安全，破坏着家庭的和睦，同时还会引起受暴者产生自杀的动机。受暴者面临被家庭暴力致死的危机时，还有可能发生以暴制暴的行为，受暴者以杀死施暴者来结束暴力的危机。由于这些风险的存在，对家庭暴力威胁的咨询显得格外重要。有关夫妻间的暴力在本书第1章中已有阐述，本学习单元介绍其他家庭成员间的暴力。

 学习目标

➢ 能评估家庭内部暴力威胁的程度
➢ 能提供正确的处理方法

一、评估暴力危险性的方法

早期的心理健康专业工作人员对暴力危险性的评估并不乐观，最初只是对被诊断为精神疾病并伴有暴力行为的人群进行暴力风险评估，这种情况下能够准确预测暴力发生的还不到实际暴力发生的三分之一。随着评估技术的发展，产生了麦克阿瑟暴力风险评估法。它对暴力风险具有较好的预测能力。麦克阿瑟暴力风险评估法采用ICT技术，这种方法的优点就是可以捕获标准化的风险因素与暴力行为的互动关系。评估的变量主要有四个方面：个性变量包括人口统计学变量以及人格变量等；经历变量如重大事件经历、家庭史、精神疾病住院史、暴力史、少年犯罪史等；背景变量如当前的社会支持、社交网络、应激、武器的拥有等；临床变量如心理障碍的类型、人格障碍、物质滥用等。对上述变量经过迭代分级后，进一步选择有价值的暴力风险变量，并重新组合以准确预测暴力行为的发生。

二、家庭成员间暴力咨询的一般程序

1. 了解求助者的状况与需求

面临家庭暴力危机时，受害者的需求是多方面的，不仅是需要法律

的、物质的支持。从某种意义上说，心理上的支持，是他们得以成熟、成长，能够有效地利用法律武器和各种社会支持系统来改变他们受虐的环境和地位的心理基础。世界上有很多国家，在反对与制止家庭暴力工作中制定法律、建立法律援助机构与开展心理咨询往往是并行的。

受暴者都有不同程度的心理问题，美国俄克拉荷马州大学健康科学研究中心心理与人类行为科学助理教授德拉·艾伦认为他们有如下特征：

(1) 情绪紊乱、沮丧、焦虑、精神涣散等心理与情绪应激性紊乱。
(2) 恐惧。
(3) 心事重重，家庭生活出现一系列问题、孩子出现负性反应。
(4) 逆来顺受，家庭暴力后遗症，遇到他人侵害和侮辱不敢反抗。
(5) 与朋友、同事疏离，认为丢面子，家丑不可外扬，有意在朋友面前掩饰痛苦、回避问题，敏感多疑。
(6) 旷工率高，在家庭问题上耗费精力太多，工作中难以振作和全力以赴。

家庭暴力是对受暴者从肉体到心灵的摧残。心理咨询则好比是受暴者精神上的"抚慰剂"和"避难所"，它的作用是不可低估的。

2. 确定求助者遇到的暴力威胁

求助者是否受到暴力威胁，可以从两个方面进行区分，一种情况是已经遭受了家庭暴力，还有可能进一步遭到暴力；另一种情况是求助者曾被恐吓和威胁过，但未遭受过暴力，但对暴力的威胁比较恐惧，希望能摆脱暴力的威胁。对于叙述自己经历过家庭暴力的求助者，可以通过她们的伤情、情绪、言语、音调、身体动作等进一步确定是否经历了家庭暴力。如果确定遭受过家庭暴力，再进一步帮助求助者分析是否可能继续遭受暴力。对于以前并未遭受过暴力的求助者，询问她们是否受到了言语、情感等伤害，是否受到了身体暴力的恐吓，这些伤害和恐吓是否经常发生，对这些恐吓的恐惧程度。通过以上询问，确定是否有进一步家庭暴力风险的存在。

3. 评估暴力威胁的风险程度

暴力威胁的风险程度主要分两大类，一类是一般风险，是指有家庭暴力的威胁，会产生身体、精神或性方面的伤害，但是没有生命安全上的威胁和风险。另一类是高风险，是指让受暴者可能遭受致伤致死的风险，或受暴者有自杀的风险，或受暴者有杀害施暴者的风险。

(1) 一般风险

是指家庭暴力对受暴者可能造成身体、心理、性方面的伤害。可能只是一个方面的伤害，也可能是多方面的伤害。同时，遭受家庭暴力的风险程度随着家庭暴力伤害的严重程度而进一步上升。

(2) 被家庭暴力致伤、致死的风险

当家庭暴力使用的手段极其残酷，伤害的程度十分严重时，就会使受暴者致残甚至危害到受暴者生命安全。这种暴力威胁的风险很大，属于暴力中的高风险类型。

(3) 受暴者的自杀风险

当家庭暴力长期存在，或者家庭暴力的手段十分残忍，或者对受暴者的感情伤害极深时，在这几种情况下，受暴者往往无法忍受家庭暴力的摧残，企盼以自杀的方式结束这种被摧残的痛苦。这就危及到了受暴者的生命。受暴者所遭受的痛苦越深，受家庭暴力威胁的风险也越高。

(4) 发生以暴制暴行为的风险

当家庭暴力对受暴者造成极深的痛苦时，一些受暴者会极力摆脱家庭暴力。有些施暴者以杀害受暴者的亲人或家属作为恐吓与威胁，使受暴者既无法忍受家庭暴力，又无法摆脱家庭暴力，为了避免导致自己的亲人出现生命危险。在极度的痛苦和矛盾中，他们可能选择杀死施暴者。受暴者宁可在监狱里度过余生，也要彻底摆脱家庭暴力的折磨。当受暴者面对折磨，采用各种逃脱的方法都无效时，杀死施暴者的风险就会增高。由于此类风险危及施暴者的生命安全，因此也属于高风险中的一类。

4. 提出处理建议

(1) 对于存在家庭暴力威胁，但还没有受到暴力的求助者，咨询师要做到：

第一步：与求助者一起分析并评估暴力威胁的风险程度。

第二步：让求助者明了，如果家庭暴力出现，如何才能逃到安全的地点。

1) 受暴力威胁者要事先准备好备用的电话号码，包括公安、妇女热

> 婚姻家庭咨询师要认真区别一般风险和高风险。面对高风险，要冷静、果断地处理，及时避免自杀和以暴制暴事件的发生。

线、可靠的朋友以及地方救助机构的电话号码，放在随时可能拿到的地方，并教会孩子使用这些电话号码。

2）了解怎样才能从家里安全地逃出。

3）了解家里哪一块地方是更安全的地方，比如：没有顺手可以抄起殴打工具的地方，以便受暴时尽量逃往这些地方。

4）如果发现施暴者经常使用的工具，尽量把它放到室外。

5）即使受暴者现在不打算离开，也要做好离开这个家庭的准备。要制订自己的安全计划，寻找到日后安全的住所以及必要的咨询机构和求助机构。

第三步：获取法律知识。现行法律已有一些惩罚家庭暴力的规定，主要规定内容如下：故意伤害罪、暴力干涉婚姻自由罪、非法拘禁罪、虐待罪、遗弃罪等。要有用法律武器维护自己的权益的意识。

第四步：建议受暴力威胁者进行心理咨询，减缓由于暴力威胁而产生的心理恐惧。

（2）对于已经遭受家庭暴力的求助者，咨询师要提醒求助者做到：

第一步：遭受家庭暴力后，应该首先到医院去验伤。

首先将身体的伤害和危险降到最低，到医院寻求及时的治疗。同时，请求医生帮助受暴者做详细伤情记录，建立档案，以便日后的法院取证。如果受暴者已经怀孕，施暴者殴打了其胃部或腹部，建议在看病时告诉医生。注意暴力受害者由于头部伤害可能导致的生命危险。施暴者经常不顾一切地打击对方头部。在打击头部后，无论当时是否受伤，受暴者都应该马上去医院，尤其是有下列症状者：记忆力丧失、头晕、视力障碍、头疼或呕吐等。

第二步：做司法鉴定。家庭暴力以施暴行为的连续性以及损伤的隐蔽性为主要特征。家庭暴力干预者发现，受暴者因缺乏多次累积的伤情原始记录和法医鉴定依据，致使民事调解和诉讼困难，受害人的合法权益得不到及时保护。因此，各地一些法律机构、研究机构或妇联开办了家庭暴力伤害的专项鉴定。其主要内容是：

1）确定损伤是否存在（损伤判断）及性质（自伤还是他伤）。

2）及时准确地记录被害人的损伤情况及精神状态，并出具鉴定意见。

3）判定损伤程度，为离婚、虐待及伤害案件诉讼提供依据。

4）应法庭要求，为虐待、伤害案件出庭作证。

2005年12月21日，由司法部主办的中国司法鉴定网（http：//www.bje.gov.cn/）正式开通，为受暴者提供了方便快捷的服务。目前，中国司法鉴定网已建立基础数据库，可以提供丰富的检索功能。通过提供机构名称、所在地区、业务范围、许可证号共四种检索途径，完成司法鉴定机构查询；通过提供姓名、执业机构、执业证号、技术职称、执业类别、所在地区等六种检索途径，可以完成司法鉴定人查询。

第三步：建议受暴者进行心理咨询，减少家庭暴力造成的心理伤害，以积极的心态应对暴力，重新找到生命的力量和意义。

5. 联系有关部门进行转介

（1）联系警察

如果求助者受到家庭暴力的风险性极高，对受暴者伤害极重，首先要联系警察，制止家庭暴力的发生。当警察到来之后，建议求助者尽可能告诉警察遭遇的每一件事情，告诉警察事情发生在哪里，有多少次，请他们看求助者身上的伤。如果施暴者损坏了物品，也请将这些物品显示给警察。如果警察走了，求助者才发现有伤，请用相机等手段留下证据。

如果警察以家务事为由拒不处理，建议求助者坚持要求警察为自己备案，并保护自己的安全。求助者所做的一切努力日后都可以成为协助他摆脱家庭暴力的证据，为他争得应有的权益。

（2）联系反家庭暴力的专业机构

救助、保护家庭暴力受害者是救助的重要环节。联系"受害妇女心理指导站""心理医疗诊所""反家暴救助中心"等社区救助服务机构；联系受虐妇女儿童紧急避难所；联系妇女法律服务中心，为受虐妇女进行免费法律咨询或代理诉讼。

6. 联系有关个人进行自我保护

在反家暴机构较少甚至没有的地区，建议求助者联系其他家人、亲属、朋友进行保护。在找他人帮助时，要考虑下列问题：

（1）找一些可以帮助求助者的可靠的朋友，比如：能借钱或生活必需品，支持他渡过难关的人。

（2）为防止施暴者的骚扰，应改变受暴者电话号码或手机号码。

（3）为自己准备点钱，并以自己的名义存在银行。

（4）有时带走孩子会让求助者处在更危险的情境中。所以先要保护求助者自己的安全。要知道，当求助者能够保护自己的时候，才有可能保护孩子。

（5）让求助者告诉朋友自己孩子的名字，紧急情况下请他们关照孩子，并将受到威胁的情况告诉孩子的老师。

7. 对幻想暴力威胁的建议

对于产生暴力幻想的求助者，可能有两种情况：一种是由于长期的暴力折磨，求助者已经出现幻想的症状，即使没有遭到家庭暴力，也会幻想有家庭暴力的威胁；第二种情况是经历过一次严重的家庭暴力而造成了严重的心理创伤，这种创伤可能导致幻想暴力的发生。

对于出现暴力幻想的求助者，首先将他们转移到安全的地方，观察幻想的症状能否缓解。如果还是经常出现这些幻觉，就可能产生了精神分裂症的幻觉症状，需要进一步的精神疾病的诊断和进一步的心理治疗。

8. 对预防高风险暴力威胁的建议

（1）避免生命危险的发生

当受暴者面临生命危险时，首先是摆脱暴力，避免悲剧的发生。逃离暴力的方法建议参照前面介绍过的方法。同时，对受暴者提供心理辅导，减缓暴力造成的心理恐惧和心理创伤，避免发生自杀和杀死施暴者的行为。

（2）避免自杀倾向的发生

对有自杀倾向的受暴者，首先是摆脱暴力，避免被打伤或致死等悲剧的发生，逃离暴力的方法建议参照前面介绍过的方法。同时，参照学习单元1"对自杀倾向的心理干预的要点"给予辅导。

（3）避免以暴制暴的发生

对有以暴制暴倾向的受暴者，首先是摆脱暴力，避免以暴制暴的悲剧发生，逃离暴力的方法建议参照前面介绍过的方法。但是对于有以暴制暴倾向的受暴者来说，他们之所以忍受暴力，最大可能的原因是担心自己的家人或孩子受到施暴者的伤害。因此，劝说其自己逃离的方法可能会被拒绝，而且也无法让受暴者理解和接纳。最佳的方法是获得法律的支持，积极进行司法鉴定，获得证据，并同时寻求警察的帮助，也可

> 这里介绍的是家庭成员间暴力咨询的一般程序。对于这8点，咨询师既要熟练掌握，也要灵活运用，做到融会贯通，在关键时刻能及时对求助者给予帮助。

向预防家庭暴力的其他机构如避难所、心理辅导中心、法律援助中心求助。在向这些机构求助的同时，还要获得家人、亲属、朋友的支持。只有积极构建对受暴者的安全网络，才能真正摆脱家庭暴力的威胁，避免以暴制暴的悲剧发生。在摆脱暴力的同时，也要对受暴者进行心理治疗。

第一步：首先需要站在受虐者的立场上理解他们、体验他们所受的伤害，与他们共情。但共情的目的不是让他们感到同情，或停留在"有人帮我说话"的心理宽慰上。重要的是让他们能够清楚地陈述事件发生的真实情况，提供反映其家庭人际关系冲突的确切资料，以便分析解决问题的主要脉络，确定需要干预的问题。

第二步：有以暴制暴倾向或行为的受暴者，往往不会主动承认自己暴力的过错，呈现出被迫、无奈、不得已而为之的委屈心理。干预过程应该在受暴者感到自己受害得到理解，即共情达到良好效果时，再引出其以暴制暴的问题。目的不是谴责、追究他的过错，而是让其"痛，以及人之痛；伤，以及人之伤"，推己及人，进行从"受暴者"到"施暴者"的自我反省。

第三步：处于家庭暴力环境的受暴者，一般都有较重的自卑心理，交往退缩；而出现以暴制暴倾向的受虐者，他们的社会交往面更窄，邻里关系隔膜，几乎没有亲朋好友，处于十分封闭的状态。强烈的自卑感导致他们容易采用过度的防卫手段。

干预策略应该考虑团体行动计划，引导他走出家庭"围城"参与社会活动。这些活动从名称到内容都应尽量无关家庭暴力问题。比如：以组织家长俱乐部的形式，让这些人集中在一起，观看家庭教育的影视，讨论如何做好家长；还可以带孩子来，参与"儿童音乐欣赏"活动，让妈妈和孩子在音乐声中做游戏，等等。这些原来在人前不敢抬头的受暴者，人的尊严会逐渐被唤起，由害怕交往到愿意交往，并突破以往生活模式的理念，有了改善人际关系的主动性，开始注意改善家庭成员间的关系。

当以暴制暴的受暴者摆脱了家庭暴力的威胁，并有了重新生活的信心和勇气时，就可以彻底防止悲剧的发生。

> **家庭成员间暴力咨询要点**
>
> 1. 咨询中的倾听、共情是求助者精神上的"抚慰剂"与"避难所"。让求助者感到人间的温情,有助于他们情绪的改变。
> 2. 帮助求助者理清思路。他们往往处在两难的境地,要帮助他们分析进退的孰优孰劣,以便做出选择。
> 3. 使求助者得到认知上的改变。
> 4. 资源的挖掘。通过帮助求助者寻找自身的资源和社会的资源,看到有利的条件和因素,提高他们的信心。
> 5. 推动自我觉醒,让求助者重建自我,面对生活的压力,树立起自信心。

【案例 2—2】 受儿子儿媳虐待的杨老太太

❖ 案例描述

76 岁的杨老太太丈夫已经去世,她的儿子儿媳经常因琐事辱骂、甚至殴打她。杨老太太曾多次因忍受不了他们的虐待而准备跳崖自杀,均被他人阻止。当地村委会为此也曾对其儿子儿媳妇进行规劝,但二人不仅没有悔改,反而变本加厉。2009 年 4 月 7 日,杨老太太再次到村委会反映情况。回到家后,她的儿子儿媳认为她到村委会反映他们不孝丢了他们脸面,就在家中对她辱骂,随后进行殴打。儿媳将她头部、肋骨打伤,并致肋骨骨折。此后还经常不给杨老太太吃喝。中秋前一天,杨老太太没有吃饭就被从家中赶出,儿媳扬言"活这么大岁数干什么,还不如死了!"。杨老太太痛苦地流落街头,她逢人便说:"这样活着有什么意思,还不如死了。"

❖ 风险分析

杨老太太遭到了长期的肢体暴力、精神暴力,同时也对儿子儿媳的虐待感到十分伤心,因此产生了自杀的念头。可见家庭暴力对杨老太太伤害之深,已经危及了她的生命安全,她遇到的问题属于自杀高风险一类。杨老太太想摆脱家庭暴力,又担心没人照顾和赡养,但最终还是被赶出家门。杨老太太既经受着家庭暴力的折磨,又经受着被遗弃的折磨,最终有了自杀的念头。本案例中,一方面,杨老太太可能在无人照顾的情况下被饿死；另一方面，她也有自杀的危险。两种风险并存，因此评估后的暴力威胁指标很高。

✤ 分析与建议

婚姻家庭咨询师要站在求助者的立场上帮助受害老人，最主要的是帮杨老太太找回生活下去的理由。

1. 用倾听、共情来平复情绪

开始她情绪异常激动，一直在哭泣，有一肚子的苦水想向人倾诉。咨询的第一个功能就是耐心倾听，让求助者把心里的苦楚宣泄出来。在讲了她所经历的家庭暴力之后，她的情绪开始平复下来。除了做到倾听与共情以外，还应做好下面的工作。

2. 确定咨询目标

求助者由于处在情绪化的状态中，叙述絮叨，思维混乱。这时咨询师要一面倾听，一面提问，以便澄清问题，掌握准确信息，找到靶目标。本案例可以从分析如何解决儿子儿媳对她的家庭暴力问题开始，把找到摆脱家庭暴力的最佳方法作为咨询目标，建议老人用法律的武器保护自己。同时将重新鼓起生活的勇气作为高级咨询目标。

3. 认知重构，建构安全网络

对求助者原有的认知提出挑战，使她能够反思原有认知中的局限。可以从法律事务所、反家庭暴力机构、亲属、朋友等多方面寻求援助，建构安全网络，减少悲剧的发生。

4. 提高自信，消除自杀风险

缓解由于长期家庭暴力造成的心理创伤、特别是自杀的倾向，要根据学习单元1"对自杀倾向的心理干预的要点"的做法，降低直至消除求助者自杀的风险。

婚姻家庭咨询师要帮助她看到自身的优势，学会坚强地面对现实，积极看待自己的经历，开始新的生活。

本单元思考题

1. 对预防高风险暴力威胁你有哪些建议？
2. 如何对求助者轻生进行干预？试结合下述案例进行分析。

一日凌晨，一名女中学生站在桥边护栏上，一边打电话，一边环顾四周，情绪激动，且不许行人靠近，有自杀迹象。该女生姓赵，家住绿园小区，因被其继母虐待遂产生了轻生念头。接警后，派出所民警迅速赶到现场，试图劝说该女生放弃轻生念头。但她始终不听劝说，突然纵身跳下水。派出所民警及几名保安迅速下水施救，顺利将该女生救护上岸。该女生不久后找到婚姻家庭咨询师进行咨询。

学习单元3 处理虐待问题的法律建议

家庭成员间的虐待是一个古老的问题，也是一个现实的问题。虐待作为我国法律严格禁止的行为，其表现方式是多种多样的。从主体上讲，既有长辈对晚辈的虐待，也有晚辈对长辈的虐待，还有同辈之间的虐待。从方式上讲，既有肉体的折磨，也有精神的摧残。我国法律对虐待的禁止和制裁，主要规定在婚姻法、收养法、继承法、刑法、治安管理处罚法、妇女权益保障法、未成年人保护法、残疾人权益保障法等法律之中。

学习目标

➢ 熟悉虐待的概念
➢ 掌握虐待行为的性质和法律责任
➢ 了解法律规定的救助途径

一、虐待罪的概念和特征

1. 虐待罪的概念

虐待罪，是指经常以打骂、冻饿、禁闭、强迫过度劳动、有病不给治疗或其他方法肆意折磨、摧残家庭成员，情节恶劣的行为。

2. 虐待罪的主要特征

（1）本罪侵犯的客体是家庭成员间的平等权利和被害人的人身权利

我国法律明确规定家庭成员之间应当平等相待，禁止虐待老人、妇女和儿童；而虐待行为正是对家庭成员间的平等权利的侵犯，它损害了家庭成员的合法权益。本罪的犯罪对象是同一家庭中的成员。

（2）本罪在客观方面表现为对被害人的身心实行经常性的折磨和摧残的行为

虐待的手段虽然是多种多样的，但大致可分为两类，一是肉体摧残，如殴打、捆绑、有病不给医治、强迫超体力劳动等；二是精神折磨，如侮辱、咒骂、讽刺等。在具体的虐待案件中，这两种手段，可能同时使用，也可能单独使用或交替使用。但是，无论使用何种手段，这种虐待必须具有经常性、一贯性的特征，且只有情节恶劣的，才构成犯罪；不能把家庭成员之间偶尔发生的打骂、吵骂的行为视为虐待。

（3）本罪的主体是与被虐待者之间具有一定的亲属关系或收养关系并在一个家庭中共同生活的成员。非家庭成员，不能成为本罪的主体。

注意虐待罪中的虐待致人死亡、与故意杀人的区别。

（4）本罪的主观方面是故意，即行为人有意识地对被害人进行肉体上或精神上的折磨和摧残

虐待的动机多种多样，动机如何，不影响犯罪的成立。

二、认定虐待罪应划清的界限

1. 虐待罪与一般虐待行为的界限

根据刑法规定，虐待家庭成员，只有情节恶劣的，才能构成犯罪。可见，情节是否恶劣，是区分虐待罪与非罪的主要标志。考查虐待情节是否恶劣，应从虐待时间持续的长短、次数是否频繁、虐待后果是否严重以及是否对孕妇、产妇、年老、年幼、病残等无独立生活能力的特定对象进行虐待等多种因素综合认定。只有情节恶劣的，才以犯罪论处。如果情节比较轻、后果不严重的，则应作为一般违法行为处理。

2. 虐待罪与虐待非家庭成员行为的界限

虐待罪是发生在同一家庭成员之间的犯罪，行为人与被害人之间，必须存在一定的亲属关系或收养关系，如夫妻、父母、子女、兄弟、姐妹等，虐待非家庭成员的，如保育员虐待幼儿、师傅虐待徒弟、老师虐待学生等，不构成虐待罪。如果该虐待行为给被害人造成其他严重后果，构成其他犯罪，则按其他犯罪追究刑事责任。

3. 虐待罪与故意伤害罪的界限

实践中，虐待罪与故意伤害罪在客观表现上有许多相似之处，易于

混淆，必须划清二者的界限。

4. 虐待罪和遗弃罪的区别

遗弃和虐待都是以家庭成员为侵害对象的违法行为，但两者是有明显区别的：

(1) 构成的主体不同

虐待罪的犯罪主体是家庭成员，至于虐待者与被虐待者之间是否存在法定的扶养义务在此不论，而遗弃罪的犯罪主体必须是对被遗弃的人具有法定扶养义务的人。

(2) 行为方式不同

虐待是以积极的行为对受害人施以肉体或精神上的摧残折磨，即不该为而为；而遗弃一般是以消极的不作为形式拒绝履行应尽的扶养义务，即应为而不为。

(3) 侵害对象不尽相同

虐待的对象可以是家庭中的任何成员，没有其他的附加限制；而遗弃的对象限于因年幼、年老、疾病、残疾等原因没有独立生活能力的人。

(4) 违法行为目的不同

虐待行为的目的是给被害人造成肉体上的摧残和精神上的折磨，遗弃行为的目的是逃避抚养义务。

三、虐待行为的法律责任及救助措施

1. 虐待行为的法律责任

(1) 虐待行为的民事法律责任

1) 丧失继承权。《继承法》规定：继承人虐待被继承人情节严重的，丧失继承权；继承人虐待被继承人情节是否严重，可以从实施虐待行为的时间、手段、后果和社会影响等方面认定。虐待被继承人情节严重的，不论是否追究刑事责任，均可确认其丧失继承权。继承人虐待被继承人情节严重的，如以后确有悔改表现，而且被虐待人生前又表示宽恕，可不确认其丧失继承权。

2) 法定的离婚理由。《婚姻法》第32条规定，一方实施虐待行为，另一方起诉离婚调解无效的，应当判决准予离婚。

3) 离婚损害赔偿。《婚姻法》第46条规定，一方实施虐待行为，另一方无过错的，有权在离婚时要求离婚损害赔偿。

4) 中止探望权。根据《婚姻法》的规定，离婚后，不直接抚养子女的一方有探望子女的权利，但如当事人对子女有虐待行为，不利于子女身心健康的，由人民法院依法中止探望的权利。

5) 解除收养关系。《收养法》第25条第2款规定，收养人不履行抚养义务，有虐待、遗弃等侵害未成年养子女合法权益行为的，送养人有权要求解除养父母与养子女间的收养关系。第29条规定，因养子女成年后虐待、遗弃养父母而解除收养关系的，养父母可以要求养子女补偿收养期间支出的生活费和教育费。生父母要求解除收养关系的，养父母可以要求生父母适当补偿收养期间支出的生活费和教育费，但因养父母虐待、遗弃养子女而解除收养关系的除外。

6) 撤销监护资格。《未成年人保护法》规定，父母或者其他监护人不履行监护职责或者侵害被监护的未成年人的合法权益，经教育不改的，人民法院可以根据有关人员或者有关单位的申请，撤销其监护人的资格，依法另行指定监护人。被撤销监护资格的父母应当依法继续负担抚养费用。

对实施虐待犯罪的行为在追究刑事责任的同时，也可让其承担民事责任。

(2) 虐待行为的行政法律责任

《治安管理处罚法》第45条规定："有下列行为之一的，处五日以下拘留或者警告：（一）虐待家庭成员，被虐待人要求处理的；（二）遗弃没有独立生活能力的被扶养人的。"这种处罚主要是针对那些尚未构成犯罪的虐待行为。

国务院颁布的《行政机关公务员处分条例》第29条规定，虐待、遗弃家庭成员的，给予警告、记过或者记大过处分；情节较重的，给予降级或者撤职处分；情节严重的，给予开除处分。

(3) 虐待行为的刑事法律责任

根据《刑法》第260条的规定，犯本罪的，处2年以下有期徒刑；致使被害人重伤、死亡的，处2年以上7年以下有期徒刑。犯第一款罪的，起诉才处理。

2. 发生虐待时的救助途径

《妇女权益保障法》第38条规定，妇女的生命健康权不受侵犯。禁止溺、弃、残害女婴，禁止歧视、虐待生育女婴的妇女和不育的妇女，禁止用迷信、暴力等手段残害妇女，禁止虐待、遗弃病、残妇女和老年妇女。第52条规定，妇女的合法权益受到侵害的，有权要求有关部门依法处理，或者依法向仲裁机构申请仲裁，或者向人民法院起诉。对有经济困难需要法律援助或者司法救助的妇女，当地法律援助机构或者人民法院应当给予帮助，依法为其提供法律援助或者司法救助。第 53 条规定，妇女的合法权益受到侵害的，可以向妇女组织投诉，妇女组织应当维护被侵害妇女的合法权益，有权要求并协助有关部门或者单位查处。有关部门或者单位应当依法查处，并予以答复。

《老年人权益保障法》第 43 条规定，老年人合法权益受到侵害的，被侵害人或者其代理人有权要求有关部门处理，或者依法向人民法院提起诉讼。第 46 条规定，以暴力或者其他方法公然侮辱老年人、捏造事实诽谤老年人或者虐待老年人，情节较轻的，依照治安管理处罚条例的有关规定处罚；构成犯罪的，依法追究刑事责任。

《未成年人保护法》第 62 条规定，父母或者其他监护人不依法履行监护职责，或者侵害未成年人合法权益的，由其所在单位或者居民委员会、村民委员会予以劝诫、制止；构成违反治安管理行为的，由公安机关依法给予行政处罚。

《婚姻法》第 43 条规定，实施家庭暴力或虐待家庭成员，受害人有权提出请求，居民委员会、村民委员会以及所在单位应当予以劝阻、调解。实施家庭暴力或虐待家庭成员，受害人提出请求的，公安机关应当依照治安管理处罚的法律规定予以行政处罚。第 45 条规定，对重婚的，对实施家庭暴力或虐待、遗弃家庭成员构成犯罪的，依法追究刑事责任。受害人可以依照刑事诉讼法的有关规定，向人民法院自诉；公安机关应当依法侦查，人民检察院应当依法提起公诉。

> **虐待问题法律咨询要点**
>
> 虐待形成的原因很复杂，咨询时应着重了解虐待形成的原因，而不应过分关注虐待的手段和过程；注意把握虐待的构成要件，告知求助者法律规定的救助途径。

【案例 2—3】 婆媳冲突

❖ 案例描述

王女士，35 岁、工人。与其婆母尹女士关系紧张，经常吵架。一日，两人又因琐事争吵，王女士一时性起，即冲上前去，打了尹女士几个耳光,尹女士因年老,当场被打倒在地,随即爬起走出院外,欲撞墙寻死,被周围邻居拦住。尹女士的女儿知道后非常生气,帮尹女士写好了起诉状,要尹女士告王女士实施虐待。

❖ 分析与建议

王女士虽有殴打行为,但非经常性的虐待,且无严重后果,因此,不应以虐待罪论处。从王女士对尹女士的虐待行为来看,持续时间较短、次数只有一次,手段也比较轻微,并未造成严重后果,显然不属于情节恶劣。因此,不构成虐待罪。当然王女士的行为从道德角度来看是不当的,对自己的婆婆动手就打,这既不符合我国《婚姻法》提出的尊老爱幼的要求,也不符合我国尊老敬老的传统。

【案例2—4】 楚女士的遭遇

❖ 案例描述

楚女士,39岁,1998年结婚后,常年遭受丈夫牛先生的虐待。她经常被丈夫用拴狗的铁链锁在家中,身体肌肤被丈夫用荆条打得伤痕累累。楚女士的丈夫脾气非常怪异,反抗不仅是徒劳的,而且会让他变本加厉。牛先生身上经常有一把小刀,如果楚女士反抗他就会马上刺过来,丝毫没有夫妻之情。一次,牛先生在骂楚女士时,楚女士还嘴回骂了一句,这下惹火了牛先生,于是随手提一根棍子就打向楚女士的身体,而且越打火气越大,直到周围的邻居赶来拉开才住手。后来经医院诊治楚女士被打得多处骨折,鉴定为重伤。后牛先生被起诉。牛先生把妻子打成重伤的行为是构成虐待罪还是故意伤害罪?

❖ 分析与建议

牛先生的行为构成故意伤害罪而不是虐待罪。虐待罪与故意伤害罪的主要区别是:(1)从犯罪客体看,前者侵害的是家庭成员间的平等权利和被害人的人身权利;后者侵害的是他人的身体健康。虐待罪的对象仅限于共同生活的家庭成员,而故意伤害罪的侵害对象则是包括家庭成员在内的一切人。本案中,牛先生虽然和楚女士是夫妻,但这次他用棍子殴打楚女士的行为主要侵犯和危及的是楚女士的生命健康。(2)虐待罪在客观方面表现为经常对家庭成员进行肉体上和精神上的摧残、折磨行为,具有经常性、一贯性的特征;故意伤害罪表现为非法损害他人身体健康的行为，不具有经常性、一贯性的特征。本案中楚女士的重伤是牛先生这一次打成的，而不是长期虐待所致。虐待罪中犯罪人在实施虐待行为过程中也可能造成了被害人重伤的后果，在这种情况下，往往是行为人基于虐待的故意，对被害人进行经常性的身心摧残，造成被害人重伤，这种情况应构成虐待罪；但本案中牛先生出于伤害楚女士身体的故意，一次性地致他人重伤，应构成故意伤害罪。

❖ 注意事项

1. 咨询时不应将一般的家庭矛盾混同为虐待，也不要把家庭成员间偶尔打骂视为虐待。

2. 虐待行为经常性、长期性决定了这类问题解决的复杂性和困难性，咨询时要避免意气用事，给求助者带来新的困难和问题。

本单元思考题

1. 如何认识虐待和家庭暴力之间的关系？
2. 家庭成员间虐待的主要特征有哪些？
3. 解决家庭成员间虐待的主要救助措施有哪些？

 学习单元4　对性侵害引起的家庭危机的心理辅导

性侵害对受害者的伤害是长期的，甚至是终生的，对家庭系统和功能也会产生伤害。因此，性侵害导致的家庭危机是严重而深远的，受害者及其家庭需要就家庭危机寻求心理咨询与辅导。

 学习目标

➢ 了解性侵害及其危害
➢ 熟悉性侵害造成的心理影响
➢ 掌握性侵害引起的家庭危机的心理咨询要点

一、性侵害及其一般危害

性侵害是指违背他人意志，以暴力、胁迫或其他手段侵害他人性权利的行为。所谓性权利则是指公民在法律和道德允许的范围内，自由选择性对象的权利。性侵害可以是身体上的，也可以是其他形式的。它包括强奸和强奸未遂、奸淫幼女、强行乱伦和性骚扰。性侵害的形式除强奸、侮辱等行为之外，还包括非性交方式的四种行为。第一种是肛交行为，主要是男性同性之间的肛交以及男性对女性的肛交。第二种是口交行为，主要是男性强迫女性为其口交的行为以及女性未经男性同意为其口交的行为。第三种是用"非男性生殖器官"的"物"插入女性生殖器官内的行为。第四种是用"非男性生殖器官"的"物"插入女性或者男性肛门的行为。

性侵犯的受害者可以是儿童、女性和男性。除女性是常见遭受性侵犯的受害者之外，儿童遭受性侵犯的比例也较高。世界卫生组织（WHO）规定，"儿童性侵犯"是指儿童卷入自己不能完全理解的性活动，或因不具备相关知识而同意的性活动，或因发育程度限制而无法知情同意的性活动，或破坏法律或社会禁忌的性活动。侵犯者与儿童的性活动只是为了满足侵犯者自身的需要，包括：

（1）利诱或强迫儿童从事任何性活动，包括娼妓活动；

（2）剥削利用儿童进行色情表演或观看色情材料。

性侵犯行为的发生，会给受害者本人造成身体、心理、人际关系等各方面的伤害；同时，对受害者家庭也会造成伤害；还会进一步影响到家庭与社区的关系，家庭可能因此失去重要的关系网络。

1. 性侵犯对受害者造成的身体伤害

（1）躯体伤害

最直接的是造成生殖器或肛门损伤，如阴道或肛门擦伤红肿甚至严重撕裂造成出血等。此外，受害者还可能出现头痛、头晕、长期腹痛、胃痛、消化道溃疡、尿道炎等。少女还可能发生怀孕、痛经或停经现象。

（2）感染性病

受害者发生尿道、直肠或肠道的各种感染以及尖锐湿疣、梅毒、生殖器疱疹、滴虫病、HIV（艾滋病病毒）感染等。男孩多以阴部、肛门直肠淋菌感染居多，女孩则易患淋菌性阴道炎。如果施虐者有性病，受性侵犯的儿童很容易染上这些性病。

2. 性侵犯对受害者造成的人际及社会功能方面的损害

（1）影响正常的人际关系

遭受性侵犯的受害者不容易与周围人建立良好的关系。他们既怕与人接触，又容易对别人怀有敌意。心情稍有不顺，就容易表现出愤怒和敌视。

（2）社会适应功能损伤

遭受性侵犯的受害者，会出现焦虑、抑郁、自卑等性格、行为方面的改变。还会造成受害者社会适应的困境，特别是受害情况被周围人了解后，会遭受他人评价、嘲笑、蔑视等，给受害者带来社会适应功能的损伤。

3. 给受害者家庭造成家庭创伤、家庭与社区关系被破坏

在受害者家庭中，由于受害者身体、心理、行为、社会适应困难等一系列问题的出现，导致原有家庭的关系和功能被打乱。同时，由于侵犯者多是这个家庭信任的熟人，所以整个家庭会因披露性侵犯行为而遭到其他亲朋好友的怨恨、责备，家庭会失去重要的人际与社会关系。因此，在日常社会交往中会产生新的困难。

二、性侵害造成的心理影响

1. 对受害者的心理影响

遭受性侵害的受害者会长期表现出悲伤、压抑、自尊心下降以及相应的行为问题，而且不容易得到明显改善。主要表现在以下几个方面：

（1）焦虑症状

常表现为焦虑、恐惧性回避、睡眠紊乱等，其中最多的是恐惧。有时会表现出烦躁、愤怒或心事重重、心神不宁、噩梦不断。这些情绪在一两年内都不会消失。

（2）自卑

受害者认为自己不如别人，心中存有羞耻感和罪恶感，常出现自责、自罪、自卑心理。儿童受害后会比以前更加缺乏自信和自尊。青少年受害者会出现严重的抑郁症状和自杀倾向。

（3）性格举止改变

受害者容易表现出冷漠、呆滞、行为迟缓等特征。他们常会从爱说爱笑变得沉默寡言；从反应灵敏变得行为迟钝；从富有同情心变得冷酷无情。一些青少年还会出现逃学、离家出走、攻击行为、斗殴、自暴自弃、吸毒，甚至发生自残行为。这些行为的发生与受虐时间和频繁程度密切相关。

（4）性行为异常

受害儿童会出现更多的早期性行为或性行为异常现象，包括手淫、性好奇、暴露外生殖器、模仿成人的性行为等，甚至更容易参与色情服务或活动，有的还会发生同性恋行为。

2. 受害者家庭心理危机

性侵犯受害者的家庭会出现种种家庭危机，主要表现在以下三个方面：

（1）夫、妻或父母继发性心理创伤

遭受性侵犯之后，会给受害者家庭成员，尤其给丈夫（妻子），或者儿童的父母带来创伤。他们会长期表现出强烈的情绪困扰和明显的精神症状，包括：排斥他人、内疚、自责、抑郁、自杀倾向、焦虑、强迫症、对他人的敌意、睡眠障碍等。如果是儿童遭受性侵犯，其父母所遭受的打击最大。

（2）家庭关系恶化

夫妻关系或亲子关系往往会恶化。性侵犯导致夫妻一方或孩子的行为"反常"，致使夫妻关系或亲子关系恶化。夫妻一方或父母除了会内疚、自责、愤怒外还会担心、限制受害者，受害者可能更加封闭自己。这时受害者和家庭成员都处于情绪不稳定状态，而且处于交流困难状况。因此，容易产生家庭冲突，使家庭气氛变得紧张。

儿童遭受性侵犯后，可能长期出现不可理喻的心理行为，比如攻击行为、说谎、敌意，特别是在公共场所表现出不恰当的性行为等。而母亲会因此感到愤怒、内疚、无助、无地自容。有的母亲还会把对性侵犯者的愤怒情绪投射到孩子身上。有的试图纠正孩子"错误"的性观念及行为，使得孩子出现强烈的情绪困扰，甚至产生自杀行为。

（3）受害者成年后组建的家庭往往存在危机

儿童期遭受性侵犯者，成年后容易产生对性的厌恶和恐惧感，很可能发生性功能障碍。即使能结婚也害怕亲密接触，不知道该怎样维护良好的夫妻关系，最终可能导致婚姻危机或家庭破裂。男女受害者中性功

> 性侵害对受害者及其家庭造成的心理危机是相当严重的。咨询师要深刻理解其严重性，掌握危机表现的各种症状，增强为求助者服务的责任感。

能障碍或性冷淡均较为普遍。

在抚养孩子上也容易出现问题。遭受过性侵犯的母亲在和婴儿接触时经常会出现焦虑心态。如对女儿，不敢给她洗澡，不敢给她换尿布，害怕自己会虐待她；对男孩子，有的母亲给他洗澡会感到很难堪，有时儿子久久看着她，她会感到孩子很下流；有时害怕和孩子一起做游戏，担心会发生什么；在训练孩子大小便或端尿盆时会使母亲感到恶心，并回忆过去的"噩梦"；有的母亲甚至对婴儿的亲吻都觉得很不舒服。

> **性侵犯问题咨询要点**
>
> 要强调保密原则；要真诚接纳求助者，当场不做道德评判；对受害者及家庭成员要帮助其进行认知重建；要认真评估家庭资源，探讨应对策略。

相关链接

只有女性会成为性侵犯的受害者吗

近年来，男性遭受到性侵犯的事例时有报道，据估计全世界发生的性侵犯案件中有5%是针对男性的，有专家甚至相信10个男性中至少有一个会在一生中受到性侵犯。但非常不幸的是，人们很少讨论男性遭受性侵犯的问题。社会拒绝承认男性遭受性侵犯的事实，除了偶尔从监狱传来一些男性遭受性侵犯的笑话外，大多数人从未听说过男性会遭受性侵犯的事实。不承认男性会遭受性侵犯，部分理由是人们错误地以为男性可以免受性侵犯的侵害，不会成为受害者，或者认为如果你还是一个"真正的男人"就应该奋起反击，而不应该成为性侵犯的对象。一种非常相近的观点认为男性不可能被强迫性交，无论其是否反抗。

这些错误的观念导致了许多男性认为他们非常安全，不会受到伤害，并且认为这种事只会发生在女性而与他们毫无干系。不幸的是这些观念增加了男性受害者的痛苦，并且让他们感到孤独、羞耻，甚至认为自己不是一个"男人"。但令人欣慰的是，现在一些男性已经开始承认他们曾有过遭受性侵犯的事实，但他们并不承认自己是性侵犯的牺牲品，因为缺乏证据来界定他们遭受性侵犯的经历。

【案例 2—5】 受到性侵犯的小静

❖ 案例描述

小静在赵强的部门工作。一天，赵强邀请包括小静在内的6人外出聚餐，饭后又一同前往歌厅唱歌、饮酒。席间，由于小静身体不适提出先行离开，赵强执意要送小静回家。在送小静回家的途中，赵强先后换乘三次出租车。在车里，赵强强行将小静按倒，强行亲吻、抠摸小静身体敏感部位。在遭到小静的奋力反抗与斥责后，赵强仍利用自己体力上的优势，持续对小静进行猥亵和侮辱，并使用含有淫秽色情的言语侵犯小静。第三次打车时，赵强让出租车司机绕行了三个城区，整个过程历时2个多小时。赵强还威胁小静："我会把这些事情告诉同事""要是说出去，我就把你从单位开除！"等。事发后，小静处于巨大的精神压力之下，表现出烦闷、孤独，不愿上班。经小静再三要求，赵强给小静写下"保证书"，保证以后不会出现类似事件。但是不久后，赵强指使另一男性下级在自己的办公室对小静进行言语上的侮辱和身体上的暴力殴打，致使小静遭受到身体和精神上的双重打击。之后，小静出现不愿上班、人际交往减少、反复洗手、锁门等症状。小静前往当地某医院就诊，被确诊为创伤后应激障碍，处于抑郁状态，并患有颞下颌关节紊乱综合征。

小静的父母开始不知道发生的事情，只是发现小静的情绪、行为反常。以前性格温和，现在经常大发脾气，而且对父亲的关心特别反感。当了解了事情发生的经过后，父母对小静的精神状况十分担心。他们和赵强交涉，但不如愿，加之对小静的治疗长时间不见效果，因此父母精神压力很大，既担心小静的病情无法改善，又担心小静以后的婚姻会出现危机。

❖ 案例分析

性侵犯给小静造成了以下四种严重伤害：

一是性伤害。在性侵犯过程中，赵强的行为向小静传达的是完全错误的性观念，使小静认为性关系就是通过支配他人而满足自己的性需求；小静已将性活动与负面情绪及记忆联系起来，从此对性产生厌恶，混淆了性与情感的关系，并在行为上表现为过分专注于性，很难与别人建立亲密关系，甚至对父亲的关心也产生厌恶。

二是耻辱感。小静听到侵犯者许多恐吓，赵强甚至指使人殴打小静。

小静因此感到内疚和羞耻，因此在行为上变得孤立和退缩。当受侵害的事实被发现后，周围人如果报有负面反应，小静会更加觉得自己是一件已经受损的物品。

三是背叛。性侵犯事件的发生，让受侵犯的小静感受到非常熟悉的上司竟然如此丑陋，这种背叛造成了深深的心理伤害。当受侵害的事实被揭露后，如果缺乏周围同事和亲属的支持和保护，会更加强化这种背叛感。小静会出现愤怒、敌意、悲伤、抑郁、不信任他人、对他人缺乏良好的判断等情绪。

四是无能为力感。伴随着成长，每一个人都会通过对自己身体和意志的控制，来树立对外部世界的信心。但在性侵犯中，小静面对侵害无力反抗，感到个人的能力微乎其微，不能保护自己的身体，让性侵犯停止；如果别人不相信自己所说的，就更加感觉无能为力。这使小静经常出现做噩梦、抑郁、进食和睡眠障碍等现象。

小静在受到性侵犯后出现了创伤后应激障碍、抑郁状态并患有颞下颌关节紊乱综合征。性侵犯对小静本人的身心均产生强烈的伤害，精神出现异常的风险极高。

同时，性侵犯给小静的父母造成了巨大的心理压力。小静的家庭关系和正常功能均受到严重破坏，家庭功能瓦解的风险极高。父母感到无助的情况，会加重小静精神异常的风险。

✤咨询建议

1. 真诚接纳求助者

小静遭受性侵犯后，对他人的不信任感极高。厌烦、拒绝甚至愤怒的情绪会投射到婚姻家庭咨询师的身上。而且小静最担心的就是婚姻家庭咨询师知道自己的遭遇后，会不理解自己，甚至会耻笑自己。因此对咨询产生抵触和抗拒情绪。

在此种情绪状态下，最重要的是要对小静真诚地接纳。只有小静感受到了无条件的积极接纳，不会因为自己的经历而有负面印象，而且婚姻家庭咨询师能真心倾听她的遭遇，理解她的处境，关心她的状况，积极为改变这些状况想办法，才能建立起良好信任的咨访关系，才可能转变小静的不良情绪状态，减缓应激创伤障碍造成的负面影响。

2. 让求助者充分宣泄情感

在建立良好的咨访关系的基础上，小静才可能把自己的真实感受说出来，要让小静把自己的负面情绪充分宣泄出来，同时给予同情和理解，使之摆脱内心的孤独、无助、愤怒、耻辱等负面情绪的困扰。当小静充分宣泄了这些情绪，情绪平稳时再引导她反思这些情绪带来的负面影响，探索改善这些情绪的方法。

3. 对求助者及家庭成员的认知重建

(1) 对小静的认知重建

1) 改变小静对他人的不信任。首先从父亲开始，分析为什么会把对侵犯者的不信任投射到父亲身上。这种投射会造成父女之间的隔阂，并进一步造成家庭关系的恶化。要帮助小静进一步分析这种投射的非理性错误，让她思考，如果任何人都是不可信任的，那妈妈能否信任等问题。思考这些问题，会改变她原有的错误认知。

2) 改变她对他人的厌恶、反感、愤怒、拒绝、逃避。这同样是把对侵犯者的情绪投射到他人身上的一种表现。这样会造成人际关系的紧张，影响到家庭和谐和工作中的人际关系。要进一步分析"任何人都是可恶的"的非理性认识。要引导小静找到生活中的反例，改变原有的错误认知，认识到世界上还是好人居多。

(2) 对小静父母认知的重构

1) 克服父母的内疚和自责。小静的父母因最初不了解小静的遭遇，对她的异常反应进行过训斥。当知道事情真相后感到内疚和自责。要让小静的父母明白：不要内疚和自责，世界上没有全能的父母。孩子受伤害不是他们的错，他们和孩子都是受害者。当时不了解情况，训斥孩子是正常的反应。同时，也要让父母了解到，他们自身的内疚和自责不仅会影响到小静的情绪，而且不利于小静的康复。因此，要尽快转变这种内疚、自责的情绪。

2) 改变"小静对我们愤怒是由于我们做错了事"的想法。这种错误的观念会增加父母的内疚感。要让父母知道，小静长期压抑的对侵犯者的愤怒也会投射到关心自己的父母身上。这种情绪的发泄有助于情绪的恢复、症状的缓解，父母不要认为是自己做错了事。

3) 要让父母了解，如果"小静在噩梦中惊醒后，感到无力无助"是正常的，这种噩梦可能会缠绕她几个月，甚至几年，这是应激创伤障碍后正常的反应。父母能做的是在她做噩梦时耐心陪伴她。其次，在相当长的时间里，小静可能对身体接触非常敏感，拒绝父母碰她，这些都是创伤反应,要给她时间处理伤痕。等慢慢有了安全感,症状自然会消失。要明白可怕的场景不会永远跟着她,在她想和父母说话时,父母要注意倾听,试着从孩子的角度体会她的感受。要记住,鼓励永远是最重要的。

4) 父母也需要他人关注。要动员全家人一起想办法克服困难,父母也可以找个能安慰他们的人吐吐苦水。父母的情绪平稳了,才能给孩子有益的帮助。必要时父母也可求助于婚姻家庭咨询师。

5) 父母为了保护孩子,尽量不对孩子"提这件事",不一定真能保护孩子。这样做正在有意无意中重复了侵犯者的"保密要求",这种忌讳可能会增加孩子的羞耻感。

4. 评估家庭资源

在对小静及父母进行咨询的时候,不仅要了解他们的困难和伤痛,也要了解他们面对创伤的勇气、智慧、力量和希望,并强化这些勇气、智慧、力量和希望。要让他们相信自己和整个家庭可以战胜创伤带来的影响,满怀希望地重新生活。

要重新评估家庭资源。要引导这个家庭看到小静自己的积极改变,看到父母一贯的理解支持,看到其他亲属和朋友的热情关心,把这些整合成一种积极的力量;让全家看到这种力量,相信这种力量,不断补充这种力量。只要这么做,进一步的积极的改变就能成为自然的事情。

在咨询的过程中,要从求助者及其家庭的角度深入、真实地了解并呈现孩子遭受性侵犯被发现后,整个家庭的现实生活处境。要进一步认识到:帮助小静不能只依靠某个部门、某项专业,而是需要扩大合作、针对整个家庭进行帮助。

5. 建议小静争取获得法律保护并使赵强依法受到惩罚。小静应取得证据,向人民法院提起诉讼,请求人民法院认定赵强违背小静的意愿,以含有淫秽色情内容的语言和肢体行为对小静实施的性侵犯行为,已构成对小静人格尊严的侵犯和性侵犯,并对小静造成了创伤后应激障碍、抑郁状态的严重后果。小静可依法要求承担消除影响、赔礼道歉并赔偿精神损害抚慰金等的侵权责任。在证据的取得上,可设法找到三位出租车司机为其作证。

本单元思考题

1. 试对下述案例中的性侵犯进行分析并给出建议。

2. 一天，正在玩耍的13岁少年孙晓被其35岁的婶婶何坤叫住，何坤让孙晓帮她看家，孙晓同意。当晚，在婶婶的逼迫和利诱下，孙晓被迫和其发生了性关系。此后，何坤更是得寸进尺，以威胁等手段对孙晓频频"性侵犯"。男孩的性格开始变得抑郁、暴躁，并对周围的人有恐惧心理。后来，孙晓想逃离这种关系，但是何坤以将性关系"公之于众"吓唬孙晓。受到伤害的孙晓没有办法，走上了辍学的道路。

学习单元5 处理性侵害问题的法律建议

性侵害是一种严重侵犯他人性权利的违法犯罪行为。性侵害的对象既有女性也有男性，既有成人也有儿童，但现实生活中以女性和儿童受害较多。在表现形式上，性侵害有的直接表现为强奸，也有的表现为强制猥亵或强迫卖淫等。性侵害所造成危害是严重的和多方面的。因此，我国法律不仅有严厉处罚性侵害行为实施者的规定，也有救助抚慰受害者的规定。

 学习目标

➤ 了解性侵害的概念
➤ 掌握性侵害的性质和法律责任

一、性侵害的概念

性侵害是指违背他人意志，以暴力、胁迫或其他手段侵害他人性权利的行为。所谓性权利则是指公民在法律和道德允许的范围内，自由选择性对象的权利。性侵害的对象虽然从理论上讲可以是针对任何人包括男性和女性，成人和未成年人，但在实践中性侵害的对象往往更多的是妇女和儿童。因此，本书只就针对妇女和儿童的性侵害问题进行阐述，重点剖析强奸妇女，强制猥亵妇女、儿童以及性骚扰等问题。

二、性侵害的表现形式、构成要件及其法律责任

1. 强奸妇女

强奸作为一种严重侵犯妇女性自由权的刑事犯罪，它不仅给受害妇女的身心健康乃至生命安全造成极大危害，而且还严重破坏社会的良好秩序和道德风尚。因此，为了保护妇女的人身安全，维护社会治安，我国的司法机关历来都把强奸罪作为"严打"的重点之一。《刑法》第236条从立法角度对强奸罪作了科学的规定，为及时有效地打击强奸犯罪提供了有力的法律武器。

> 使用暴力、胁迫或其他手段，违背妇女意志，强行与之发生性行为是强奸罪的主要特征。

（1）强奸罪的概念和主要特征

强奸罪是指以暴力、胁迫或其他手段，违背妇女的意志，强行与其发生性行为的行为。强奸罪的主要特征是：

1）本罪侵犯的客体是妇女的性自由权。妇女的性自由权，是指妇女在法律允许的范围内，自由选择性对象的权利。也就是说，妇女有权在不违反法律和社会道德的前提下，按照自己的意愿决定同谁发生性行为，不同谁发生性行为。在我国，妇女的性自由权主要表现在妇女有权拒绝与其合法配偶以外的任何男子发生性行为的权利。对于妇女的性自由权，社会必须予以充分尊重，任何人都不得无视妇女的人格尊严，违背妇女的意志，强行与之发生性行为。而强奸妇女的行为却恰恰是使用暴力、胁迫或其他手段，违背妇女的意志，强行与妇女发生性行为的行为，这种行为的社会危害性最直接的表现就是使妇女的性自由权遭受严重的践踏和侵犯。

本罪的对象是妇女，这里所说的妇女是指年满18岁的成年妇女和14岁以上不满18岁的少女，既包括精神状况正常的妇女，也包括精神状况失常的妇女。考虑到妇女的精神状况直接影响到她的意志力，《刑法》对精神异常的妇女的性自由权给予了特殊的保护。

2）强奸罪在客观方面表现为使用暴力、胁迫或其他手段，违背妇女意志，强行与妇女发生性行为的行为。违背妇女意志，是指违背妇女的真实意愿，这是构成强奸罪的本质特征。众所周知，性行为作为一种两性相交的行为，它既可能在男女双方完全同意的情况下发生，也可能在

一方违背另一方意志的情况下强制进行。强奸行为就是男子在妇女不同意性行为时而强行与之发生的性行为，这种行为是违背妇女意志的。认定是否违背妇女意志，不能以妇女当时是否反抗为标准，而应当综合当时的各种客观情况及妇女的性格状况整体考虑。这是因为有的妇女胆大，敢于反抗，有的妇女因胆小或处于孤立无援的客观环境等因素而不敢或放弃了反抗。

3）强奸罪在主观方面只能由直接故意构成，并且具有明确强行奸淫的目的。有无强行奸淫的目的，对于强奸罪的认定具有重要意义。首先，它是强奸罪与非罪的界限。只有查明行为人具有强行奸淫的目的才能认定为强奸罪。如果不具有强奸的目的，即使实施了性行为，也不构成强奸罪。如通奸关系中，男女双方自愿发生了性关系，性行为并不违背妇女的意志。主观上男方没有强行奸淫女方的目的，因而不能以本罪论处。其次，查明有无强行的目的也有助于划清本罪与强制猥亵、侮辱妇女罪的界限。

4）强奸主体，根据《刑法》第17条第2款和第236条规定的精神，一般强奸主体为年满14周岁以上的具有刑事责任能力的男子。妇女因其生理上的原因，不可能成为本罪的实行犯。如果妇女教唆或帮助男子实施强奸犯罪的，应当按照她在强奸犯罪活动中所起的作用，分别定为强奸罪的教唆犯或从犯，依照《刑法》有关条款论处。

在多数强奸案件中，都是一个罪犯单独实施强奸行为，也有少数案件是两个以上男子同时轮流强奸同一妇女，这就是轮奸。轮奸是强奸妇女罪的一种严重共同犯罪形式，应当从重处罚，但它不是一个独立的罪名。

（2）认定强奸罪应划清的几个界限

1）要把强奸罪与未婚男女在恋爱过程中的越轨行为区别开来。未婚男女青年在恋爱过程中发生的性行为，是出于双方的自愿，并不违背妇女意志，这种行为违反了社会主义有关两性关系的道德规范，但没有触犯刑法，因而不构成犯罪。倘若女方已明确与男方中断恋爱关系，男方仍继续纠缠不休，最后以暴力、胁迫等手段将女方强行奸淫的，应以强奸罪论处。

2）划清强奸罪与通奸的界限。通奸是指双方或一方有配偶的男女自愿发生的不正当性行为。在理论上，通奸与强奸是很好区别的。强奸违背妇女的意志，采取暴力、胁迫等强制手段迫使妇女就范，而通奸则是两相情愿，无须任何强制手段；强奸是一种严重侵犯妇女人身权利的犯罪行为，应追究其刑事责任，而通奸是一般的违法行为，只有在破坏军婚的案件中，通奸行为才有可能构成犯罪。在实际情况中区分强奸与通奸的界限时，应当注意的是：

一是有的妇女与人通奸，一旦翻脸，关系恶化，或者事情暴露后，出于怕丢面子或者为推卸责任、嫁祸于人等情况，把通奸说成强奸的，不能定强奸罪。

在办案中，对于所谓"半推半就"的问题，要对双方平时的关系如何，性行为是在什么环境和情况下发生的，事情发生后女方的态度如何及在什么样的情况下告发的等情节，认真审查清楚，作出全面的分析。不是确系违背妇女意志的，一般不宜定强奸罪。只有确系违背妇女意志的，才能以强奸罪论处。

> 注意区分强奸与通奸的不同。

二是第一次性行为违背妇女的意志的，但事后妇女并未告发，又多次自愿与该男子发生性行为的，一般不宜以强奸罪论处。

三是犯罪分子强奸妇女后，对被害妇女实施精神上的威胁，迫使其继续忍辱屈从的，应以强奸罪论处。

四是男女双方先是通奸，后来女方不愿继续通奸，而男方纠缠不休，并以暴力或以败坏名誉等进行胁迫，强行与女方发生性行为的，以强奸罪论处。

3) 把轮奸同男女之间的聚众淫乱加以区别。前者是两个以上男子，违背妇女意志共同轮流强奸同一妇女的行为，后者则是指男女多人在同一时间、地点自愿发生性行为。有的既有男女之间的聚众淫乱，又挟持女青年强奸的，后者应定强奸罪。

4) 要把强奸妇女同男女双方基于互相利用发生的性行为区别开来。利用教养关系、从属关系和利用职权与妇女发生性行为，不能一律都视为强奸。行为人利用其与被害妇女之间特定的关系进行挟制迫使就范，如养父以虐待、克扣生活费迫使养女容忍其奸淫的；或行为人利用职权，乘人之危，奸淫妇女的，构成强奸罪。行为人利用职权引诱女方，女方基于互相利用自愿与之发生性行为的，不构成强奸罪。

（3）强奸罪的依法定刑

根据《刑法》第236条的规定，"以暴力、胁迫或者其他手段强奸妇女的，处3年以上10年以下有期徒刑"。

奸淫不满14周岁的幼女的，以强奸论，从重处罚。

强奸妇女、奸淫幼女，有下列情形之一的，处10年以上有期徒刑、无期徒刑或者死刑：

1) 强奸妇女、奸淫幼女情节恶劣的；
2) 强奸妇女、奸淫幼女多人的；
3) 在公共场所当众强奸妇女的；
4) 二人以上轮奸的；
5) 致使被害人重伤、死亡或者造成其他严重后果的。

2. 强制猥亵、侮辱妇女

强制猥亵、侮辱妇女是指以暴力、胁迫或其他方法强制猥亵、侮辱妇女的行为。《刑法》第237条规定："以暴力、胁迫或者其他方法强制猥亵妇女或者侮辱妇女的，处5年以下有期徒刑或者拘役。聚众或者在公共场所当众犯前款罪的，处5年以上有期徒刑。"这一规定不仅确立了一个新罪名，使刑法得到了完善，而且为维护妇女权益提供了更有力的法律武器。

(1) 强制猥亵、侮辱妇女罪的特征

1) 本罪侵犯的客体，是妇女的人格尊严权及正常的社会生活秩序。在我国，广大妇女同男子一样，都是国家的主人。我国法律不仅明确规定了妇女在政治、经济、文化、社会、家庭生活等方面享有与男子平等的权利，而且还特别规定了国家保护妇女依法享有的特殊权益，禁止任何歧视、虐待、残害妇女的行为。1992年颁布、2005年修改的《妇女权益保障法》再一次特别强调了"妇女的名誉权和人格尊严受法律保护，禁止用侮辱、诽谤、宣扬隐私等方式损害妇女的名誉和人格"。这充分体现了国家对妇女人格尊严的高度重视和充分保护的精神。而强制猥亵、侮辱妇女的行为正是蔑视社会主义法律和道德要求，无视妇女的人格尊严，将妇女视为玩物，视为满足自己变态欲望的工具，从而使受害妇女人格尊严遭受严重的侵犯，这正是强制猥亵、侮辱妇女行为的社会危害性的最主要的表现。因此，妇女的人格尊严是强制猥亵、侮辱妇女罪的主要客体。当然，由于强制猥亵、侮辱妇女罪侵害的对象是不特定的妇女，因而它同时也会对正常的社会生活秩序构成侵犯。

2) 强制猥亵、侮辱妇女罪的客观表现。本罪在客观方面表现为违背妇女意志，使用暴力、胁迫或者其他方法强制猥亵妇女或侮辱妇女的行为。具体说来，包括下列内容：

一是使用强制方法。由于本罪是在违背妇女意志的情况下进行的，这就决定了行为人必然使用一些强制方法迫使妇女就范。暴力、胁迫或其他方法是本罪的方法特征，也是客观方面的主要内容。

所谓暴力，即是对妇女的人身所施加的一种强制力或打击力，使妇女不能反抗的一种强制方法，如殴打、捆绑、伤害等。暴力本身有轻重之分，从本罪看，行为人使用暴力的目的是猥亵妇女、侮辱妇女，而不是要剥夺妇女的生命或损害其健康。从本罪的法律条款定刑看，为5年以下有期徒刑或者拘役。因此，这里的暴力方法是比较轻的，不包括杀死或重伤妇女等严重的暴力行为。如果出现致妇女重伤或死亡的结果，则超出了本罪的范畴，应按牵连犯择一重罪从重处罚。

> 是否使用强制方法，实施猥亵、侮辱妇女的行为，是认定本罪的关键。

所谓胁迫，是指对妇女实施威胁、恐吓等精神强制，摧毁其抵抗意志而使之不能反抗的一种强制方法，常见的胁迫方法有：以揭发隐私相胁迫；利用封建迷信胁迫；利用暴力胁迫；利用职务胁迫；利用师生、教养关系胁迫等。

所谓其他方法，是指暴力、胁迫以外的使妇女不敢反抗、不能反抗、不知反抗的一种强制方法，如用酒灌醉、用药物麻醉、催眠昏睡或利用妇女患病卧床之机等。如果没有采用上述强制方法猥亵或侮辱妇女则不构成犯罪。可见，是否使用暴力胁迫或其他强制方法是区分罪与非罪的主要标准。

二是具有猥亵、侮辱妇女的行为。本罪为选择性罪名，法律虽规定了两种行为，但并不要求两种行为必须同时具备，具有强制猥亵行为的构成强制猥亵妇女罪，有强制侮辱行为的，则构成强制侮辱妇女罪。两种行为兼而有之，仍成立一罪，不实行数罪并罚。猥亵即奸淫以外的各种违反自然性行为的性接触、性刺激行为的总称。这里的侮辱，也非一般意义上的侮辱，它是猥亵以外的各种淫秽下流的动作，是伤害妇女羞耻心的行为。如，脱掉妇女的衣服，对妇女露淫，窥视妇女身体隐私部位，在公共场所偷剪或强剪妇女的头发、衣服，向妇女身上泼洒污物等。总之，侮辱与猥亵并无本质的区别，都是性行为以外但又都与性行为有关的损害妇女人格尊严的无耻下流行为，只不过猥亵一般直接接触妇女的身体以达到某种变态欲望，而侮辱虽然也针对妇女，但一般不直接接触妇女，与妇女有一定的距离。就社会危害性而言，猥亵妇女显然大于侮辱妇女，就对妇女造成身心损害而言，前者也略重于后者。

三是专以妇女为犯罪对象。现实生活中，猥亵、侮辱犯罪既可以发生在同性之间，也可以发生在异性之间。可见，其对象可能是妇女，也可能是男子。但妇女对男子进行猥亵、侮辱或男性之间的猥亵、侮辱，则不构成本罪。符合他罪构成条件的，按他罪追究刑事责任。只有对妇女强行猥亵或侮辱的，才构成强制猥亵、侮辱妇女罪，即本罪仅以妇女为犯罪对象。从法律规定看，作为本罪犯罪对象的妇女包括成年妇女和14周岁以上不满18周岁的少女，如果猥亵不满14周岁的幼女的，则构成猥亵儿童罪。至于被猥亵、侮辱的妇女是否已婚、作风是否正派，均不影响本罪的成立。但在司法实践中，妇女的精神是否正常，对犯罪的认定则产生一定的影响。如前所述，本罪是违背妇女意志的行为。所谓违背妇女意志，实质上是违背精神正常、能够辨别是非、能够正确表达的妇女的意志。对于患有某种精神病的妇女，她们对自己行为的性质、意义、后果没有明确的认识，也不能控制自己的行为，根本无所谓意志而言，即使同意猥亵、侮辱，甚至主动追求，也不能说是妇女自愿，不带有强制性。因此，猥亵、侮辱患有精神病的妇女，应区别情况，不同对待。第一，如果行为人明知被猥亵的妇女是不能正确表达自己意志的精神病患者，无论是否采用强制手段，也无论妇女本人是否同意，都构成犯罪；第二，如果行为人不知被猥亵的对象是患有间歇性精神病但精神处在正常时的妇女，如妇女本人同意的，则不以犯罪论处；第三，如果行为人确实不知被猥亵的妇女患有青春期精神病，在妇女的主动勾引、挑逗下猥亵妇女的，也不以犯罪论处。

四是犯罪地点不受限制。《刑法》第237条并没有规定该罪犯罪地点、场所，只是在第2款中规定了"聚众或者在公共场所当众犯前款罪的，处5年以上有期徒刑"。即本罪的成立无地点的要求，聚众或者在公共场所当众猥亵、侮辱妇女的，只是加重其法律定刑的一个情节。由此可见，强制猥亵、侮辱妇女无论是公开还是秘密，无论是在公共场所，还是偏僻之处，犯罪都是成立的，不以公然或在公共场所为构成要件。对于犯罪分子而言，犯罪场所的隐蔽不是逃避刑事责任的理由，所谓"聚众"，是指3人以上，所谓公共场所，是指车站、码头、公园、广场、影剧院等人群聚集的地方。聚众或者在公共场所猥亵、侮辱妇女情节更加恶劣，给被害人的人格尊严造成的损害更为严重，因此，法律规定，对聚众或在公共场所猥亵、侮辱妇女的予以严惩。

3）强制猥亵、侮辱妇女罪的主体特征。本罪的主体为一般主体，即达到刑事责任年龄，具有刑事责任能力的自然人。从司法实践看，这种犯罪往往是男性所为，妇女能否实施这种犯罪，刑法没有具体规定，多数情况下，本罪的主体是男性，妇女可以成为本罪的共犯。但在个别情况下，女性对其他妇女实施该行为的，似乎不能从本罪中排除出去。强制猥亵、侮辱妇女与强奸妇女不同，强奸妇女，即强行与妇女发生性行为的行为女性无法实施，因此，一般地说，妇女不能单独成为强奸罪的主体，只能在共同犯罪时，成为帮助犯或教唆犯，而猥亵、侮辱妇女，由于是性行为以外的一些下流动作，如强行拥抱、亲吻等，有些妇女为求得不正常的性满足同样可以实施。因此，在个别情况下，妇女可以成为本罪的主体。

(2) 强制猥亵、侮辱妇女罪的认定

实践中发生的各种犯罪虽形形色色，各具特点，但也存在一些共同的特征，正是这些共性的存在，使有些犯罪容易混淆，为准确定性带来一定的困难。因此，我们在认定强制猥亵、侮辱妇女罪时，必须认真研究它与强奸罪（未遂）、侮辱罪的异同点，以正确地认定区分此罪与彼罪。

> 注意区分强制猥亵、侮辱妇女罪与强奸罪的不同。

强奸罪也是以妇女为侵犯对象的犯罪，是指使用暴力、胁迫或其他方法强行与妇女发生性行为的行为。它与强迫猥亵妇女罪犯罪对象相同，行为方式有某些相同点，这些相同点造成了二罪区分上的困难。如果是强奸既遂，那么即使有一些拥抱、接吻，强行脱掉妇女衣服的猥亵行为，也只是强奸行为的预备行为，最终为强奸（既遂）这一实行行为所吸收，不独立成罪，只按强奸罪一罪追究刑事责任。如果是强奸未遂，就客观方面的表现而言，与强制猥亵妇女是一样的，二者均无奸淫行为。这时，只能认真考察其主观方面的内容。两种犯罪虽都由故意构成，但故意的内容不同，强奸罪是强行与妇女发生性行为的故意，而强制猥亵妇女罪是获得性满足的故意。如某男尾随在某女之后，当某女行至一胡同时，某男突然从背后将其搂住，对该女强行亲吻、撕扯衣裤，因某女反抗激烈才怏怏离去。这里，某男是构成强奸罪（未遂）还是强制猥亵妇女罪很难确定。因为其主观意图不明显。从他没有实施奸淫这一点看，似乎是猥亵；从他撕扯该女的衣裤行为看，又像是强奸（未遂）。因此，在遇到这类案件时，一般应根据当时的情况来分析行为人的主观目的，如果是基于强行与妇女发生性行为的目的，由于妇女反抗激烈（意志以外的原因）而未得逞的，应认定为强奸（未遂）；如果行为人当时具有强奸的充分条件，但行为人并没有实施奸淫行为，而仅仅停留在搂抱、亲吻、抠摸上，则说明行为人主观上没有强奸的故意，应认定为强制猥亵妇女罪；如果从当时的情况判断不出行为人主观故意的内容，那么本着就低不就高的原则，应以强制猥亵妇女罪论处。

《刑法》在增设强制侮辱妇女罪的同时，在246条中继续保留了原刑法侮辱罪的规定，即"以暴力或者其他方法公然侮辱他人，情节严重的，处3年以下有期徒刑、拘役、管制或者剥夺政治权利"。从上述规定看，侮辱分暴力侮辱和非暴力侮辱两种形式，其犯罪对象可以是男性，也可以是女性，如果侮辱的对象是男性，那么无论是暴力侮辱，还是非暴力侮辱，情节严重的，均构成246条的侮辱罪。但当使用暴力方法公然侮辱妇女时，就与强制侮辱妇女罪非常类似，即都使用强制方法，对象又都是妇女，就为正确认定两种性质不同的侮辱犯罪带来了一定的困难。要做到定性准确，就必须在了解这两种犯罪共性特征的同时，认真把握下列鲜明的个性特征：

1) 从犯罪客体上看，强制侮辱妇女罪的客体是人格尊严，而侮辱罪的客体是名誉权，人格尊严虽然与名誉权有着密切的关系，同属人格权的重要内容，但人格尊严不同于名誉权。名誉权是以名誉为客体的权利，而名誉乃是客观的社会评价而不是主体的自我评价。人格尊严作为主体自尊和对他人尊重的统一，是对个人价值的主客观评价的结合，其中包含了主体内心情感和自我评价的成分，这是人格尊严与名誉权的重要区别。

2) 从犯罪对象来看，强制侮辱妇女罪是专以妇女为侵犯对象的犯罪，其犯罪对象仅限于妇女，而侮辱罪的对象则较为广泛，既可以是妇女，也可以是男子，法律对此没有限制。

3) 从犯罪是否公然进行来看，强制侮辱妇女罪可以公开进行，也可以秘密进行，从司法实践看，强制侮辱妇女往往发生在隐蔽场所，公然侮辱妇女，即"聚众或者在公共场所当众犯前款罪的"从重处罚，即本罪虽可以公然进行，但并不以"公然"为犯罪构成的要件，而侮辱罪必须是公然进行，必须是当众或当着第三者的面或者利用能够使诸多人听到看到的方式，对他人进行侮辱，如果不是公然进行，则不构成犯罪。可见，"公然"是构成侮辱罪的必备要件之一。

4) 从犯罪有无预谋或准备情况看，强制侮辱妇女罪带有突发性的特征，行为人往往是临时起意，其犯罪故意萌生于着手实施犯罪之时，对于侮辱对象、时间、地点，一般无事前的选择，而侮辱罪一般都是有准备、多数经过精心策划的，对犯罪对象、犯罪时间、地点，事前都有所选择，以便于犯罪的顺利实施。

5) 从施暴人与被害人的关系上看，前者施暴人与被害人在事前不存在什么积怨或矛盾，有的甚至是素不相识，被侮辱的妇女具有不特定的特征，而后者双方平时一般积怨颇深，甚至怀有某种仇恨，双方多数为熟人，其侮辱的对象是特定的。

> 注意区分强制猥亵侮辱妇女罪与侮辱罪的不同。

6) 从犯罪手段上看，前者的侮辱似乎都与性有关，往往采用无耻下流的手段，来满足自己变态的欲望，而后者一般不具有这一特点。

（3）强制猥亵、侮辱妇女罪的法律责任

根据《治安管理处罚法》第44条规定，猥亵他人的，或者在公共场所故意裸露身体，情节恶劣的，处5日以上10日以下拘留；猥亵智力残疾人、精神病人、不满14周岁的人或者有其他严重情节的，处10日以上15日以下拘留。

根据《刑法》第237条的规定，以暴力、胁迫或者其他方法强制猥亵妇女或者侮辱妇女的，处5年以下有期徒刑或者拘役。

聚众或者在公共场所当众犯前款罪的，处5年以上有期徒刑。

3. 性骚扰

性骚扰是个外来名词，从国外的情况来看，美国是最早提出性骚扰问题的国家，也是世界上性骚扰问题比较严重的国家。为此，1975年美国联邦法院第一次将性骚扰定义为"被迫和不受欢迎的与性有关的行为"，并将其作为一种性歧视而加以禁止。1980年，美国平等就业机会委员会对性骚扰行为作出专门规定。20世纪80年代中后期，加拿大、澳大利亚、新西兰、英国、法国、比利时等国也先后明令禁止性骚扰。2002年，欧盟委员会提出一项关于惩治在工作场所对妇女"性骚扰"的指令，建议欧盟15国对性骚扰制定共同的定性标准，即性骚扰是指任何形式的不受欢迎的言语、非言语的或身体性行为。其目的是影响侵犯了人的尊严，尤其是制造了胁迫性的、敌意性的、侮辱性的、有辱人格的或令人不安的环境。并要求每个成员国成立独立的审案机构。我国的香港地区1995年通过了《性别歧视条例》，把"性骚扰"纳入民事诉讼的范畴，并将"性骚扰"定义为：一方向另一方作出不受欢迎、与性有关的言语或举动，包括不情愿的身体接触、性贿赂、提出与性相关的行为作为给予某种利益的条件；不涉及身体接触的言语、图文展示、眼神及姿势等。性骚扰亦指带有性别歧视的偏见和言论。

<small>注意认识性骚扰的本质。</small>

2005年以前，我国法律中没有性骚扰这个概念。2005年修改后的《妇女权益保障法》明确规定"禁止对妇女实施性骚扰。受害妇女有权向单位和有关机关投诉"。"违反本法规定，对妇女实施性骚扰或者家庭暴力，构成违反治安管理行为的，受害人可以提请公安机关对违法行为人依法给予行政处罚，也可以依法向人民法院提起民事诉讼"。这是性骚扰概念首次进入我国法律，成为一个法律概念。《妇女权益保障法》的这一规定对于预防和制止性骚扰意义重大。因为通过法律规制性骚扰，这是一个历史的进步，虽然现在的规定还不够详尽，但它毕竟为依法制裁性骚扰提供了直接的明确的法律依据。

当然，性骚扰作为一个突出的社会问题，仅仅有相关的法律还是不够的。除了对性骚扰行为进行上述的法律分析外，还必须认识到，性骚扰行为的发生，在很多情况下与滥用"权力"有关，骚扰者常常是拥有权力或假设自己有权力的人，从而有意识地或在潜意识下对他人作出性骚扰，受骚扰者无论是男性或女性，都会因此而感到被侮辱、不受尊重和不平等。也就是说，性骚扰在某种意义上讲，是权力不平等的表现，是歧视的一种反映，特别是性别歧视的反映。因此，在全社会树立人权意识、平等意识、性别意识是十分关键的。人权是法律的灵魂依托，有了人权意识，法律对性骚扰受害者人格尊严的保护才会更加严格；平等是法律的基本精神，有了平等意识，性骚扰行为才能得以避免。

4. 对儿童的性侵害

联合国《儿童权利公约》第19条规定："缔约国应采取一切适当的立法、行政、社会和教育措施，保护儿童在受父母、法定监护人或其他任何负责照管儿童的人的照料时，不致受到任何形式的身心摧残、伤害或凌辱，忽视或照料不周，虐待或剥削，包括性侵犯。"第34条规定："缔约国承担保护儿童免遭一切形式的色情剥削和性侵犯之害，为此目的，缔约国尤应采取一切适当的国家、双边和多边措施，以防止：(a)引诱或强迫儿童从事任何非法的性活动；(b)利用儿童卖淫或从事其他非法的性行为；(c)利用儿童进行淫秽性表演和充当淫秽题材。"我国政府历来重视和关心儿童的健康成长并依法保护他们的合法权益。国家制定了《中华人民共和国刑法》《中华人民共和国妇女权益保障法》《中华人民共和国未成年人保护法》《中华人民共和国治安管理处罚法》等法律，国务院及有关部门制定了相关的法规和规章，各省制定了未成年人保护条例。特别是在《未成年人保护法》中明确要求："禁止拐卖、绑架、虐待未成年人，禁止对未成年人实施性侵害。"各级人民政府和社会方方面面大力宣传、贯彻这些法律、法规，使防止对儿童的性侵害有了明显成效。

(1) 猥亵儿童

猥亵儿童，是指为寻求性刺激而将儿童作为犯罪对象猥亵儿童的行为。这里的儿童，是指未满14周岁的男、女未成年人。猥亵儿童是我国刑法规定的一种犯罪，这种犯罪的特点是：侵犯的客体是未满14周岁儿童的身心健康权；犯罪客观方面的表现为采用暴力、威胁、其他手段强制猥亵儿童；采用利诱、引诱等手段骗取猥亵儿童，实施了各种寻求性刺激的方式对儿童进行猥亵、鸡奸的行为。犯罪主体是一般主体，即年满16周岁以上、具有刑事责任能力的自然人均可构成本罪。在犯罪主观方面的表现为故意，行为人具有通过对儿童的猥亵达到性满足和寻求性刺激的目的。《治安管理处罚法》第44条规定，猥亵不满14周岁的人的，处10日以上15日以下拘留。

《未成年人保护法》第56条第2款规定："公安机关、人民检察院、人民法院办理未成年人遭受性侵害的刑事案件，应当保护被害人的名誉。"

(2) 奸淫幼女

《刑法》第236条第2款规定："奸淫不满14周岁的幼女的，以强奸论，从重处罚。"显然，刑法最初的立法本意是把奸淫幼女作为强奸罪从重处罚的一个情节。新刑法施行后，最高人民法院《关于执行〈中华人民共和国刑法〉确定罪名的规定》（1997年12月9日最高人民法院审判委员会第951次会议通过），又将《刑法》第236条的内容概括为两个罪名，即强奸罪和奸淫幼女罪。而在2002年3月15日最高人民法院《关于执行〈中华人民共和国刑法〉确定罪名的补充规定》中，又明确规定取消奸淫幼女罪罪名，即《刑法》236条只包含一个罪名——强奸罪，奸淫幼女又被作为强奸罪的一个从重处罚的情节。几经变化，又回归了立法的本意。所谓奸淫幼女，是指与不满14周岁的幼女发生性关系的行为，其主要特征是：

> 注意奸淫幼女的对象是不满十四周岁的幼女，奸淫幼女在客观上不要求必须使用暴力、胁迫手段。

1）奸幼行为侵犯的是幼女的身心健康。幼女被奸后，往往造成生殖器严重损伤，身心受到严重摧残，使其始终笼罩在被害的阴影之中，不能像正常孩子一样健康成长，危害相当严重。奸淫幼女的对象必须是不满14周岁的幼女。这是奸淫幼女区别于普通强奸罪的主要特征之一。

2）奸淫幼女在客观方面表现为，与幼女发生性关系的行为，不论行为人采用什么手段，也不论幼女是否同意，均构成犯罪。这一点同一般强奸罪在客观方面差别很大。《刑法》对强奸罪的手段做了具体的规定，要求行为人必须使用暴力、胁迫，或其他手段使妇女不知反抗和不能反抗。而对奸淫幼女的犯罪手段则没有具体的限制。实践中发生的奸淫幼女案件，其犯罪手段，少数是暴力、胁迫，大多数是利用幼女无知，以金钱、物质进行引诱。如发生在学校的奸淫幼女案大多是借口补习功课、检查身体为由乘机进行奸淫，等等。这些手段的差异，对定罪没有影响，只是在量刑上予以考虑。由于14周岁以上的少女和成年妇女对性行为有较清楚的认识，能正确表达自己的意志，所以将"违背妇女意志"定为构成强奸罪的要件。而对幼女来说，由于她们年龄尚小，智力发育不成熟，缺乏识别是非和正确认识性行为的能力，无从正确表达自己的真实意愿，所以《刑法》规定，只要同幼女发生性行为的行为，不论幼女是否同意，均构成犯罪。而且行为人只要实施了奸淫幼女的行为，只要双方生殖器接触，应视为犯罪既遂。

3）奸淫幼女的主体，是一般主体。由于奸淫幼女的社会危害性相当严重，根据《最高人民法院关于审理强奸案件有关问题的解释》（2000年2月13日由最高人民法院审判委员会第1099次会议通过）的精神，对于已满14周岁不满16周岁的人，与幼女发生性关系构成犯罪的，依照《刑法》第17条、第236条第2款的规定，以强奸罪定罪处罚；对于与幼女发生性关系，情节轻微、尚未造成严重后果的，不认为是犯罪。

4）奸淫幼女罪主观方面是出于直接故意。2003年1月8日最高人民法院审判委员会第1262次会议通过的《最高人民法院关于行为人不明知是不满14周岁的幼女双方自愿发生性关系是否构成强奸罪问题的批复》规定,行为人明知是不满14周岁的幼女而与其发生性关系,不论幼女是否自愿,均应依照《刑法》第236条第2款的规定,以强奸罪定罪处罚;行为人确实不知对方是不满14周岁的幼女,双方自愿发生性关系,未造成严重后果,情节显著轻微的,不认为是犯罪。

(3) 引诱幼女卖淫

引诱幼女卖淫是指引诱不满14周岁的幼女卖淫的行为。这种行为被我国刑法规定为犯罪。

引诱幼女卖淫罪侵犯的是幼女的身心健康和社会风化。客观方面表现为引诱幼女从事卖淫活动。至于以何种手段引诱,法律并无限制,但行为人必须是:①实施的是引诱行为,而不是强迫或者是介绍、容留行为;②引诱的对象是不满14周岁的幼女;③引诱的内容是使幼女卖淫。本罪的主体是一般主体,凡年满16周岁、具有刑事责任能力的自然人以及旅馆业、饮食服务业、文化娱乐业、出租汽车业等单位的人员,均可成为本罪的主体。在主观方面本罪只能由故意构成。根据《刑法》第359条第2款的规定,引诱不满14周岁幼女卖淫的,处5年以上有期徒刑,并处罚金。根据其第361条规定,旅馆业、饮食服务业、文化娱乐业、出租汽车业等单位的主要负责人引诱幼女卖淫的,从重处罚。

(4) 嫖宿幼女

嫖宿幼女是指明知对方是不满14周岁的幼女而进行嫖宿的行为。

这种犯罪在客观方面表现为对不满14周岁的幼女进行嫖宿的行为。所谓"嫖宿幼女",是指以付出各种物质利益和非物质利益为代价与不满14周岁的幼女发生不正当性关系的行为。在犯罪的主体方面,构成本罪的是一般主体,即已满16周岁、具有刑事责任能力的男子。妇女可以成为帮助犯或教唆犯。在犯罪的主观方面是故意,而且以行为人明知对方是幼女为构成条件。所谓"明知",是指行为人明确知道或可能知道与自己发生性行为的是不满14周岁的幼女;如果幼女发育成熟从外表上无法看出其实际年龄不满14周岁,行为人不可能知道幼女的实际年龄的,不能构成本罪。

根据《刑法》第360条第2款的规定,嫖宿幼女的,处5年以下有期徒刑,并处罚金。

（5）引诱未成年人聚众淫乱罪

引诱未成年人聚众淫乱罪，是指引诱未成年人参加聚众淫乱活动的行为。

实施本罪的主体是一般主体，凡是年满16周岁，具有刑事责任能力的自然人均可成为本罪的主体。

本罪侵犯的客体是社会的性习俗和社会风尚，同时也损害了未成年人的身心健康。

在主观方面，行为人是出于故意，而且是直接故意，行为人不仅明知其引诱的对象是不满18周岁的未成年人，而且明知自己的行为是在引诱未成年人参加聚众淫乱行为而故意为之。

注意强迫不满十四周岁幼女卖淫与引诱幼女卖淫的不同。

在客观方面，行为人实施了引诱未成年人参加聚众淫乱活动的行为。至于其具体用何种引诱手段，是用物质利诱，还是用色情手段刺激，则在此不论。

根据《刑法》第301条第2款规定，引诱未成年人参加聚众淫乱活动的，依照聚众淫乱罪的法定刑，从重处罚。

5. 强迫卖淫

强迫卖淫，是指以暴力、胁迫、虐待等强制手段，违背他人意愿，迫使他人卖淫的行为。

根据《刑法》的有关规定，强迫卖淫罪的主要特征有：

其一，强迫卖淫罪侵犯的客体，是他人的人身自由权利和性的自由权利。这里的"他人"，不仅包括女性，也包括男性。

其二，强迫卖淫罪在客观方面表现为行为人实施了违背他人意志，强迫他人卖淫的行为。这是强迫卖淫罪的本质特征。在这里，他人卖淫不是出于自愿，而是在行为人的强制下实施的。关于强制的手段，法律并未具体规定，从司法实践看，主要是采有暴力、胁迫、虐待等手段。

其三，强迫卖淫罪在主观方面，只能由直接故意构成，而且在通常情况下，行为人往往都具有赢利的目的，但目的如何并不影响本罪的构成。

其四，强迫卖淫罪的主体为一般主体，即行为人只要达到法定责任年龄，具有刑事责任能力即可成为本罪的主体。

《刑法》第358条规定："组织他人卖淫或者强迫他人卖淫的，处5年以上10年以下有期徒刑，并处罚金；有下列情形之一的，处10年以上有期徒刑或者无期徒刑，并处罚金或者没收财产：（一）组织他人卖淫，情节严重的；（二）强迫不满14周岁的幼女卖淫的；（三）强迫多人卖淫或者多次强迫他人卖淫的；（四）强奸后迫使他人卖淫的；（五）造成被强迫卖淫人重伤、死亡或者其他严重后果的。

有前款所列情形之一，情节特别严重的，处无期徒刑或者死刑，并处没收财产。协助组织他人卖淫的，处5年以下有期徒刑，并处罚金；情节严重的，处5年以上10年以下有期徒刑，并处罚金。"

> **性侵害问题法律咨询要点**
>
> 由于性侵害既是一种违法犯罪的行为，也是一种涉及当事人隐私的行为，咨询时必须特别注意对求助者的尊重，必须为求助者保守秘密；婚姻家庭咨询师不得使用不雅的言语使求助者感觉受到侮辱或者产生人格缺损感；同时，性侵害行为往往都是比较严重的违法犯罪行为，对于尚未追究侵害者法律责任的，应告知求助者有关法律的相关规定，告知求助者对这种行为的法律定性。

【案例2—6】 王先生之妻被强奸案

✧案例描述

刘先生，36岁。由于好吃懒做，一直未娶妻成家。他对邻居王先生的妻子一直心存不轨，2006年3月的一天，刘先生看到王先生早晨起来跑步，没锁门，认为有可乘之机，于是便蹿入王家，冒充王先生将正在熟睡的王先生之妻奸淫。待王跑步回来后，王妻问起时，才知道被人偷奸，于是向司法机关报案。

✧案例分析

本案刘先生的行为构成了强奸罪。虽然在本案中刘先生没有使用一般强奸罪常用的暴力或胁迫手段，也没有对王先生之妻采取殴打、捆绑、卡脖子、按倒等危及人身安全、人身自由，使妇女不能抗拒的手段，也没有对被害者使用威胁、恫吓等精神上的强制的手段，迫使王先生之妻就范，这种情况虽然没有采用暴力胁迫手段，但依然是违背了妇女的意志，同样构成强奸罪。

【案例 2—7】 李厂长是否犯有强奸罪

❖ 案例描述

合同工周女士，因丈夫、孩子有病急等用钱而求助于其工作单位的李厂长。李厂长乘人之危，向该女工提出发生性行为的要求，并威胁说："你不同意，不但钱没有，明天辞了你。"该女工无奈，在李厂长脱她衣服时并没反抗，忍辱从奸。案发后，在办案过程中又有人举报李厂长与本厂一名患有精神病的员工向女士发生过性关系。经调查，向女士患有间歇性精神病，并承认同李厂长发生关系时自己是愿意的。

❖ 案例分析

在这个案件中，李厂长对周女士的行为构成了强奸罪。从表面上看周女士并没有反抗，但她是考虑到病中的丈夫、孩子以及害怕丢了工作而被迫服从的，很显然，与李厂长发生性行为是完全违背其意志的。这里违背妇女意志，是指违背精神正常的妇女的意志。对于精神正常的妇女来说，她们对性行为的性质、后果都有明确的认识，能够辨别和控制自己的行为，也能够正确表达自己是否同意性行为的意志。在这种情况下，可以根据妇女当时是否同意来判断性行为的行为是否违背了她的意志。而李厂长对向女士的行为则不构成强奸罪。由于对患有精神病的妇女来说，她们在不能控制、不能辨认某种行为性质的时候，无法表达自己的意志，即使做出"同意"的承诺（表示）甚至主动追求性行为时，也不能说这种性行为完全符合她们的真实意愿。因此，对于同患有精神病的妇女发生性行为的，应区别不同情况加以处理：（1）行为人明知妇女是不能正确表达自己意志的精神病患者而与之发生性行为的，不论行为人采用何种手段，也不论该精神病妇女是否同意，均视为违背妇女意志，以强奸罪论处。（2）行为人与患有间歇性精神病的妇女在其未发病期间发生性行为的，如妇女本人同意的，不构成强奸罪。本案中李厂长与向女士发生性关系时，向女士是清醒而且愿意的，她能够正确表达自己的意志而且同意。因此，李厂长的行为不构成强奸罪。

【案例 2—8】 一个男青年所犯的强奸罪

❖ 案例描述

男青年贾某经人介绍与女青年刘小姐登记结婚后，婚后 6 天刘小姐回娘家不归，继而提出离婚诉讼。双方就返还彩礼未达成协议。刘撤回诉讼，但并未回贾家，并再次提出离婚。在法庭开庭审理休庭期间，贾某伙同七八个家人强行将刘挟持回家，当晚，在其哥、弟的帮助下，贾某用剪刀将刘小姐的内裤剪开，强行与刘发生了性关系。随后用裤带将刘的手绑住，再次与刘发生性关系。第二天，贾某对刘又踩躏了前后长达5个多小时，致刘抽搐昏迷，送医院抢救脱险。后刘的家人报案。

❖ 案例分析

本案中，贾某的行为已经构成强奸罪。违背了妇女意志，强行与妇女发生性行为，是强奸罪的本质特征，为了保护妇女的人格尊严，保护妇女的性权利不受侵犯，任何人违背妇女意志强行与之发生性行为均构成强奸罪，丈夫也不例外。男女之间通过婚姻，彼此间确实产生了特殊的人身、财产关系，但这并不意味着丈夫就有了侵害妻子的特权，结婚证决不是允许侵害对方的许可证。由于夫妻之间人格独立、地位平等，是否存在婚姻关系并不影响妇女的社会地位，因此法律对她们给予了一视同仁的保护。一般说来，由于夫妻之间存在合法的婚姻关系，同居是双方的权利义务，夫妻之间的性行为是合法的，而构成强奸罪的性行为是非法的，二者之间有着本质的区别。所以，丈夫与妻子发生性行为，即使这中间有时妻子不愿意，一般情况下不宜按强奸罪处理。但如果丈夫违背妻子的意志强行与之发生性关系，在一定情况下应按强奸罪处理。本案中贾某在女方要求离婚期间竟然将刘小姐劫持，并在他人的暴力帮助下强行与之发生性关系，进行非人的摧残，这种行为显然构成了强奸罪。

【案例2—9】 法院的判决是否正确

❖ 案例描述

何女士是武汉市某校的教师，盛先生是学校部门领导。在工作过程中，盛先生曾经给过何女士一些帮助。何女士诉称，自2000年下半年始，盛先生利用工作交往之便，对何女士进行种种性诱惑，当盛先生的要求被何女士明确拒绝后，盛先生仍不死心，在同事面前大肆张扬自己喜欢何女士，并在春游和一起外出工作时对何女士进行强行接吻等骚扰。何女士就此曾向学校反映，但学校并未对此事深究。何女士不满起诉到法院，武汉市某区法院一审判定被告侵扰原告事实成立，被告侵犯了原告的人格权利，判决被告向原告赔礼道歉，并赔偿精神损失费2 000元。

❖ **案例分析**

法院的判决是正确的。因为盛先生的行为完全符合性骚扰的构成要件：

1. 盛先生的性骚扰行为是行为人故意实施的，而且实施这种行为的目的是为了满足自己的某种性心理上需要。

2. 性骚扰在客观上表现为行为人实施了某种带有性内容的行为，如向他人讲述淫秽笑话、在他人面前展示色情图片和刊物、经常询问他人的个人私隐和性生活、进行身体上的触摸或摩擦、强行亲吻或搂抱、向他人表白自己的性需要或提出性要求、在他人面前露体等。盛先生对何女士进行种种性诱惑以及强行接吻等行为是典型的性骚扰行为。

3. 构成性骚扰的行为必须是行为人故意实施的带有性内容的行为，它违背了对方的意志，是一种不受欢迎的行为。这是性骚扰行为的本质特征。何女士的一再拒绝充分表明了盛先生的行为违背了何女士的意志。

4. 盛先生的行为损害了何女士的人格尊严。

❖ **注意事项**

1. 由于性侵害往往给被害人及其亲属带来深深的伤害，因此婚姻家庭咨询师问询时要特别注意避免给求助者带来"二次伤害"。所谓"二次伤害"是指当事人遭受性侵害后办案人员、咨询人员及周围的人在言语、态度上对其造成的继续伤害。

2. 通过法律规范制裁性侵害行为是一项艰巨的工作。由于性侵害关涉个人隐私、发生的地点隐蔽、获取证人证言困难、受害者处于弱势等原因，受害者举证有很大难度。因此，通过倾听求助者的陈述，为其提供有效证据的帮助是非常重要的。

本单元思考题

1. 强奸与猥亵的区别是什么？
2. 如何认识《中华人民共和国妇女权益保障法》对性骚扰的规定？
3. 认定强奸罪应划清的几个界限是什么？

学习单元 6　对乱伦问题的咨询

 学习目标

➢ 了解乱伦对受害者造成的精神伤害
➢ 掌握乱伦问题的咨询要点

一、乱伦及其产生的原因

乱伦的概念

对于乱伦问题的研究，我国尚处于起步阶段，在国内法律上还没有明确的定义。借鉴国外的研究成果，乱伦有狭义和广义之分。狭义的乱伦是指"有血缘关系的人之间发生的性交行为"，而广义的乱伦则指"有血缘关系的人及近亲或姻亲之间发生的性行为"。前者如父女、母子、亲兄弟姐妹等之间的性交行为，后者如叔叔（舅舅）和侄（甥）女之间、姑姑（姨妈）和侄（甥）子之间的性交行为；同时，继父（母）与继女（子）之间以及公公与儿媳之间等性交行为也被视为乱伦。在乱伦行为中，有双方自愿的乱伦行为和一方强迫另一方发生的乱伦行为两种情况。在我国的传统文化与传统的道德伦理中，更容易接受广义的乱伦概念。

此外，一些学者还认为：乱伦行为不仅仅表现在性交行为，也包括双方自发的或者一方强迫另一方发生的肉体接触。从理论层面上说，这是一个有待深入研究的课题。

二、乱伦产生的主要原因

1. 父女乱伦产生的主要原因

研究表明，在乱伦行为中被父亲或继父乱伦的女孩所受到的伤害比其他所有形式的乱伦受到的伤害都要严重得多。父女乱伦通常开始于充满爱意的拥抱，然后进一步发展为性游戏、过分的爱抚、亲吻、生殖器接触，直至发生性交。在一些案例中，生殖器接触的出现往往是突然发生的，通常发生在父亲喝醉了或者和妻子吵架之后，一般不使用武力便会使孩子顺从。

研究表明，父女乱伦经常发生于已存在整体失调问题的家庭中，其原因往往是：

（1）夫妻之间权力关系不对等，丈夫对妻子有施虐行为，妻子常处于被动地位。

（2）夫妻之间的性关系存在问题，妻子经常在性问题上拒绝丈夫的要求。

（3）父母酗酒或有身体虐待行为，在这样的家庭中如果父亲在生活中遇到压力或其他事件，比如失业或工作中出现重大问题时，乱伦行为就有可能发生。

国外的一项研究报告表明，有乱伦行为的父亲往往将自己的婚外性接触限制在自己的一个或几个女儿身上，而且会从长女开始。这样的男人，他在性生活上遭受挫折时，由于社会的压力，不可能寻求婚外或家庭外的性发泄渠道，于是转向女儿，将其作为妻子的替代品。在他的幻想中女儿变成了"家庭女主人"。

虐待年龄较大女儿的父亲往往是对家人专制、独裁的。虐待幼小的、学龄前女儿的父亲更可能是依赖性的、低自尊的。和学龄前儿童在一起会使他感觉特别安全："她这么小，我知道她不会也不可能伤害我。"

2. 兄弟姐妹乱伦产生的主要原因

在兄弟姐妹乱伦中，通常是兄弟发起性活动，扮演支配性的角色。一些年幼的兄弟姐妹还可能将他们的性活动视为自然的行为，并不知道他们的行为是不应该的。

造成兄弟姐妹乱伦行为发生的主要因素是社会文化因素。比如贫困、过于拥挤的居住条件以及社会或地理上的隔绝，都会对某些家庭出现乱伦行为产生影响。兄弟姐妹生活在过于拥挤的居住环境中，很可能受到家庭中发生的性活动的影响而产生乱伦行为。

三、乱伦造成的影响

1. 乱伦对受害者的影响

父女乱伦对女儿造成的影响是深远的，其心理伤害也是极为严重的，受害女童会感到各种短期或长期的心理不适。如愤怒、抑郁、焦虑、饮食障碍、不适当的性行为、攻击行为、自残行为、性滥交、药物滥用、

> 对乱伦产生的原因，国内专家的研究还很不够。作为一级婚姻家庭咨询师，有责任在这方面不断总结经验，以便更准确地对其进行分析判断。

自杀、创伤后应激障碍、低自尊、性功能不良、不信任他人、分离感等。乱伦还会对其身体造成影响，表现为生殖器受伤、心因性身体疾病，比如胃痛和头痛等。

受害女童一般都会有发泄表现。年龄较小的女童会发脾气或者表现出攻击行为，年龄较大的女童会转向物质滥用；一些受害女童会变得孤僻，退缩或者拒绝回家；有些会发生退行性行为，比如吮吸手指、怕黑、怕陌生人等。在随后的数年中，许多女童会像枪击案受害者一样表现出创伤后应激障碍的迹象，出现做噩梦、情感麻木、对他人有疏离感等现象。她们的性发展也可能以不良的方式进行。例如，受害者可能过早出现性活跃或是在青少年或成年期发生滥交。研究者发现与未遭受乱伦伤害的同龄人相比，受害女童在更小的年龄便会开始发生双方同意的性交活动。青少年晚期对受害女童来说是特别危险的时期，这个年龄的女童会出现更多的心理和社会问题。因乱伦事件而造成的自我谴责会使她丧失自尊和产生严重的抑郁。

> 对乱伦的咨询，一定要强调保密原则。这是对求助者负责任的表现，也是咨询师具备高尚职业道德的体现。

2. 乱伦对配偶和家庭的危害

父女乱伦的发生与问题婚姻有关。男性往往会虐待他的妻子及孩子。当妻子拒绝他过分虐待的时候，他就转向对女儿实施乱伦行为。对此，有些妻子可能会假装不知道，因为她害怕丈夫的暴力行为。受害女童会因为长期生病或身体虚弱而与家庭其他成员疏远。在一些乱伦家庭中，还会出现角色的颠倒。乱伦关系中女儿不得不承担了许多母亲的责任，比如操持家务、照顾更小的弟妹等；一些母亲则会指责自己的女儿对家庭构成了威胁，因而导致家庭破裂。

乱伦通常的又一危害在于它会一代一代地重演。国外一项研究发现，在154个儿童遭受乱伦的案例中，多于三分之一的男性罪犯和大约一半的母亲，不是自身遭受过性虐待，就是在儿童期曾经遭遇过乱伦行为。

乱伦问题咨询要点

1. 强调保密原则，重视与求助者建立信任关系。
2. 注意积极倾听和提供感情支持。
3. 分别对加害者和求助者进行咨询。
4. 对已造成严重伤害的乱伦行为应建议其寻求法律帮助。

【案例2—10】乱伦使他走向了犯罪

❖案例描述

臧某是一所中专职校的政治老师，业务精良，为人厚道，是师生们公认的好人。然而，他却被女儿丽丽告上法庭，随后便被判入狱。原来，臧某的妻子在郊区工作，一周只回家一次，从小丽丽就由父亲照顾。在丽丽小学毕业的那一年，臧某奸淫了自己的女儿。之后，妻子虽千方百计保护女儿，但丽丽还是屡屡被父亲强奸。丽丽上初中后，克服了怨恨、恐惧、焦虑的负面情绪，毅然走上了法庭。

❖案例分析

1. 这是一起家庭内父女乱伦的案例。案例中的臧某出现乱伦行为，是一种病态心理。尽管表面上臧某为人很好，但是他与妻子离多聚少，产生了性压抑；同时他对女儿的性冲动没有得到"超我"的抑制，因而出现了对女儿的性行为。即使在被妻子知道后仍不知悔改，继续对女儿实施乱伦的性行为，这是病态心理的充分表现。

2. 乱伦给丽丽造成了严重的心理伤害，在无法摆脱自身罪恶感的同时也对父亲充满了怨恨。

3. 乱伦给丽丽带来了恐惧、焦虑等负面情绪，如果处理得不好还会引起情绪异常，对亲情和婚姻等持悲观的态度，影响未来婚姻家庭生活的幸福。

❖咨询建议

1. 对父亲的咨询建议

（1）采用精神分析法：分析父亲人格结构中"本我"和"超我"发生冲突时，调控机制是什么，这种调控机制对乱伦行为的发生有何影响，以加强"超我"的管理；对臧某童年的经历进行分析，分析其成长经历中造成乱伦行为的因素，削弱童年经历对其乱伦行为的影响。

（2）用行为疗法的"厌恶疗法"予以矫正。当其出现乱伦的念头时，对其实施点击等负性的惩罚，将这一邪念与痛苦连接在一起，逐步减缓或消除此行为。

2. 对女儿的咨询建议

（1）以理解、真诚、接纳以及尊重的态度，运用倾听技术，让女儿充分将自己的情绪宣泄出来。

(2) 采用认知疗法：第一，减缓女儿对自身的负面认识，首先消除她认为自己有罪的念头，打消其"是由于自己的错误才引起了父亲的行为"的想法。引导其克服自责、内疚等负面情绪。第二，女儿会觉得自己是一个受害者，十分委屈，又无可奈何，产生无助感。要让她相信，她这种用法律的武器来保护自己的做法，就是战胜无助感最有效的方法，鼓励她勇敢面对现实。第三，女儿在经历这件事情之后，会对亲情和爱情产生负面的认识，认为世界上不会有真情。要改变这一观念，首先要从母亲对她的感情进行分析，使这一观念产生动摇，再用其他的事实让其发现原有观念的片面性。

(3) 行为疗法：热忱鼓励女儿多参加学校、社会中的各种有益活动，转移其注意力，培养其新的生活目标和兴趣，从行为方面积极改变自身状况。

本单元思考题

1. 你如何理解乱伦的概念？
2. 你会怎样帮助一个遭受到父亲乱伦的 13 岁女孩？

第 2 节 家庭财产争议咨询

学习单元 1 处理家庭财产争议的法律建议

在财产问题上发生争议是家庭危机的常见原因之一。妥善处理好家庭财产问题对于建立稳定和谐的家庭关系、维护家庭成员的合法权益具有重要意义。家庭成员之间不仅有婚姻、血缘等亲属关系，而且常常共同生活、共同劳动、共享收益。因此，家庭财产的构成也可能呈现多样化的情况，不同部分的家庭财产也有各自的归属。处理家庭财产争议或者纠纷，不仅要依法区分家庭财产的构成和归属，同时也要考虑家庭成员之间具有的抚养、赡养等的特定关系，注意对不同家庭成员的利益的保护。

 学习目标

➢ 熟悉家庭财产的构成
➢ 掌握离婚时夫妻共有财产分割的一般原则和方法

一、家庭财产的构成与分割

一个家庭中全体家庭成员所拥有的财产，称为家庭财产。就其法律归属来说，家庭财产通常由家庭共有（共同）财产和家庭成员个人财产所构成。当然，在理论上也不排除存在家庭财产只是由家庭共有财产或者成员个人财产所单独构成的情形。在家庭成员只有夫妻二人的情况下，家庭财产实际上由夫妻共有（共同）财产和夫妻各自的个人财产所构成；在家庭内除夫妻之外还有其他成员的情况下，家庭财产除了有夫妻共有财产之外，可能还有全体家庭成员的共有财产，夫妻之外的其他家庭成员的共有财产，或者夫或妻与其他家庭成员的共有财产以及夫、妻或者其他家庭成员个人的财产。

> 家庭财产不同于家庭共有财产，其构成较为复杂，须按法律归属确定其财产性质及其权利主体。

学理上一般认为，家庭共有财产是指全体或者部分家庭成员在家庭共同生活关系存续期间，对共同所得和各自所得的财产约定为共同所有的共有权利义务关系。家庭共有财产的发生以家庭共同生活关系为前提，家庭共有财产关系并非因家庭共同生活关系的存在就必然发生，有的是基于法律的规定如夫妻共同财产制的实行，有的是基于特定的事实如共同继承，还有的是基于家庭成员的约定，如子女将收入交给家庭等。从家庭共有财产的来源看，家庭共有财产是家庭成员的共同所得或者成员将其个人所得纳入共有的财产。家庭成员的共同所得，可以是家庭成员共同创造的成果、共同经营的收入、共同继承的遗产、共同接受的赠与等。一般认为，家庭共有财产的性质为共有人的共同共有，在家庭共有关系存续期间，各共有人不分份额，共同享有财产的所有权，不到共同共有关系消灭，家庭共有财产不得分割；但是也不排除家庭成员可以约定按份额占有共有家庭财产。

家庭共有财产的发生虽然以家庭成员共同生活关系的存在为前提，但是家庭共有财产的主体，可以是全体家庭成员，也可以是部分家庭成员。由于家庭的组成通常以夫妻缔结婚姻关系为基础，家庭共有财产的主要部分或者基本部分是夫妻共有财产，但是在没有夫妻关系的家庭成员之间，或者夫妻与其他家庭成员之间，或者全体家庭成员之间，都有可能形成财产共有关系，如子女共同继承父母的遗产，在遗产分割之前，子女是遗产的共有人。尽管在实际中，部分家庭成员的共有财产可能由全体家庭成员共同享用，但在分割家庭共有财产时，应该依据法律的规定或者当事人的约定，确认构成家庭共有财产的各个部分的共有人的范围和共有性质，并依此明确具体的家庭共有财产的归属。

家庭财产中，除了部分或者全体家庭成员的共有财产外，还有家庭成员的个人财产，如夫妻个人的特有财产，子女等其他家庭成员的个人财产等。子女等家庭成员的个人财产常见的形式有：父母给付子女的抚养费或者赠与子女的财产、子女按约定不作为家庭共有财产的劳动收入及其他财产、子女通过继承等途径取得的财产等。家庭成员的个人财产，从法律上讲，应该属于该个人所有，由其本人支配和使用。但在婚姻家庭生活实际中，家庭成员个人的财产也有可能由全体或者部分家庭成员共同享用，在因夫妻离婚或者家庭分户或者家庭成员退出原来共同生活的家庭等情形而要分家析产时，应该将家庭成员的个人财产从家庭财产中分离出来并归属于该家庭成员所有和使用。

对于具体的案件，要区分家庭财产的不同构成以及各类财产的处理规则。

二、夫妻财产

家庭的组成通常以夫妻婚姻关系的缔结为基础，家庭财产主要由夫妻共有和各自所有的财产所构成，夫妻共有财产也是家庭共有财产的主要部分或者基本部分。夫妻共有财产，是夫妻在婚姻关系存续期间，一方或者双方取得，依法由夫妻双方共同所有的财产。夫或妻个人的财产则是根据法律规定或者夫妻双方的约定属于夫或妻个人所有的财产。《婚姻法》在夫妻财产关系上，采取的是法定夫妻财产制和约定夫妻财产制并行的制度，在夫妻双方没有就财产进行约定或者约定无效的情况下，夫妻财产关系适用法定夫妻财产制，因此夫妻共有财产、夫或妻个人所有的财产可以是基于法律的规定而确定，也可以是基于夫妻双方的约定而确定。

1. 法定夫妻财产制

《婚姻法》确立的法定夫妻财产制的基本内容有二：

一是确立婚后所得共同制，即夫妻关系存续期间，夫妻双方或者一方所得的财产，除法律另有规定或者夫妻另有约定的外，归夫妻共同所有。婚姻关系存续期间，指的是男女双方从取得结婚证之日起，到一方死亡或者双方离婚时止，也就是夫妻双方具有合法的婚姻关系期间。夫妻分居或者离婚判决尚未生效期间，仍然是婚姻关系存续期间。婚后所得，指的是夫妻一方或者双方在婚姻关系存续期间取得的财产，但不包括法律另有规定或者夫妻双方已约定为一方所有的财产。

二是承认夫妻个人特有财产，就是法律确认夫妻婚前或者婚后取得某些特定的财产属于夫或妻个人所有，夫妻一方对属于个人的财产独立享有权利，对方不得干涉或者妨碍其行使权利。《婚姻法》及最高人民法院2003年颁布的《关于适用〈中华人民共和国婚姻法〉若干问题的解释（二）》（以下简称《司法解释（二）》）对于法定夫妻财产制的夫妻共有财产和夫妻个人的特有财产的范围作了具体的划分和界定。

一般认为，夫妻共同财产所有权的性质是法定的共同共有财产，在婚姻关系存续期间，夫妻双方不论各自职业、社会地位和收入的情况如何，对全部共同财产、不分份额地享有占有、使用、收益和处分的权利，并承担相应的义务。在婚姻关系终止前，夫妻共有财产是不划分份额的整体。《婚姻法》第17条第2款规定，夫妻对共同财产有平等的处理权。根据《司法解释（一）》第17条的规定，夫或妻在处理共同财产上的权利是平等的。因日常生活需要而处理夫妻共同财产的，任何一方均有权决定。夫或妻非因日常生活需要对夫妻共同财产作重要处理决定，夫妻双方应当平等协商，取得一致意见。他人有理由相信其为夫妻双方共同意思表示的，另一方不得以不同意或不知道为由对抗善意第三人。

2. 约定夫妻财产制

> 夫妻财产约定必须以书面形式进行。

约定夫妻财产制指的是夫妻双方通过协议商定其婚前财产、婚后财产的归属与利用和处分等事项，双方约定的内容可以排除法定夫妻财产制的适用。依据《婚姻法》第19条的规定，夫妻可以约定婚姻关系存续期间所得的财产以及婚前财产归各自所有、共同所有或部分各自所有、部分共同所有。约定财产归各自所有的，为分别财产制；约定财产归双方共同所有的，为一般共同制；约定部分各自所有、部分共同所有的，为混合财产制。约定应当采用书面形式。没有约定或约定不明确的，适用《婚姻法》的第17条、第18条有关夫妻共同财产和个人财产的规定。婚前订立的有关约定夫妻财产的协议，自婚姻关系成立时起对双方具有约束力；婚后订立的约定协议，自协议生效时起对双方具有约束力。夫妻双方应当依照约定的内容享有权利和履行义务。在婚姻关系终止时，应当按照约定分割夫妻财产；约定因不符合法律规定而全部无效的，则依据法定夫妻财产制分割；部分无效的，有效的部分仍应具有效力。

> 要熟练掌握《婚姻法》和司法解释中有关夫妻共有财产和夫妻个人特有财产的具体范围的界定。

三、家庭财产的分割

当家庭成员退出家庭或者一个家庭分立为多个家庭等情形出现时，形成家庭财产的基础即家庭成员共同生活这个事实就会发生变化或者丧失。因此，在原来家庭的家庭成员间需要对原有的家庭财产进行分割。在家庭成员死亡的情况下，该家庭成员名下的财产或者财产份额发生继承，由此也会导致家庭财产的分割。在分割家庭财产时，家庭成员当然可以协商确定家庭财产的归属和处理。只要这种约定不违反法律的规定，应该具有法律效力。在家庭成员不能达成协议的情况下，家庭成员可以诉请法院作出裁判。

由于家庭财产可能具有多样的来源，而且家庭中的不同财产的归属也可能各有差异，因此，在对家庭财产进行分割时，应对构成家庭财产的各个不同的部分，分别加以处理。

首先，应该划分出家庭共有财产和家庭成员个人财产，并将家庭成员的个人财产从中分离出来、划归该成员个人所有。当然，分家析产时，也要将非家庭财产的他人财产从中分离出去。

其次，应该确定具体的家庭共有财产的共有人的范围和共有形式，并确定具体共有财产的归属。在家庭共有财产中，有全部家庭成员共有的财产，也可能有部分家庭成员的共有财产；在部分家庭成员共有的情形中，又可能因为共有关系形成的法律事实和根据的不同而各自形成不同的共有关系。因此，在分家析产时，应该根据各类共有财产的具体的共有人范围和共有形式，分别确定这些财产的归属。例如，对家庭共有财产中的夫妻共有财产的分割，应该按照法定夫妻财产制的规定或者夫妻之间对财产的约定，来划分和确定具体财产的归属；对家庭成员共同继承的遗产的分割，应该根据继承法的规定来确定继承人的范围、各自继承遗产的份额和具体遗产的归属等。

最后，处理家庭债务。分割家庭财产的同时，也应该对家庭债务进行处理。与家庭财产的形成类似，家庭债务的形成也可能只是家庭成员个人的债务，也可能是部分或者全体家庭成员的共同债务。从维护债权人的利益出发，家庭成员分割共有财产时，应该先清偿共同债务，并与债权人协商确定未得到清偿的债务的清偿问题。

四、离婚时夫妻共有财产的分割

如上所述，夫妻共有财产是家庭共有财产的基础部分或者主要部分。在家庭只有夫妻二人的情况下，家庭共有财产实际上就是夫妻共有财产。离婚后，夫妻之间的婚姻关系终止，双方也不会在一起共同生活，因此，夫妻离婚不仅导致家庭财产的分割，更会导致夫妻共有财产的分割。在家庭成员除了夫妻之外还有其他成员的情况下，夫妻离婚而导致的家庭财产分割，实际上是在两个层面展开：首先要在家庭财产中划分出其他家庭成员的财产、夫妻共有财产、夫或者妻的个人财产，然后再对夫妻共有财产进行分割。

离婚时，需要分割的夫妻共有财产的范围的确定，首先要看夫妻双方对财产是否作出了约定，如果作出了约定，还要看约定的内容；如果没有约定或者约定不明确的，适用《婚姻法》关于法定夫妻财产制的规定来确定具体财产的归属。

《婚姻法》第39条规定"离婚时，夫妻的共同财产由双方协议处理；协议不成时，由人民法院根据财产的具体情况，照顾子女和女方权益的原则判决。夫或妻在家庭土地承包经营中享有权益等，应当依法予以保护"。最高人民法院《司法解释（二）》第8条规定"离婚协议中关于财产分割的条款或者当事人因离婚就财产分割达成的协议，对男女双方具有法律约束力。当事人因履行上述财产分割协议发生纠纷提起诉讼的，人民法院应当受理"。其第9条规定"男女双方协议离婚后一年内就财产分割问题反悔，请求变更或者撤销财产分割协议的，人民法院应当受理。人民法院审理后，未发现订立财产分割协议时存在欺诈、胁迫等情形的，应当依法驳回当事人的诉讼请求"。据此，夫妻双方在离婚时就共有财产的分割，可以进行协议，而且合法的协议受到法律的保护。

如果夫妻双方就共有财产的分割达不成协议的，由人民法院作出

《中华人民共和国物权法》第100条规定，共有人可以协商确定分割方式。达不成协议的，共有的不动产或者动产可以分割并且不会因分割减损价值的，应当对实物予以分割；难以分割或者因分割会减损价值的，应当折价或者拍卖、变价取得的价款再予以分割。

判决。

　　法院在判决时，应遵循以下原则对夫妻共有财产进行分割：第一，男女平等。夫妻作为财产共有人是平等的。无论双方对共有财产的贡献大小，在离婚分割时都应该平等。第二，照顾子女和女方利益。分割共同财产时照顾子女和女方的利益，目的是保障不因离婚而使妇女和子女发生经济困难或者生活水平严重下降。第三，有利生产和方便生活。对夫妻共同财产中的生产资料，分割时应以不损害其效用和价值为原则；对生活资料，应从各自的实际需要出发。做到方便生活、物尽其用。《婚姻法》还特别规定，夫或妻在家庭土地承包经营中享有权益等，应当依法予以保护。就夫妻财产分割的方法而言，可以采取实物分割、价金分割或者由一方取得实物并给予对方以补偿的办法等。

> 离婚时，夫妻共有财产分割应照顾子女和女方利益。

　　离婚时，在分割夫妻共同财产的同时，还应对夫妻共同债务进行处理。夫妻共同债务是双方或者一方为共同生活需要所负的债务，如购买家庭用品、疾病治疗等所负担的债务。《婚姻法》第41条规定"离婚时，原为夫妻共同生活所负的债务，应当共同偿还。共同财产不足清偿的，或财产归各自所有的，由双方协议清偿；协议不成时，由人民法院判决"。最高人民法院《司法解释（二）》第24条规定"债权人就婚姻关系存续期间夫妻一方以个人名义所负债务主张权利的，应当按夫妻共同债务处理。但夫妻一方能够证明债权人与债务人明确约定为个人债务，或者能够证明属于《婚姻法》第19条第3款规定情形的除外"。《婚姻法》第19条第3款的规定为"夫妻对婚姻关系存续期间所得的财产约定归各自所有的，夫或妻一方对外所负的债务，第三人知道该约定的，以夫或妻一方所有的财产清偿"。据此，夫妻共同债务应以夫妻共有财产清偿。如果离婚时没有积累共有财产或者共同财产不足以清偿共同债务的，或者夫妻约定婚后财产分别所有的，应由双方协议确定债务清偿责任；协议不成，由人民法院根据法律规定和双方经济能力，判决由一方或者双方承担清偿责任。夫妻一方为了个人的需要单独所负的债务，属于个人债务，应该由债务人个人承担。债权人就一方婚前所负个人债务向债务人的配偶主张权利的，人民法院不予支持。但债权人能够证明所负债务用于婚后家庭共同生活的除外。

> 夫妻双方约定婚前和婚后财产均归各自所有的，离婚时无须分割共同财产；但因抚育子女、赡养老人等付出较多义务的一方，有权向另一方请求补偿。离婚时，一方生活困难，另一方应从其住房等个人财产中给予适当的帮助。因一方重婚或者与他人同居、实施家庭暴力或者虐待、遗弃家庭成员的，无过错一方有权请求损害赔偿。

> **家庭财产的构成与分割咨询要点**
>
> 要帮助求助者正确分析、判断家庭财产的具体的类型和性质，告知求助者各类家庭财产的法律规则，告知求助者进行协商或者提起诉讼可提出的请求和必须提交的证据材料，并分析不同处理方式的利弊。

【案例2—11】 一起复杂的离婚财产分割案

❖ 案例描述

王先生与杨女士于2001年12月相识并恋爱，2002年5月同居生活，2002年7月19日登记结婚，双方均系再婚。2002年7月19日（王先生与杨女士登记结婚的当日），王先生与杨女士在本市甲区公证处对双方婚前财产达成协议并进行了公证。王先生的婚前财产有：旧衣柜、旧写字台、旧多用橱、旧电视柜各一个，旧床一张，旧木沙发一套，旧冰箱一台，本市甲区住房一套。杨女士的婚前财产有：彩电一台，新床、新衣柜、新梳妆台、新热水器、新空调、新酒吧柜、新消毒柜、新微波炉、新全自动洗衣机、新净水器、新防盗门、麻将桌各一个，新餐桌椅一套，新餐具、厨具各一套，皮椅四把，新床一张，酒吧柜上的艺术品全套，新茶具一套，另有住房一套。

从同居生活开始，王先生就将工资交给了杨女士。王先生与杨女士婚后常为家庭琐事吵嘴、打架，经人多次调解。2004年8月15日，双方发生纠纷后订立了一份《夫妻和好协议》，其中写道："这一次是由王先生把家里的东西往外面拿，没经过杨女士的允许，造成了家庭矛盾。再就是王先生的女儿小军经常向王先生要房子，说是她的。为了使我们夫妻关系和好，特定协议如下：一，将杨女士的房子装修得与王先生的住房一样，家具一套，家电齐全，以备今后使用。二，如杨女士今后提出离婚，杨女士支付王先生20 000元人民币。三，如王先生今后提出离婚，王先生支付杨女士50 000元人民币。四、如王先生去世，妻杨女士在甲区住房住到死之后，子女才拥有所有权。双方签字：王××，杨××，2004年8月15日。"和好协议订立后，双方关系仍没有得到改善。2004年12月21日，王先生离家在外居住，没有给杨女士生活费及家庭有关开支等费用，杨女士将王先生婚前所有的甲区住房出租两间（现已收回），租期一年，租金 4 800 元。

王先生于 2005 年 6 月 13 日提起诉讼，要求与杨女士离婚，并提出如下请求：(1) 要求杨女士按照公证的协议，返还甲区住房以及公证协议约定属于其婚前的财产，并分割协议中约定的共有财产。(2) 要求杨女士返还以女儿杨乙之名的存款 15 300 元。(3) 杨女士用暴力、虐待等方式，致使王先生在家中无法生活，高血压、心脏病复发，要求杨女士赔偿精神抚慰金 5 000 元。杨女士对离婚没有异议，但在诉讼中主张，王先生提出离婚，应该按照和好协议给付自己 50 000 元，并且要求终生居住甲区的住房。杨女士还提出，自己为维持生活，分别于 2004 年 12 月 28 日、2005 年 7 月 10 日、2006 年 4 月 2 日向其弟借款 1 600 元、2 000 元、1 600 元，共计 5 200 元，认为此债务属于夫妻共同债务，应该从共同财产中支付。杨女士的弟弟在诉讼中就此债务出庭作证。杨女士还提出自己无业并提供低保证明，要求王先生给予经济帮助 10 000 元。王先生与杨女士在诉讼中承认，双方共同对居住的甲区住房内进行了装修，双方对装修后的现值确认为 3 000 元；王先生与杨女士的共同财产有窗式空调一台、音响一套、炉灶一个。

❖案例描述

本案是一起比较复杂的离婚时分割夫妻财产的案件。既涉及夫妻约定财产制和法定财产制的适用，又涉及夫妻债务的处理，还涉及双方是否应该由一方对另一方进行经济帮助、进行损害赔偿等问题。因此，需要区别不同情况分别作出认定和处理。法律上允许当事人在离婚时就财产问题进行协议，如果达不成协议，则要依法处理。本案中，处理当事人的财产问题，应该注意以下几点：

1. 关于双方订立的和好协议、公证的协议的效力

婚姻家庭财产纠纷中出现当事人的协议的，应该首先考察这种协议的效力，也就是要考察协议在内容上、形式上是否符合法律的要求，是否当事人的真实意思表示。只有形式和内容合法、意思表示真实的约定或者协议才能发生法律效力，从而对双方当事人产生约束力。

本案中，王先生与杨女士在登记结婚之日对各自的婚前财产达成协议并进行了公证。从法律上看，该协议并没有不合法的内容，也符合法律规定的书面形式要求，同时也是当事人的真实意思表示。因此，该协议应该是一份合法有效的协议，对于双方当事人产生约束力。据此，王

先生主张甲区住房是其个人财产，并要求杨女士返还，应该得到法院的支持。

王先生与杨女士 2004 年 8 月 15 日订立的《夫妻和好协议》中关于"如王先生今后提出离婚，王先生支付杨女士 50 000 元人民币"的约定，该约定的 50 000 元既不属于经济帮助金，也不属于对婚姻关系存续期间所得的财产或婚前财产的约定，而是对一方提出离婚设定条件，是对夫妻任何一方依法提出解除婚姻关系自由的限制，与婚姻法规定的婚姻自由原则相悖，该约定无效，不受法律保护。杨女士依此约定要求王先生给付 50 000 元的请求，不应该得到支持。同样的道理，如果是杨女士起诉离婚，王先生也不能依据这个和好协议要求杨女士给付 20 000 元。《夫妻和好协议》中关于"如王先生去世，妻杨女士在甲区住房住到死之后，子女才拥有所有权"的约定，该约定的生效是建立在双方和好的基础上，而王先生依法提出离婚，杨女士对离婚没有异议，甲区住房本属于王先生的婚前财产，因此，杨女士不能依据此约定主张甲区住房由其居住至死为止。

2. 关于财产约定中没有涉及的财产的归属的认定和处理

夫妻双方关于财产的约定，可能是就全部财产作出约定，也可能是就部分财产作出约定；对于双方在协议中没有涉及的婚前财产和婚后财产，应该根据《婚姻法》有关夫妻法定财产制的规定进行处理。

本案中，王先生与杨女士共同对居住的甲区住房内进行了装修，并且确认装修后的现值为 3 000 元。可以明确的是，这个 3 000 元价值的装修属于婚后财产，而且双方并没有就此作出约定，因此应该认定为双方婚后共有财产。基于该项装修不能进行实物分割，王先生在要求杨女士返还房屋的同时，应该对杨女士进行价格补偿。同样的道理，杨女士出租甲区住房所获得的租金 4 800 元，从性质上看也应该属于夫妻共有财产。

王先生提出以女儿杨乙之名的存款 15 300 元是其婚前财产，并且被杨女士转存到自己名下。王先生的这个主张能否得到法院的支持，关键在于，王先生要提供证据证明该项财产的存在以及该项存款属于其婚前财产。根据谁主张权利谁举证的民事诉讼原则，如果王先生不能提供有关该项财产的存在以及属于其婚前财产的证据，则法院难以支持王先生的主张。

3. 关于夫妻债务的认定和处理

对于离婚中出现的夫妻债务问题，首先要弄清楚的是，债务是否成立或者发生；如果债务成立，还要进一步区分的是，这个债务是夫妻共同债务，还是个人债务。

本案中，杨女士在王先生离家外出居住期间，自己向弟弟借款5 200元用于生活需要。从诉讼的情况看，王先生认为，杨女士是为了获得更多的财产而串通其弟作假证，但是，并没有提供相关的证据。杨女士为证明债务的成立，请其弟弟出庭作证，作为债权人杨女士之弟出庭作证并提供了借条，其证明力度明显大于王先生的否认。在这种情况下，法院认定杨女士向其弟弟借款的事实成立，应该说是符合证据规则的。

杨女士借款5 200元，是否是夫妻共同债务。本案的情况是，这个债务发生在杨女士与王先生的婚姻关系存续期间，而且又是双方分居期间，借款也是由杨女士单方面向债权人借的。我国法律并没有就夫妻分居期间的财产关系专门作出规定，但最高人民法院的《司法解释（二）》第24条规定"债权人就婚姻关系存续期间夫妻一方以个人名义所负债务主张权利的，应当按夫妻共同债务处理。但夫妻一方能够证明债权人与债务人明确约定为个人债务，或者能够证明属于《婚姻法》第19条第3款规定情形的除外"。根据这个规定，本案中，王先生与杨女士之间并没有《婚姻法》第19条第3款的情形，即"夫妻对婚姻关系存续期间所得的财产约定归各自所有的，夫或妻一方对外所负的债务，第三人知道该约定的，以夫或妻一方所有的财产清偿"。王先生要主张该项债务为杨女士个人的债务，则要证明债权人杨女士之弟与债务人杨女士明确约定为个人债务，否则就应该认定为双方的共同债务。在王先生不能证明该项债务为杨女士个人债务的情况下，该项债务应该属于夫妻共同债务，应该由双方共同偿还。如前所述，在本案中，杨女士出租甲区住房所获得的租金4 800元，属于夫妻共有财产，可以用来清偿共同债务，5 200元债务中未能清偿的400元，可以由双方分担。

4. 关于离婚时的经济帮助问题

《婚姻法》第42条规定："离婚时，如一方生活困难，另一方应从其住房等个人财产中给予适当帮助。具体办法由双方协议；协议不成时，由人民法院判决。"《司法解释（一）》第27条进一步明确，所谓一方生活困难，是指依靠个人财产和离婚时分得的财产无法维持当地基本生活水平。一方离婚后没有住处的，属于生活困难。离婚时，一方以个人财产中的住房对生活困难者进行帮助的形式，可以是房屋的居住权或者房屋的所有权。本案中，双方的《夫妻和好协议》表明，杨女士有住房，因此不存在法律上规定的没有住房而造成的经济困难。杨女士提出自己有最低生活保障，没有其他收入来源，因此要求王先生给予经济帮助。从本案情况看，杨女士有不少婚前财产，也有自己的住房，还有国家提供的低保，而且杨女士还具有劳动能力，因此很难说。在离婚后，杨女士不能依靠个人的财产维持当地基本生活水平。法院可能不会支持其要求王先生给予经济帮助的主张。

5. 关于离婚损害赔偿责任

离婚损害赔偿，是指因为配偶一方的过错而给对方造成物质上或者精神上的损害，在离婚时，有过错的一方应对受害方予以赔偿。法律上设置这种损害赔偿制度，目的在于对受害方进行损害填补和精神抚慰，并预防和制裁行为人的违法行为。但是《婚姻法》对离婚损害赔偿责任规定了具体的要件，实施侵害的配偶一方的行为需要达到法定的条件，受害人一方才可以请求赔偿。根据《婚姻法》第46条的规定，配偶的一方有重婚或者与他人同居、实施家庭暴力或者虐待、遗弃家庭成员的，无过错一方有权请求损害赔偿。本案中，没有证据表明，王先生实施了前述违法行为，因此，杨女士要求王先生对其进行赔偿的请求难以得到法院的支持。

本单元思考题

1. 试比较法定财产制与约定财产制的利弊。
2. 分居的夫妻该如何处理其财产关系？

学习单元 2 处理继承纠纷的法律建议

作为财产移转的一种途径或形式，继承一般发生在有着血缘或者婚姻关系的亲属之间，继承纠纷也可能成为家庭纠纷的常见形式。处理继承纠纷，不仅要明确继承权、遗产的内涵，更要遵循法律确立的保护公民的财产继承权，继承权男女平等和在继承遗产时的养老育幼、互助互让、团结和睦的原则，同时要注意区别法定继承与遗嘱继承的适用条件和适用范围，并掌握遗产分割的基本途径和方法。

学习目标

- 熟悉有关继承的概念和性质
- 掌握处理继承纠纷的法律规定

一、继承权男女平等

继承权是指自然人依照法律的规定或者被继承人生前立下的合法有效的遗嘱承受被继承人遗产的权利。继承权是根据法律的规定或者被继承人生前所立的合法有效的遗嘱的指定而取得。法律基于公民与被继承人之间的婚姻关系、血缘关系、抚养关系等确定了法定继承人的范围，公民立遗嘱可以指定继承遗产的继承人。取得继承权的继承人，在继承开始后即可行使继承权，实现自己的权利。

《中华人民共和国继承法》（以下简称《继承法》）不仅明确规定了保护公民的私有财产的继承权，同时在第 9 条规定，"继承权男女平等"，由此确立了我国继承法上的继承权男女平等原则。由于几千年来的重男轻女、男尊女卑等封建思想的流毒至今没有完全消除，在一些地方，特别是农村，妇女的继承权容易受到侵害甚至剥夺，确立和遵循继承权男女平等原则，对于保护妇女的合法权益具有重要的意义。

《继承法》为贯彻和落实继承权男女平等原则，在各项具体的制度上都作出了具体的规定，主要体现在以下方面：

第一，公民的继承权不因性别的不同而不同。这主要体现在法定继承人的范围和顺序上男女平等。根据《继承法》的规定，每一顺序的法定继承人中，男性与女性都是相互对应的，都彼此平等地成为法定继承人；在亲等相同的情况下，适用于男性的继承顺序，也适用于女性；适用于父系的继承顺序，也同样适用于母系。丈夫与妻子、儿子与女儿、父亲与母亲、兄弟与姐妹、祖父母与外祖父母、对岳父母尽了主要赡养义务的丧偶女婿与对公婆尽了主要赡养义务的丧偶儿媳，都平等地作为法定继承人。妇女无论是已婚、未婚、初婚、再婚，也不论是参加社会工作还是从事家务劳动，均与男性享有平等的继承权。

第二，代位继承权男女平等。凡是适用于男性的代位继承，同样适用于女性。被继承人的子女的晚辈直系血亲，如孙子女、外孙子女、曾孙子女、外曾孙子女都可以代位继承。代位继承人不受辈数和性别的限制。

第三，遗嘱处分遗产的权利、遗嘱继承权、受遗赠权男女平等。不论男性，还是女性，都可以依法立遗嘱处分其个人合法财产；无论男性还是女性，都可以成为遗嘱继承人或者受遗赠人。

第四，在遗产分割上男女平等。在法定继承上，继承人继承遗产的份额的多寡不因性别的不同而不同，只能因所尽义务的多少、各自的劳动能力与经济状况的差异而有所差异。遗嘱在为缺乏劳动能力又没有生活来源的继承人保留必要的遗产份额时，应该男女平等。

二、法定继承与遗嘱继承

《继承法》确立了法定继承与遗嘱继承两种继承方式。

1. 法定继承

法定继承，是指继承人的范围、继承顺序、代位继承以及遗产分配的原则等，均按照法律的直接规定予以确定的继承方式。法定继承以继承人与被继承人之间存在的血缘关系、婚姻关系、收养关系等为基础。

2. 遗嘱继承

我国法律确立了遗嘱自由原则，公民可以依照继承法规定确立遗嘱处分个人财产。遗嘱继承是指继承人按照被继承人的遗嘱，继承被继承人的遗产的继承方式。遗嘱继承的发生以被继承人立有合法有效的遗嘱的存在为前提，遗嘱继承的开始必须同时具备被继承人立有遗嘱和立遗嘱人死亡两个事实。遗嘱继承的继承人的范围、顺序、遗产份额，都可

> 法律规定，继承权纠纷提起诉讼的期限为2年，自知道或者应当知道权利被侵犯之日起计算。但是，自继承开始之日超过20年的，不得再提起诉讼。

> 注意法定继承和遗嘱继承在继承人范围方面的联系与区别。

由遗嘱人在遗嘱中指定。遗嘱继承人依遗嘱取得遗产后，不影响其依法定继承取得遗嘱未处分的遗产。

3. 法定继承与遗嘱继承的区别

法定继承与遗嘱继承两种继承方式既互相区别，又互相联系。在处理继承纠纷时，应该准确把握两者的相互关系。法定继承与遗嘱继承的区别主要在于两种继承的继承人的范围、继承顺序和遗产份额上的不同。法定继承的继承人的范围、继承顺序、代位继承以及遗产分配的原则等，均按照法律的直接规定予以确定；遗嘱继承的继承人的范围、继承遗产的份额等或者数额由被继承人生前所立遗嘱来指定或者确定。遗嘱继承的继承人在范围上为法定继承人。但是，具体的遗嘱继承人由被继承人通过遗嘱指定，不受法定继承所要求的顺序和身份上的限制。法定继承下，同一顺序的继承人继承遗产的份额一般应该均等；遗嘱继承下，具体继承人可继承的遗产的数量或者份额由遗嘱确定，不受法定继承所要求的份额均等的限制。在继承上，公民以遗嘱的方式将遗产全部或部分无偿赠给国家、集体或法定继承人以外的自然人，并于其死后发生法律效力的法律行为，被称之为遗赠，不属于遗嘱继承的范畴。

4. 法定继承的适用条件

在实际中，由于公民通过遗嘱可能只处分了部分遗产，或者公民所立遗嘱被认定为无效等原因，法定继承与遗嘱继承因此可能并存甚至发生转换。因此，准确理解法定继承和遗嘱继承的适用范围具有重要的意义。《继承法》第 5 条规定，"继承开始后，按照法定继承办理；有遗嘱的，按照遗嘱继承或者遗赠办理；有遗赠扶养协议的，按照协议办理"。据此，法定继承在以下情形下适用：第一，被继承人生前未立遗嘱或者遗嘱没有处分其全部遗产，其未处分的遗产适用法定继承。第二，被继承人生前所立遗嘱，由于违反法律、法令等，经人民法院判决宣告无效的，应适用法定继承。如果遗嘱部分无效，则遗嘱的无效部分应该适用法定继承。第三，被继承人生前未同他人订立遗赠抚养协议；或者已经订立的遗赠抚养协议失去法律效力的；或者被继承人没有用遗赠抚养协议处理其全部遗产，而未处分的遗产又没有遗嘱继承的，应该适用法定继承。第四，被继承人在遗嘱中指定的遗嘱继承人或者受遗赠人放弃继承或者拒绝接受遗赠的，其放弃继承或者放弃受遗赠的那部分遗产，应适用法定继承。第五，遗嘱继承人或者受遗赠丧失继承权或者受遗赠权的，其丧失继承权或者受遗赠权的遗产，适用法定继承。第六，遗嘱指定的继承人或者受遗赠人先于遗嘱人死亡的，该遗嘱人的遗产适用法定继承。

5. 区分代位继承与转继承

（1）代位继承

代位继承又称间接继承，是指被继承人的子女先于被继承人死亡，由被继承人的子女的晚辈直系血亲代替其继承被继承人遗产的法定继承方式。在代位继承中，先于被继承人死亡的被继承人的子女称为被代位（继承）人，代替被代位人行使继承权的被代位人的晚辈直系血亲称为代位继承人，代位继承人享有的权利称为代位继承权。

（2）转继承

转继承又称再继承、连续继承或二次继承，是指继承人在继承开始后、遗产分割前死亡，其应继承的遗产转由他（她）的合法继承人来继承。实际接受遗产的已死亡的继承人的合法继承人称为转继承人，已死亡的继承人称为被转继承人。转继承实际上是两个继承的连续发生，即先是被转继承人继承其被继承人的遗产，在该遗产分割前，被转继承人死亡，由此被转继承人的继承人即转继承人依法继承原应由被转继承人继承的遗产。

（3）代位继承和转继承的区别

这两者的区别主要体现在以下方面：第一，发生的事实根据不同。代位继承是基于继承人先于被继承人死亡的事实，而且只是在该死亡的继承人是被继承人的子女的情况下才发生；转继承则是基于继承人后于被继承人死亡的事实，而且该继承人的死亡是在被继承人的遗产被分割前才发生转继承。第二，继承人的范围不同。代位继承中代位继承人仅限于被代位继承人的晚辈直系血亲，而转继承中的转继承人可以是被转继承人的一切法定继承人。第三，法律后果不同。代位继承人有权继承被代位继承人应继承的遗产份额，而转继承人只是代替被转继承人实际接受被转继承人有权继承的遗产。第四，适用范围不同。代位继承只能适用于法定继承，因为遗嘱继承人先于被继承人死亡的，遗嘱失去法律效力；而转继承既可适用于法定继承，也可适用于遗嘱继承。

遗嘱必须符合《继承法》规定的条件才有效，注意区别法律对不同形式的遗嘱所规定的形式要件。

三、遗嘱继承与遗赠、遗赠抚养协议

我国法律确立了遗嘱自由原则，公民可以依照《继承法》规定立遗嘱处分个人财产。

1. 遗嘱继承

遗嘱继承是指继承人按照被继承人的遗嘱，继承被继承人的遗产的继承方式。遗嘱继承的发生以被继承人立有合法有效的遗嘱的存在为前提，遗嘱继承的开始必须同时具备被继承人立有遗嘱和立遗嘱人死亡两个事实。遗嘱继承的继承人的范围、顺序、遗产份额，都可由遗嘱人在遗嘱中指定。遗嘱继承人依遗嘱取得遗产后，不影响其依法定继承取得遗嘱未处分的遗产。

2. 遗赠

指自然人以遗嘱的方式将遗产全部或部分无偿赠给国家、集体或法定继承人以外的自然人，并于其死后发生法律效力的法律行为。

3. 遗嘱与遗赠的区别

遗嘱与遗赠都是自然人用遗嘱处分其遗产的行为，其结果都导致遗产的所有权的转移，而且也都是在遗嘱人死亡时开始。但是两者也存在明显的区别，这主要体现在以下方面：第一，接受遗产的人的范围不同。遗嘱继承人只能是法定继承人中的一人或者数人，即均是自然人；遗赠中的受遗赠人是国家、集体或者法定继承人之外的人，受遗赠人不能是法定继承人，而且不限于自然人。第二，接受遗产的人承担的义务不同。遗嘱继承人在行使继承遗产的权利的同时，应当负担被继承人应当缴纳的税款和债务；受遗赠人一般不承担清偿遗赠人债务的义务，但要在遗赠人的债务、税款清偿后才能接受遗赠的财产。第三，作出接受遗产的意思表示和要求的效果不同。遗嘱继承人要放弃继承，应该在遗产处理前作出，否则视为接受继承；而受遗赠人应该在知道遗赠后两个月内作出接受的意思表示，到期没有表示接受的，视为放弃受遗赠。第四，取得遗产的途径不同。遗嘱继承人可直接参加遗产的分配而取得遗产；而受遗赠人一般不直接参与遗产分配，而是从遗嘱执行人或者法定继承人那里获得遗产。

注意遗嘱继承人和受遗赠在主体、权利、义务方面的不同。

4. 遗赠扶养协议

《继承法》规定，公民可以与扶养人签订遗赠扶养协议。按照协议，扶养人承担该公民生养死葬的义务，享有受遗赠的权利。遗赠扶养协议，是指遗赠人与扶养人之间签订的，由遗赠人将其财产指定在其死后转移给扶养人所有，而由扶养人承担遗赠人生养死葬义务的协议。其中，遗赠人又是被扶养人，扶养人又是受遗赠人，它可以是自然人，也可以是集体所有制组织。

5. 遗赠与遗赠抚养协议的区别

遗赠与遗赠抚养协议都是财产所有人对自己的财产在生前作出处分而死后实现财产所有权移转的行为，但是两者也有明显的差异：第一，遗赠抚养协议是双方的法律行为，需要有抚养人与遗赠人意思表示的一致。遗赠是单方法律行为，只要有遗赠人一方的意思表示即可成立，无需征得受遗赠人的同意。第二，遗赠抚养协议是一种合同行为，其成立生效要符合合同成立与生效的要件；遗赠是属于利用遗嘱处分其遗产的行为，应该采用遗嘱形式，并且要符合《继承法》规定的遗嘱的成立和有效要件。第三，遗赠抚养协议是双向、有偿行为，受抚养人以将其财产转归抚养人为代价得到抚养人的生养死葬，而抚养人在取得受抚养人的财产的同时，也必须对其尽生养死葬的义务。遗赠是无偿的行为，受遗赠人只是享有接受遗产的权利，一般不承担相应的义务。第四，遗赠抚养协议自成立生效后即对双方具有约束力，非经双方协商一致或者有法定事由，任何一方不得变更或者解除。遗赠则是遗赠人死后才发生法律效力的行为。遗赠人死亡之前，可随时变更或者撤销所立遗嘱，受遗赠人也只有在遗赠人死亡后行使接受遗产的权利。

> 遗赠抚养协议在适用上具有优先性。如果遗嘱与遗赠抚养协议没有抵触，遗产分别按照协议和遗嘱执行；如果有抵触，则应按遗赠抚养协议处理，与其抵触的遗嘱全部或者部分无效。

四、遗产分割与养老育幼、互助互济原则的适用

遗产是指被继承人死亡时遗留的、依照继承法规定能够转移给他人的财产权利及一定范围的财产义务。遗产分割是指继承开始后，依法在各继承人之间进行遗产分配，从而使遗产实际转归各个继承人所有的法律行为。

养老是家庭的社会职能之一，养老育幼和互助互济既是中华民族的优良传统和美德，也是社会主义道德的基本要求。现行法律从发挥家庭职能和弘扬社会主义道德出发，在诸多方面都贯彻了养老育幼、互助互济的原则。继承人不仅应该本着互谅互让、团结和睦的精神，协商处理继承问题，在对遗产分割时也应该贯彻这个原则。

第一，保障对公、婆或者岳父、岳母尽了主要赡养义务的丧偶儿媳或者丧偶女婿的继承权。儿媳与公婆、女婿与岳父母之间并无血缘关系，世界上的大多数国家的继承法未将他们列入法定继承人的范围，我国继承法的这个规定是一大特色。认定丧偶儿媳或者丧偶女婿对公婆或者岳父母的遗产是否享有继承权，关键在于判断其是否尽了主要赡养义务。《最高人民法院关于贯彻执行〈继承法〉若干问题的意见》第30条规定："对被继承人生活提供了主要经济来源，或在劳务等方面给予了主要扶助的，应当认定其尽了主要赡养义务或主要扶养义务。"丧偶儿媳或者丧偶女婿对公、婆或者岳父、岳母尽了主要赡养义务的，不论他们是否再婚，他们都应该作为第一顺序的法定继承人继承公、婆或者岳父、岳母的遗产。

第二，对被继承人实施严重犯罪违法行为的人不能享有继承权。根据《继承法》第7条的规定，继承人有下列行为之一的，丧失继承权：(1) 故意杀害被继承人的。继承人故意杀害被继承人的，不论是既遂还是未遂，均应确认其丧失继承权。(2) 为争夺遗产而杀害其他继承人的。(3) 遗弃被继承的，或者虐待被继承人情节严重的。继承人虐待被继承人情节是否严重，可以从实施虐待行为的时间、手段、后果和社会影响等方面认定。虐待被继承人情节严重的，不论是否追究刑事责任，均可确认其丧失继承权。继承人虐待被继承人情节严重的，或者遗弃被继承人的，如以后确有悔改表现，而且被虐待人、被遗弃人生前又表示宽恕，可不确认其丧失继承权。(4) 伪造、篡改或者销毁遗嘱，情节严重的。继承人伪造、篡改或者销毁遗嘱，侵害了缺乏劳动能力又无生活来源的继承人的利益，并造成其生活困难的，应认定其行为情节严重。

第三，按法定继承分割遗产时，对生活有特殊困难的缺乏劳动能力的继承人，应当予以照顾，对被继承人尽了主要抚养义务或者与被继承人共同生活的继承人，可以多分；有抚养能力和抚养条件的继承人，不尽抚养义务的，应当不分或者少分。

第四，被继承人以遗嘱处分遗产的，遗嘱应当对缺乏劳动能力又没有生活来源的继承人保留必要的遗产份额。《最高人民法院关于贯彻执行〈继承法〉若干问题的意见》第37条规定"遗嘱人未保留缺乏劳动能力又没有生活来源的继承人的遗产份额，遗产处理时，应当为该继承人留下必要的遗产，所剩余的部分，才可参照遗嘱确定的分配原则处第五，遗产分割时，应当保留胎儿的继承份额。《继承法》第28条规定，"遗产分割时，应当保留胎儿的继承份额。胎儿出生时是死体的，保留的份额按照法定继承办理"。

第六，继承人中有缺乏劳动能力又没有生活来源的人，即使遗产不足清偿债务，也应为其保留适当遗产。

第七，对继承人以外的依靠被继承人扶养的缺乏劳动能力又没有生活来源的人，或者继承人以外的对被继承人扶养较多的人，可以分配给他们适当的遗产。这是《继承法》第14条的规定。当然，根据该条规定可以分给适当遗产的人，分给他们遗产时，按具体情况可多于或少于继承人；在其依法取得被继承人遗产的权利受到侵犯时，本人有权以独立的诉讼主体的资格向人民法院提起诉讼。但在遗产分割时，明知而未提出请求的，一般不予受理；不知而未提出请求，在2年以内起诉的，应予受理。

> 不生效的遗嘱不能发生遗嘱的效力，也不能被执行，如遗嘱继承人在遗嘱生效前死亡或者丧失继承权等。

处理财产继承纠纷法律咨询要点

婚姻家庭咨询师应向求助者分析不同的解决问题途径的利弊；应向求助者解释所咨询事项涉及的继承法上的有关法律规定并为求助者进行争议处理结果的分析和预测。

【案例2—12】绘画大师身故后的遗产分割

❖案例描述

王先生为吴女士已故丈夫。王甲系王先生与其前妻李某所生之子。王乙、王丙、王丁系吴女士与王先生所生之女。2003年5月王先生去世。继承开始后，各继承人均未作出放弃继承的表示。至今，各继承人仍未依法析产分割。王先生的遗产有油画、素描、国画等作品共50余幅，由王甲保管。吴女士请求对王先生美术作品方面的遗作依法析产：第一，她与王先生为合法婚姻关系，王先生的遗作绝大部分是在夫妻关系存续期间所作，依据《继承法》第26条的规定，应先将遗作中属于她的一半分出，其余部分由她本人、王甲、王乙、王丙、王丁全体继承人依法继承；第二，依据《继承法》第13条的规定，她一直与王先生共同生活并对王先生尽了主要扶养义务，她应适当多分一些遗作。

被告王甲则认为：由于父亲王先生是绘画艺术大师。如果分割王先生的遗作，将破坏其艺术的整体性。因此，吴女士的诉讼请求不应得到支持。退一步讲，即使应当析产，则王甲的生母李某作为王先生的前妻应当享有遗产三分之一的份额，吴女士只能享有三分之一的份额，其余遗产才应当由各继承人平均分割。

法院查明：被继承人王先生于1925年出生，2003年5月死亡。王先生死亡前未立遗嘱。王先生于1949年在原籍山东某县与李女士结婚，婚后生有一子王甲。李女士于1964年5月死亡。王先生于1968年与吴女士结婚并一直共同生活至去世。吴女士与王先生生有王乙、王丙、王丁三女。王甲现有王先生的美术作品46幅，其中有王先生在与李女士共同生活期间创作的作品20幅，在李女士死后创作的10幅作品，在与吴女士共同生活期间创作的作品16幅。1998年南方水灾期间，王甲出卖了王先生在与吴女士共同生活期间创作的书画作品4件，并将所得款项捐赠给了中华慈善总会。

❖案例描述

本案没有涉及遗嘱问题，因此只是一起法定继承遗产案件。在法定继承纠纷中，被继承人以及继承开始的时间都比较明确，不会发生争议。争议的焦点常常是继承人的范围、遗产的范围以及各继承人应得的份额等。处理法定继承案件的基本思路是，在明确被继承人和继承开始的时间的基础上，准确认定法定继承人的范围及各继承人的继承顺序，界定具体可继承的遗产，最后再确定各继承人的份额和具体继承的遗产。本案的一个难点在于，案中涉及两个当事人的死亡，也就是发生了两个继承关系，而且对这两个被继承人的遗产都没有进行分割，因此，在诉讼中，要对两个继承关系分别处理。

1. 王先生的前妻李女士死亡引起的继承关系

李女士于1964年5月死亡。此时，李女士的法定继承人有王先生和王甲。王先生和王甲分别作为李女士的配偶和儿子，都是李女士的第一顺序继承人，具有同等的继承权。

本案中，王先生和王甲一直对李女士的遗产没有进行分割，而王先生已于2003年5月死亡，由此，王先生的死亡引发出了转继承关系。具体到本案，王先生应继承的李女士的遗产转由王先生的法定继承人继承。

2. 王先生的死亡引起的继承关系

王先生于 2003 年 5 月死亡，王先生的法定继承人有其死亡时存在婚姻关系的吴女士，以及王先生的子女即王甲、王乙、王丙、王丁。这五个人都是第一顺序继承人，享有同等的继承权。

3. 李女士的遗产与王先生的遗产

本案中只涉及王先生创作的作品，从表面看似乎不存在李女士的遗产问题，实则不然。

法院可以查明的是在王先生与李女士夫妻关系存续期间，王先生创作的作品的具体数量和具体作品名称。根据《继承法》关于夫妻法定财产制的规定，夫妻关系存续期间一方或者双方的劳动所得属于夫妻共有财产。在夫妻一方死亡时，应该将夫妻共有财产进行分割，进而确定死亡的夫或者妻的遗产。本案中，法院最终查明王先生在与李女士共同生活期间创作了 20 幅作品，这 20 幅作品的一半应该成为李女士的遗产。

王先生的遗产应该包括两部分，即王先生在与吴女士结婚前的个人财产，以及与吴女士结婚后形成的夫妻共同财产的应分割部分。王先生在与吴女士结婚前的个人财产，则应包括王先生继承的李女士的遗产以及王先生自己的其他个人财产。本案中，王先生在李女士死亡后、与吴女士结婚前又创作了 10 幅作品，则这 10 幅作品属于王先生的个人财产。王先生与吴女士结婚后形成的夫妻共同财产，在王先生死亡后，应该先进行分割，其中的一半成为王先生的遗产。王先生与吴女士结婚后，实际创作了 20 幅作品，这 20 幅作品的一半应该分割给吴女士所有，另一半属于王先生的遗产，由王先生的法定继承人依法继承。

按照上述分析，王先生的遗产包括：王先生继承的李女士遗产中的 5 幅作品；王先生在李女士死亡时的个人财产，即分割与李女士的共同财产的一半 10 幅作品；王先生在与吴女士结婚前创作的 10 幅作品；王先生与吴女士共同生活期间创作的作品的一半，即 20 幅中的 10 幅应该属于王先生的遗产。

4. 关于王甲出卖了王先生的书画作品 4 件，并将所得款项捐赠给了中华慈善总会的问题

理论上一般认为，在有多名继承人的情况下，继承发生后、遗产分割前，全体继承人共同对遗产享有所有权，也就是共同共有遗产，全体继承人应该共同享有权利、承担义务，单个的债权人不能处分共有物。本案中，王甲在没有征得其他继承人也就是共有人同意的情况下，自己

单独处分部分遗产的行为，侵害了其他继承人的合法权益，应该承担相应的法律责任。

5. 各个继承人应得的遗产份额

按照上述假设，王先生的遗产是35幅作品，这35幅作品应该由吴女士、王甲、王乙、王丙、王丁均分，即每人可得五分之一，即7件作品。

王甲除了继承王先生的遗产的五分之一外，还可继承其母李女士的遗产。在王先生死亡前，王甲与王先生对李女士的遗产享有同等的继承权。按照上述分析，李女士的遗产是20幅作品的一半。因此，王甲与王先生可各继承李女士的一半遗产即5幅作品。王甲继承李女士遗产的权利不随王先生的再婚和死亡而改变。在本案中，王甲擅自处分了属于继承人共有的遗产中的4件作品，应该承担相应的法律责任。因此，可以从王甲应得的遗产中扣除4件作品，这样王甲实际分得现有46件书画作品中的8件。

吴女士作为王先生的继承人，与其他继承人一样可法定继承王先生遗产的五分之一；王先生在与吴女士共同生活期间创作的20幅作品，属于夫妻共有财产，吴女士可分得一半，即10幅作品。这样吴女士在本案中可分得总共17件作品。

另外，吴女士提出，其一直与王先生共同生活并对王先生尽了主要扶养义务，应适当多分一些遗作。只要吴女士所述的情况属实，在遗产分割时应该考虑。

本案例中对遗产的分割采取的是实物分割方法，也可以对作品进行估价，从而依据各件作品的价格和各继承人应继承的份额，采取实物分割和价值补偿相结合的方法进行分割。

本单元思考题

1. 如何理解夫妻相互之间的遗产继承权？
2. 法律对公民通过立遗嘱处分其财产有哪些限制？

第 3 章
培训与指导

　　作为一级婚姻家庭咨询师，不仅要完成好自己的工作任务，还负有培训和指导下级婚姻家庭咨询师（包括三级和二级婚姻家庭咨询师）的任务。一级婚姻家庭咨询师是婚姻家庭咨询师中的最高级别，不仅具有较高的理论知识水平，还具有丰富的实践经验，这使他们有资格、有能力对下级婚姻家庭咨询师进行职业培训和业务指导。当然，这种培训和指导不是任意的行为，而是有目的、有计划、有特定内容、有科学方法的规范行为。

　　本章的内容分为2节，在第1节"培训"中，对"制订和实施培训计划""疑难个案的分析讲解"两个问题作了阐述，为一级婚姻家庭咨询师完成培训工作提供了方法，并以分析疑难个案的方式，进行了实际的演示。第2节的内容为"指导"，对一级婚姻家庭咨询师提出了更高的要求。在对下级婚姻家庭咨询师的指导中，首先是"对下级婚姻家庭咨询师进行业务考评"；其次，是"对下级婚姻家庭咨询师进行心理健康评估和辅导"。这两方面的专业性都是很强的。一级婚姻家庭咨询师必须认真钻研、熟练掌握有关知识和方法，才可能胜任对下级婚姻家庭咨询师进行培训和指导的工作。

第1节 培 训

 学习单元1 制订和实施培训计划

婚姻家庭咨询师在我国是一个综合性很强的新职业。从事该职业需要具有社会学、心理学、法律、社会工作、伦理学、医学等方面的知识，需要具备很强的人际沟通、分析问题、解决问题的能力，还需要了解社会的发展以及伴随着社会变迁而来的新问题。这就需要婚姻家庭咨询师不断地学习提高，除了自学外，婚姻家庭咨询师还应积极参加各种相关的培训。

作为一级婚姻家庭咨询师，不仅自己应当不断参加培训提高水平，还肩负着培训下级婚姻家庭咨询师的职责。因此，一级婚姻家庭咨询师首先应该能够制订培训计划，并很好地实施培训计划。

 学习目标

➢ 熟悉培训的目的与目标
➢ 掌握培训计划的结构
➢ 能根据需要制订培训计划
➢ 能有效实施培训计划

一般而言，婚姻家庭咨询师的培训可以分为两种，一种是入职培训，另一种是提高培训。前者是专门的培训机构针对具有参加婚姻家庭咨询师职业资格考试的人员举办的培训。由于目前国内没有完全对应的专业教育，且婚姻家庭咨询师涉及了多个专业的相关知识，因此，婚姻家庭咨询师的入职培训显得尤为重要。后者是为提高婚姻家庭咨询师的工作水平而进行的培训。由于婚姻家庭问题的多样性和复杂性，婚姻家庭咨询师必须提高工作水平来适应工作要求，这就需要婚姻家庭咨询师还必须不断参加在职培训。无论是哪种培训，一级婚姻家庭咨询师都可能参与。因此，对他们来说，掌握制订和实施培训计划的相关知识，能够根据情况实施相关的培训，是十分重要和必要的。

一、培训需求调查的方法

进行培训需求调查是制订培训计划的第一步。无论是婚姻家庭咨询师入职培训还是提高培训，都需要进行培训需求的调查。一方面，由于不同地区对婚姻家庭咨询师人数及咨询水平的需求不同，培训者需要根据各地的培训需求情况制订培训计划；另一方面，由于参加培训人员的素质、文化背景、知识背景不同，参加培训所希望获得的信息不同，参加培训的目的也有所不同。培训者应根据这些情况制订有针对性的培训计划，因材施教，搞好培训。此外，也可以在培训开始前进行培训需求调查，根据调查情况调整培训计划使之更加适合学员的需求。

需求调查可以通过访谈调查的方法或者问卷调查的方法进行。

1. 访谈调查方法

访谈调查方法即与学员按照既定的访谈提纲进行谈话，从谈话中获得信息的方法。对于参加婚姻家庭咨询师入职培训的学员，培训需求调查访谈的内容主要包括学员的学历背景、学员工作背景、学员参加培训的预期目的、目标等；对于参加提高培训的学员，培训需求调查访谈的内容主要包括学员的学历背景、学员实际从事婚姻家庭咨询工作的背景、学员咨询工作中常遇到的问题、学员工作中常用的咨询方法、学员参加培训的预期目的、目标以及希望运用何种培训方法等。

访谈调查方法能够使培训者近距离地与学员进行双向沟通，对学员及其培训需求有较深入的了解。但是运用这种方法，很难对所有学员都进行调查了解，它只适用于对少数人进行调查。因此，培训者应有针对性地运用访谈调查方法对重点人员进行培训需求的调查。

2. 问卷调查方法

问卷调查方法是通过设定好的统一的问卷对学员进行调查并对问卷答案进行分析来获得信息的方法。问卷一般可以分为两个部分，第一部分是封闭式的问题，第二部分是开放式的问题。封闭式的问题，一般涵盖学员的年龄、专业背景、从事咨询的工作年限、擅长于哪方面的咨询、参加培训的预期目的与目标是什么（该问题可以是多选的）、希望运用的培训方法等；开放式的问题，可以是要求学员提出自己对培训的一些建议或者希望。培训者应该针对婚姻家庭咨询师入职培训或提高培训的具体情况，设计具体的培训需求的调查问卷。

问卷调查方法的好处，是可以用于全体学员，使培训者了解全体学员的培训需求，并根据大多数学员的意见制订或调整培训计划。其不足在于需要花费较多时间，不仅组织学员填写问卷需要一定的时间，对问卷进行分析统计也需要一定的时间。

3. 调查资料分析方法

不管应用哪种方法进行需求调查，调查结束后培训者都要进行资料的分析。在分析中发现学员的需求，根据需求制订培训计划，确定培训方法。

调查资料的分析可以采用排序的方法，培训者在培训前要分析、总结出培训的目的、培训计划、培训内容等。

二、制订培训计划的原则

在培训需求调查的基础上制订培训计划。制订培训计划需要遵循一定的原则，这些原则主要有目的性、科学性、计划性、整体性、连贯性、可行性。只有目的明确，计划科学合理，并且具有计划性、整体性、连贯性和可行性的培训才能达到预期的目的，才能培养出合格的婚姻家庭咨询师。

1. **目的性**

目的性原则是指培训的目的要明确。在制订培训计划的时候，要十分明确培训的目的，包括总的目的及每次培训、培训中每个环节的目的。只有目的明确，才能把握好培训总的方向。培训属于入职培训还是提高培训，这是培训不能混淆的两种不同的总体目的。

2. **科学性**

培训计划的制订要遵循科学性的原则。科学合理的培训计划才有指导性，才有利于培训方向的贯彻，有利于学员知识的习得，有利于培训效果的提升。

3. **计划性**

培训计划要具备计划性。要明确培训各个时间段的任务，明确每个任务完成的时间，计划性强的培训计划有利于培训的顺利实施。

4. 整体性

培训计划要具有整体性。一个好的培训计划应当是个完整的整体。通过培训，学员可以对知识形成一个完整的思路与认识，有利于培训完成和达到预期目标。

5. 连贯性

培训计划中各个培训内容和因内容而设计的活动应当是连贯的，是循序渐进的。连贯的培训计划，不仅体现培训者的能力，更能增强学员对培训的认识，更有利于学员的接受，有利于学员完整地接受训练，完成实习过程。

6. 可行性

培训计划应当考虑到学员的接受水平、接受能力，考虑到时间、地点的因素，考虑到设计的活动的可实施性。只有全面考虑到这些因素，并在制订计划时尽量避免可能因这些因素带来的不利影响，制订的计划才具备可行性。

制订一个好的培训计划，是搞好培训工作最重要的一环。一级咨询师要掌握好制订计划的6条原则，在实践中真正做到能拿得出一个个科学可行的高质量培训计划。

三、培训计划的构成

培训计划构成包括培训的总体目的，培训的阶段性目标，培训的活动安排，培训结束的评估。

1. 培训的目的

培训的目的是指整个培训总体要达到的目的。根据培训大纲的要求以及学员的实际需求，制定明确的目的，并在培训初期告知学员。

2. 具体的阶段性目标

阶段性目标是保证培训目的实现的基础，要具体。也就是说，围绕培训目的的实现而安排的活动是有明确目的的，培训的每个阶段也都要目标明确。只有目标明确才能有明确的方向，才能为达到目标而进行计划的调整和完善。阶段性的目标还是评估培训实施情况不可或缺的。

3. 活动安排

围绕培训目的的活动安排，是实现培训目标的保证。活动的安排要适合学员的特点，要有利于知识的传播和接收，要有利于对培训内容的理解，有利于加深学员的记忆。活动安排要考虑到环境、场地的影响，要因地制宜，合理安排。

4. 培训结束的评估

这种评估是为了检验培训目的和具体的子目标是否达到。可以用访谈的方法评估，也可以用量表的方法评估。评估不仅是检验成果，更是巩固成果。同时，也能发现培训中尚未完成的内容，明确继续努力的方向。

四、培训程序

1. 培训前的准备

（1）调查了解培训需求

培训者在培训开始阶段要进行培训需求的调查。因此，要准备访谈提纲或调查问卷，准备进行调查所需要的录音设备、纸、笔，分析问卷所需要的计算机、软件等。

（2）制订综合性培训计划

通过前一阶段的需求调查，制订符合培训需求的培训计划。并在培训开始时告知学员培训的总体目标、培训的时间安排及各阶段的任务等。

（3）协调培训团队

由于婚姻家庭咨询师培训涉及多方面的知识，不可能由一个培训者完成，需要组织一个培训团队。培训团队之间需要进行协调与沟通，明确哪些培训者负责培训什么内容，各内容之间的衔接关系是什么。在培训团队之中应有一名组织者，负责协调培训团队的备课、研讨课程安排等活动，以保证培训的正常运行。

（4）培训备课

由于婚姻家庭咨询师培训是一个由团队进行的培训，因此，要组织团队成员进行集体备课。备课是培训成功的先决条件，不仅要通过集体备课对于婚姻家庭咨询师培训达成整体的共识；各部分的培训者还要依据培训大纲的要求对自己所负责培训的内容进行详细的准备，包括撰写教案、安排活动及课后练习等，以保证培训的质量。

（5）培训场地、设备准备

培训的场地要符合培训内容的需要，如：备有多媒体教学设备，以及黑板、粉笔、纸张、彩色水笔等。培训场地的桌椅最好是可以活动的，以便进行小组讨论或者集体练习。此外，还应当有供实际演练的咨询室和观察室，以便实务操作的需要。要安置录像设备，以便课后进行分析、讨论，提高咨询实务能力。

2. 培训过程的实施

有一个好的培训计划只完成了培训的一部分，再好的计划未付诸实施只能是空谈。只有在实施过程中，才可能使计划受到检验，逐步完善。

（1）培训前期

培训前期要做如下事情：一是接触接学员，了解他们的需求；二是形成培训团队并进行分工和集体备课，讨论培训方案；三是通过讨论形成培训方案；四是选好培训地点，备好培训设备；五是通知学员培训的时间、地点、注意事项等。

（2）培训主题的引入

在培训之初，要告知学员培训的主题、与该主题相关的概念、培训的计划、培训的目的、培训的方法、培训中应当注意的问题、培训的内容有哪些以及培训的时间安排等。这将使学员对培训有初步的了解和认同。同时，告知学员如何使用培训教程。

（3）按步骤实施培训

按照培训计划，有步骤地实施培训；并根据培训中的实际情况，适当地调整培训计划，以促进培训目标的实现。

（4）培训中突发事件的处理

冲突是人类关系中不可避免的组成部分，在培训中同样会有一些培训者意想不到的事件发生，作为培训者应当具备灵活处理问题的能力。对于突发事件，培训者应尽量采用协调、合作、协作的方法来处理，以使培训达到预期的目标。要尽量避免回避以争吵的态度处理问题。

（5）培训总结、效果评估

培训结束后的总结和效果评估对于培训来说至关重要，它不仅是对培训过程的回顾，更是巩固培训所学知识的过程。同时，也可以发现哪些目标已经达到，哪些尚未达到，需要在培训结束后继续努力实现。效果评估分为四个级别：第一级别是要看培训的结果是否令学员满意。第二级别要看学员是否通过培训具备了能力，是否获得了培训预期得到的咨询技能、态度和知识。可以通过学员的展示、描述、交流或者书面的总结来分析。第三级别是看通过培训而改变的可见指标，即学员如何应用培训获得的技能、知识。可以通过学员的汇报、服务机构、求助者的反馈得到，也可以通过培训者的实地观察进行评估。第四级别是看培训给学员所带来的直接的改变和效果。获得新的能力的学员，在接待婚姻家庭咨询求助者的过程中，可以表现出其咨询能力的提高。

五、培训计划示例

三级婚姻家庭咨询师业务巩固提高培训计划

培训目的：通过培训使学员进一步了解婚姻家庭咨询师的职责，深入理解三级婚姻家庭咨询师基本的工作内容，牢固掌握三级婚姻家庭咨询师工作的基本方法，能够在一级婚姻家庭咨询师的指导下更好地为存在一般问题的求助者进行咨询工作。

培训目标：

1. 进一步理解婚姻家庭咨询师的职责
2. 牢固掌握婚姻家庭咨询师应具备的基础知识
3. 牢固掌握三级婚姻家庭咨询师的工作内容
4. 牢固掌握三级婚姻家庭咨询师的工作方法

培训人群：有一定实践经验、需要巩固提高的三级婚姻家庭咨询师。

培训教材：

1.《婚姻家庭咨询师——国家职业标准》

2.《婚姻家庭咨询师（基础知识）——国家职业资格培训教程》

3.《婚姻家庭咨询师培训（国家职业资格三级）——国家职业资格培训教程》

培训时间：10天

培训安排：

	时间	内容
第一天	8：30—9：00	培训开幕式
	9：00—10：00	相互认识，介绍培训目的、目标
	10：00—12：00	婚姻家庭咨询师的职责及职业道德
	14：00—18：00	婚姻家庭咨询师基础知识（一）婚姻家庭社会学知识、案例分析
第二天	8：30—12：00	婚姻家庭咨询师基础知识（二）婚姻家庭心理学知识
	14：00—18：00	婚姻家庭咨询师基础知识（二）婚姻家庭心理学知识、案例分析
第三天	8：30—12：00	婚姻家庭咨询师基础知识（三）婚姻家庭相关法律知识
	14：00—18：00	婚姻家庭咨询师基础知识（三）婚姻家庭相关法律知识、案例分析
第四天	8：30—12：00	婚姻家庭咨询师基础知识（四）性生理及性心理知识
	14：00—18：00	婚姻家庭咨询师基础知识（四）性生理及性心理知识、案例分析

续表

时间		内容
第五天	8:30—12:00	婚姻家庭咨询师基础知识（五）社会性别知识、案例分析
	14:00—18:00	婚姻家庭咨询师基础知识（六）家庭理财、案例分析
第六天	8:30—12:00	婚姻家庭咨询师基础知识（七）咨询基础知识与技巧
	14:00—18:00	婚姻家庭咨询师基础知识（七）咨询基础知识与技巧
第七天	8:30—12:00	三级婚姻家庭咨询师工作中的常见问题
	14:00—18:00	三级婚姻家庭咨询师工作体会交流
第八天	8:30—12:00	恋爱择偶咨询中的常见问题
	14:00—18:00	恋爱择偶咨询的主要技巧
第九天	8:30—12:00	夫妻关系咨询的常见问题及主要技巧
	14:00—18:00	亲子关系咨询的常见问题及主要技巧
第十天	8:30—12:00	其他家庭成员关系咨询的常见问题及主要技巧
	14:00—18:00	培训总结、评估

本单元思考题

1. 制订培训计划的原则是什么？
2. 如何进行培训需求调查？
3. 培训计划的主要内容有哪些？

学习单元2　疑难个案的分析讲解

　　任何人都不是天生就具有丰富工作经验的，在工作中都会或多或少遇到一些困难。婚姻家庭咨询师的工作对象是活生生的人，面对不同的人、不同的问题、不同的需要，他们有时会感到力不从心。这时，下级婚姻家庭咨询师的需求就是希望上级婚姻家庭咨询师能对疑难个案进行讲解，从而学习提高，以便能举一反三地处理其他个案。一级婚姻家庭咨询师就承担了为下级婚姻家庭咨询师讲解疑难个案的任务。

 **学习目标**

➢ 掌握下级婚姻家庭咨询师的工作内容
➢ 熟悉下级婚姻家庭咨询师的工作难点
➢ 能对疑难个案进行专题讲解和分析

一、熟悉下级婚姻家庭咨询师的工作内容

1. 掌握下级婚姻家庭咨询师的国家职业标准

自从婚姻家庭咨询师被批准为一种新的职业，国家就对婚姻家庭咨询师这个职业制定了统一的国家职业标准。作为一级婚姻家庭咨询师，应对三级和二级婚姻家庭咨询师的国家职业标准有清晰的了解和掌握。

2. 了解工作中常见疑难个案

婚姻家庭咨询师在日常工作中要面临各种各样的个案，有关恋爱、婚姻关系的，也有关于家庭关系的；有涉及法律的，也有涉及心理学、医学等方面的。从个别的角度看，每一个案都具有不同其他个案的独特性，都需要婚姻家庭咨询师认真对待。但从一般角度看，总会有一类个案难度较大，下级婚姻家庭咨询师在处理过程中会存在一定困难。对此，一级婚姻家庭咨询师要有清晰的了解和准确的把握，以便有针对性地为他们提供帮助。

二、掌握参与式教学方法的理念

由于婚姻家庭咨询师均为成年人，一级婚姻家庭咨询师在为下级婚姻家庭咨询师进行疑难个案讲解时，应尽量采用参与式教学方法。

有研究表明，不同的学习方法能产生不同的效果：听到的东西，能记住20%；听到并看到的，能记住40%；自己体验过的，能记住80%。正所谓：我听到了，但忘记了；我看到了，我记住了；我动手了，我学会了。可见，参与式教学方法具有十分重要的优点。所谓参与式教学，是通过学员对影响自己生活、工作的问题进行反思、提问和探索，在交流和分享中促成新的理解、确立新的观念。与灌输式方法比较，参与式方法尊重每个学员的知识和经验，相信学员能够在彼此的信息交流和自我反思中，在相互倾听、相互启发中达成共识，实现自我成长。

参与式培训具有以下基本特点：第一，培训者与学员是一种平等互

动的关系；第二，培训中充满着信任与尊重，承认每一个学员都有知识，都有能力；第三，在开放的氛围中，强调每个人的经验在培训中都有意义；第四，培训过程是相互学习、相互分享、共同创造知识的过程；第五，注重在平等的互动中使学员获得知识与能力的提升。

三、掌握参与式培训方法的类型

常用参与式培训方法主要有以下几种：

1. 讲授

参与式培训可以适用讲授的方法。如果培训者具备了参与式培训方法所要求的态度，即把学员当做学习的中心和主体，讲解就可以具有启发性，有利于调动学员的积极性。

讲授时要注意，讲授主要用于澄清一些重要的概念或介绍理论，连续讲授的时间一次不要超过 20 分钟，把讲授安排在一些活动的前面或后面；讲授不宜照本宣科，而要针对参与培训的三级或二级婚姻家庭咨询师提出的问题做出解释。

2. 小组讨论

小组讨论是一种可以灵活运用的方法。一级婚姻家庭咨询师在培训时可以事先拟好一些问题，把学员分成若干小组进行讨论，然后请各小组派代表与大家分享讨论结果。有时小组要完成的任务可能是角色扮演，或是练习使用一个分析框架对所提供的案例进行分析。无论小组要完成的任务是什么，都应该让学员在其中充分地和大家分享自己的知识和经验，最后形成一个集体的"产出"。

小组讨论的操作步骤：

第一，明确任务。明确大家要完成的工作以及完成此项工作的时间。

第二，分组。根据学员的人数把学员分成 3~4 个小组，每组的人数控制在 5~7 人。可以采用不同的分组方法，以提高学员的兴趣和活跃程度。

第三，小组工作。进入小组工作阶段，培训者要来回"巡视"，确认大家已经清楚所要讨论的问题，督促小组成员围坐在一起，鼓励讨论。一般情况下，培训者不宜在小组中发表自己的观点，也要避免自己占用小组其他人员的时间。

第四，计时。培训者根据实际情况向大家通报还剩下的时间，以便

> 参加培训的下级婚姻家庭咨询师均为有一定实践的实际工作者。运用参与式培训方法进行教学，对他们来说尤为重要。一级婚姻家庭咨询师一定要很好地掌握、运用这种方法。

各组能围绕主题把握时间开展讨论。

第五，汇报分享。可以让各小组派一个人代表小组在大组里汇报讨论的结果。事先规定发言时间，每人发言时间不宜过长。也可以让各组给出一项讨论结果，但不可重复，直至没有新的补充。还可以请各组把写着讨论结果的纸张贴在墙上，让其他组的成员在规定时间内自己观看。

第六，总结。在分享汇报后，培训者应作简短的总结。对小组汇报中没有注意的重要概念，应加以补充解释。

3. 开展"头脑风暴"活动

"头脑风暴"亦称快速反应，是一种用来就某个问题快速收集学员想法和意见的方法，也可以用于澄清学员的某个概念。

具体操作步骤：

第一，向学员提出某个问题，请学员用简单的一句话或几个字说出自己看法。

第二，培训者不加任何评判地将看法记录在大纸上。

第三，根据记录，培训者要做一个符合培训答案要求的归纳总结。

4. 案例分析

案例分析是首先向学员提供一个反映现实生活或学生生活的真实故事、情境，然后通过学员的分析，达到某个学习目的的方法。引出案例后，可以让学员分小组讨论或个人思考，最后作出总结。

引出案例的方法：可以预先把案例打印在纸上，分给学员，让他们在小组中阅读，然后进行讨论。也可以用讲故事的方式引出案例，同时把一些关键词写出来，方便学员记忆。

案例安排要注意的是：

第一，培训者要充分做好准备工作，根据学员的背景，提供恰当的案例，并预先设定案例分析之后要达到的目标。

第二，鼓励学员去深入探询和了解与案例有关的情节和信息，使大家对案例中的情境有更深刻的认识和印象。

第三，在提供案例时，要同时提供预先设计好的问题，使大家能围绕问题开展讨论。

5. 角色扮演

角色扮演是由培训者邀请学员担任某个角色，再现某个真实生活场景的过程。在学员扮演角色的过程中，他们有机会体验不同人物在不同情景下的感受，这对他们理解求助者很有帮助。

角色扮演的时间可长可短，其操作步骤是：

第一，在学员中征集志愿者。

第二，向角色扮演者说明他们要完成的任务，向其他学员说明将要开展的活动，但不必详细介绍角色扮演的内容。注意留给角色扮演志愿者准备的时间。

第三，角色扮演志愿者进行角色扮演。其他学员则为观察员。

第四，去角色。明确表达，宣布角色扮演已经结束，角色扮演者已恢复自己原来的身份。

第五，询问角色扮演者对角色扮演的感受及评价，特别要向角色扮演者提出各种重要问题。例如：可以询问角色扮演者"你在扮演中有什么感受？""和对方交流有哪些困难？"等。可询问观察者"你认为扮演者有哪些好的地方，有哪些不足？""咨询师还有哪些可以改进的地方？""如果是你，你会怎么做？"等。

第六，围绕角色扮演的中心问题作总结，以加深印象。

四、运用参与式培训方法的注意事项

参与式培训方法强调培训者的作用不是单向讲授、一言堂，而是双向互动；培训者的任务是帮助学员整理思路、鼓励学员发现问题、提出和探讨问题。因此，一级婚姻家庭咨询师在疑难案例讲解的培训中应注意：

1. 增加培训内容的可视性，以增强培训的效果，实现培训的目标

即使是讲授，也应尽量使用直观教学手段，如利用投影仪等多媒体手段，以吸引学员的注意力，引起学员学习的兴趣。在可视性教具中，可使用不同颜色的笔以示需要强调的重点内容。

2. 注意学员的参与度

学员的参与是培训能否成功的关键。培训不仅仅是让学员知道一些知识，更重要的是让学员能将知识与自己的生活、工作经验相结合，加深理解概念并运用于生活和工作。要鼓励学员注意探讨实践中的难题并尝试解决，这不仅会增加学员对培训的兴趣，而且能使学员更牢固地把握知识，以便于运用到工作中。

3. 控制时间

为了掌握培训进度，应在培训前就强调遵守时间的重要性，明确告诉学员每项活动的确定时间。

4. 为学员准备相关材料

学员希望通过培训有所收获。作为培训者的一级婚姻家庭咨询师应把其中的知识要点、参考材料和工具书等列出清单供学员参考。如果用参与式方法培训，这些知识和操作方法应尽可能是学员结合自己的经验得出来的；如果用讲授式的培训，要发给学员讲授提纲，供其查询和讨论。

5. 为提问留出时间并加以回答

在参与式培训中，某些话题尽管已经讨论得很充分，仍会有人提出疑问，也有人想谈自己的感受或想法。培训者应尽量留出一定时间进行问答，解答时应尽可能地利用学员的智慧和资源。

五、案例讲解的主要程序

1. 用多种方法呈现个案

疑难个案讲解是针对性很强的培训教学方式，属于参与式教学方法中案例教学的一种。但是，在具体讲解过程中，又可以根据需要运用参与式教学方法中其他的教学方法，如头脑风暴、角色扮演等。在呈现疑难个案时，也要根据培训需要、个案的特点或下级婚姻家庭咨询师的情况，运用不同的方法。例如，可以用事先打印好的文字稿，也可以用多媒体、录像等形式。呈现个案的原则是准确、清晰。

2. 提出重点研讨的问题

在参加培训的三级和二级婚姻家庭咨询师都对呈现的疑难个案有了比较清楚的了解的基础上，讲解疑难个案的一级婚姻家庭咨询师就可以提出本次培训围绕个案要重点研讨的问题。重点研讨的问题数量要适中，提出的问题太少或太多都不益于培训的正常进行，一般以 3~5 个问题为好；重点研讨的问题难度也要恰当，提出的问题太难或太容易也会影响培训的效果。一般应根据下级婚姻家庭咨询师的工作水平来确定。

疑难个案的讲解一般可以围绕以下几个方面提出要研讨的问题：第一，你认为这个个案的难点在哪里，为什么。第二，求助者的问题、困惑、需要解答的问题是什么，你认定的原因是什么。第三，可以从哪些方面帮助求助者。

提出重点研讨的问题时，应采用语言和文字共同呈现的方式，不仅用语言进行表述和解释，还要用文字写出来，以便参加培训的下级婚姻家庭咨询师每个人都能清楚、准确地了解将要研讨的问题。

3. 分小组研讨

小组研讨是最能调动学员积极性，发挥集体智慧的方法。如果参加培训的人员较多，就应该把他们分成3～5人一组的小组，这样做的好处是尽可能使每一个学员都有机会发表自己的意见。

分小组研讨，可以是不同小组研讨同样的问题；也可以是不同小组研讨不同的问题，这两种小组研讨方法各有好处。不同小组研讨同样问题，可以使学员相互启发、相互补充、相互学习；不同的小组研讨不同的问题，可以使参加培训的人员集中精力研讨一个问题，使问题研讨得更加充分。可以根据培训的时间和参加人数，决定采取小组研讨的具体方法，例如：根据需要研讨的问题数来划分小组，每组讨论一个问题。

4. 集中讲解

集中讲解重点体现在两方面，一是集中讲解各小组研讨的情况，研讨的结果。为了更好地进行集中讲解，在进行分小组研讨时，应安排记录，让各小组把自己研讨的内容进行重点的记录，最好记录在大纸上，以便学员容易看清。二是集中讲解疑难个案。讲解一般应围绕理论解释、处理方案等进行。

【案例 3—1】 晶晶的问题在哪里

✧ 案例描述

张洁是某婚姻家庭咨询中心主任，一级婚姻家庭咨询师。她所在的婚姻家庭咨询中心为了提高下级咨询师们的业务能力和水平，每个月都有半天的集中培训。在一次疑难案例讲解的培训课上，她发给参加培训的咨询师每人一份资料，介绍了一个案例。而这个案例正是张洁前段时间接手的一个真实案例，基于保密原则，张洁把求助者化名为"晶晶"。

晶晶今年上小学四年级。一段时间以来，班主任王老师发现他经常逃学，就是在教室上课也打不起精神，心不在焉的，学习成绩一路下滑，最近一次考试成绩还出现了不及格。经过仔细观察，王老师还发现他与几个要好的小伙伴的关系也疏远了，原来几个人就像牛皮糖一样总黏在一起，一下课几个人就在一起玩，放学一起回家，现在他似乎在躲着他们，不愿与他们在一起。

王老师多次找晶晶谈话，但作用不大。王老师就与晶晶妈妈联系，希望家长关心教育自己的孩子。可是第二天，王老师发现晶晶胳膊上有伤，晶晶告诉老师昨天妈妈知道自己在学校的表现后骂自己不争气。晚上爸爸回家后，妈妈告诉他自己在学校的表现，爸爸狠狠地打了自己一顿，还和妈妈发生了激烈的争吵。

王老师认为父母不应该这样教育孩子，当即打电话约晶晶的妈妈下午来学校。下午晶晶妈妈如约来学校办公室找到了王老师。王老师批评晶晶家长不该打骂孩子，向晶晶妈妈了解了家里的情况。谁知晶晶妈妈似乎有满腹委屈又什么都不愿意说，只是一个劲地掉泪。

看到这种情况，王老师介绍晶晶妈妈到婚姻家庭咨询中心进行咨询。

案例呈现之后，张洁做了如下工作：

1. 组织讨论

张洁组织参加培训的咨询师们分小组进行了两轮讨论，并要求每个小组将通过讨论形成的共识记录在一张大纸上。

(1) 第一轮讨论

第一轮讨论主要围绕对案例中问题的分析进行。张洁提出了这样几个讨论题：第一，你如何认识案例中反映出的晶晶的表现？第二，你认为晶晶及其家庭可能遇到了什么问题？第三，你从什么理论视角来分析晶晶及其家庭？第四，你们小组对上述问题达成的共识分别是什么？

(2) 第二轮讨论

第二轮讨论，张洁把讨论的重点主要放在如何进行咨询上。她提出的讨论题有这样几个：第一，你认为可以用什么咨询方法来帮助晶晶及其家庭？为什么？第二，你们小组达成共识的咨询方法是什么？原因是什么？第三，为你们小组达成共识的咨询方法制订初步方案。

2. 集中讲解

两轮讨论后，张洁组织大家就讨论情况进行了分享汇报，并在肯定大家意见的基础上进行了集中讲解。讲解主要围绕以下方面进行：

(1) 运用家庭系统理论来分析这个案例

应该看到晶晶的表现与其家庭具有密切的关联性，是家庭系统出现问题的反映；亲子系统的问题与夫妻系统的问题也具有关联性，因此，不应简单地将晶晶在学校的表现归结为自身的学习问题。

正是从这个角度出发，张洁了解到：事实上，这段时间以来，晶晶的父亲有了外遇，经常很晚才回家或根本不回家，父母经常吵架，父亲还动手打了母亲，并多次提出离婚，母亲的情绪和心情极差。父母双方都没有时间和精力像以前那样关照晶晶。虽然父母尽量向晶晶隐瞒这一切，但晶晶明显感受到家里已经发生了变化，他特别担心自己不在家时，父母又吵架、母亲又挨打，甚至父母离婚。因此，他要保护这个家庭，保护母亲。

（2）运用家庭咨询／家庭治疗的方法帮助这个家庭

从家庭系统理论出发，运用家庭咨询、家庭治疗的方法，可以比用个案咨询的方法更有效地帮助这个家庭。事实上，在听了晶晶妈妈和王老师介绍的情况后，张洁要求晶晶妈妈动员晶晶爸爸，全家人一起到咨询中心进行家庭咨询。主要咨询过程如下：第一次，全家3口人一起参加，咨询的重点是向全体家庭成员初步了解情况，了解他们求助的目的，帮助他们一起制订咨询计划，签订了咨询合同。第二次，全家3口人一起参加，咨询的重点是详细了解情况，运用家谱图、家庭生态图帮助家庭成员分析家庭出现问题的原因。使晶晶的父母了解到家庭系统的作用，了解到晶晶的问题是家庭系统、夫妻关系问题的反映，晶晶也有机会向父母当面表达了自己的感受和希望。第三次，晶晶的父母参加，咨询重点是夫妻关系及其处理，夫妻关系与亲子关系。夫妻俩认识到夫妻关系不应影响亲子关系，不应影响父母角色及其责任，决定在一定时间中冷处理两人关系，使双方有时间冷静考虑。第四次，又是全家3口人一起参加，咨询重点是明确家庭成员各自的角色与职责，使晶晶明白父母的关系不会影响父母对自己的爱，父母有能力处理好自己的事。

在集中讲解后期，张洁又用10分钟时间让参加培训的咨询师们提问、讨论。在这次培训结束前，张洁对培训进行了总结，并强调自己的讲解并不是唯一的正确答案，大家不应受限于此。在处理每一个个案时，都应个别化地对待每一个求助者，有针对性地帮他们解决问题。

❖ 注意事项

1. 选择有针对性的疑难个案

疑难个案讲解成功的关键，主要在于选择的个案是否具有针对性、普遍性。因此，一定要根据需要来选择。

2. 参与式教学方法能取得良好效果

虽然是疑难个案的讲解，但是在整个培训过程中，只有一级婚姻家庭咨询师一个人讲解，较难取得好的教学效果。只有运用参与式教学方法，调动起学员的积极性，才能取得良好的效果。

本单元思考题

1. 为什么要提倡参与式培训方法？
2. 运用参与式培训方法进行疑难个案讲解要注意什么？

第 2 节　指　导

学习单元 1　对下级婚姻家庭咨询师进行业务考评

学习目标

➢ 熟悉对下级婚姻家庭咨询师进行业务考评的目的和意义
➢ 掌握对下级婚姻家庭咨询师进行业务考评的内容
➢ 掌握对下级婚姻家庭咨询师进行业务考评的方法

一、对下级婚姻家庭咨询师进行业务考评的目的

婚姻家庭咨询职业要求从业人员熟练掌握从事婚姻家庭咨询工作所需要的相关领域多学科的婚姻家庭基础知识，具有多年婚姻家庭咨询实践经验，经过严格的考试取得相应的专业技术职务任职资格，才能够持证上岗，为求助者提供咨询服务。

规范这一职业，尽最大可能为求助者提供卓有成效的咨询服务，是一级婚姻家庭咨询师对下级婚姻家庭咨询师进行业务考评的最终目的。对下级婚姻家庭咨询师进行业务考评的目的包括以下两个方面。

1. 确保咨询规范

婚姻家庭咨询是一项专业的助人工作，是人与人之间的平等的交流和深层沟通。在咨询过程中，婚姻家庭咨询师与求助者双方都是有思想、有情感、有意志的个体。一方是拥有婚姻家庭咨询专业知识和能力的婚姻家庭咨询师，另一方是处于迷茫中的求助者，他们渴求解决问题的方法，以促进自身的成长。因此，如何确保双方的互动是富有成效、有收获的，就成为咨询服务的关键。好的婚姻家庭咨询师能够为求助者提供符合规范的咨询服务，确保为求助者提供有效的帮助。而对婚姻家庭咨询师进行业务考评，就是为了不断提升婚姻家庭咨询师的业务水平和技能，保证咨询服务符合咨询规范，最终推动咨询目的的实现。

2. 提升咨询水平

业务考评的第二个目的是为了更好地实现咨询目标，提升咨询水平。一级婚姻家庭咨询师应根据婚姻家庭咨询机构制定的咨询服务水平评估指标体系，严格实施咨询服务结束后的业务评估工作，对下级婚姻家庭咨询师的咨询过程及结果进行评估，针对咨询中存在的问题以及解决的思路提出建议，以提升咨询服务的质量和水平。

二、对下级婚姻家庭咨询师进行业务考评工作的内容

由于婚姻家庭咨询工作的特殊性，一级婚姻家庭咨询师对下级婚姻家庭咨询师既要进行业务工作的考评，又要进行个人素养的考评。

1. 对下级婚姻家庭咨询师咨询业务考评的内容

（1）对求助者的服务需求评估是否恰当

婚姻家庭咨询师向求助者提供咨询服务之前首先需要做好咨询服务需求的评估工作，这是考评的关键内容之一。

需求评估的目的，一是促使婚姻家庭咨询师弄清求助者被问题困扰的主观、客观因素，从不同角度了解求助者的生活，了解与求助者的问题有关的重要生活资料；二是了解求助者如何看待自己的问题，从而更好地理解求助者的处境与感受，了解求助者自身的问题所在；三是帮助婚姻家庭咨询师发现和找到求助者及其环境中的积极因素，协助求助者

找出可能的正面资源,将咨询服务的焦点转化到求助者的能力和优势上。

一般而言,需求评估的过程包括:

1) 婚姻家庭咨询师熟练运用专业技巧与求助者建立良好的信任关系。

2) 婚姻家庭咨询师要运用各种分析手段了解求助者的处境及其困扰问题,从诸多的信息中分析、识别求助者最急需解决的问题。

3) 经过总结、分析,最终婚姻家庭咨询师与求助者共同确认求助者的需求,确定咨询方案。

一级婚姻家庭咨询师在考评下级婚姻家庭咨询师的咨询业务时,首先要准确把握需求评估的过程;其次,检查下级婚姻家庭咨询师是否严格遵循了整个需求评估的过程,主要内容包括:对求助者的问题需求界定是否恰当,是否与求助者共同协商并确认咨询服务目标,是否选择了契合的咨询方案等,这是确保对下级婚姻家庭咨询师咨询业务考评富有成效的重要步骤和内容。

(2) 咨询服务目标是否满足了求助者的需求

咨询业务考评的目标是一切为了求助者的利益。一级婚姻家庭咨询师在考评下级婚姻家庭咨询师工作时应特别关注咨询服务目标的确定是否真正满足了求助者的服务需求。

在了解求助者的服务需求过程中,婚姻家庭咨询师可能会出现不良情绪和不当行为表现,而在此情境下所确定的服务目标就可能偏离求助者的服务需求。一级婚姻家庭咨询师应从以下几个方面考评下级婚姻家庭咨询师确定的咨询服务目标是否满足了求助者的需求。

1) 考评下级婚姻家庭咨询师是否能够正确处理可能产生的个人不良情绪表现。素质良好的婚姻家庭咨询师也是社会生活中的普通一员,不可避免地会有一些未被自己觉察的"未完成事件"在影响着自己。在了解求助者服务需求的过程中,这些"未完成事件"带来的内心冲突与伤痛,常常会被来访者遇到的相似问题触动而产生不良情绪,如紧张、焦虑、愤怒、抑郁等。这种情况下,婚姻家庭咨询师不但无法处理求助者的情绪反应,甚至会由于"同病相怜"而被求助者的负面情绪所感染,由此丧失了判断求助者问题和确定咨询服务目标的能力,给求助者造成伤害。

因此,一级婚姻家庭咨询师要敏锐觉察下级婚姻家庭咨询师的情绪,

> 下级婚姻家庭咨询师心中的"未完成事件"会影响咨询工作的进程、质量,乃至造成咨询的失败。在这个问题上,一级婚姻家庭咨询师一定要特别加以关注。

了解在其咨询过程中是否恰当地处理了来自个人层面的不良情绪，是否能够给予求助者情绪上的抚慰、支持；判断他们是否能够理性地分析求助者的复杂问题，确定的服务目标是否满足了求助者的服务需求。

 相关链接

未完成事件

"未完成事件"是指一个人在成长过程或生活中或多或少地都会存在一些没有处理好的来自个人感情、与家人的关系、丧失亲人、家庭重大变故等方面的问题。它们深藏于内心，但是影响着人们对现实世界的真实认识。一般情况下，人们可能不会觉得它对自己有影响。但是，它一旦被现实生活中某些相类似的事情唤起，就会引起情绪波动，影响对事情的正确判断，即使是婚姻家庭咨询师也不可避免地会有一些未被自己觉察的"未完成事件"。在咨询过程中，这些未经处理的内心挣扎或伤痛，常会受到求助者相似问题的触动。如果婚姻家庭咨询师对自己的这些"未完成事件"缺少自觉，不但无法理智地处理求助者因个人生活困扰而产生的负面情绪，甚至可能会"同病相怜"，被求助者的情绪所感染，难以正确判断求助者的问题，还可能做出伤害求助者的错误咨询。

2) 考评下级婚姻家庭咨询师是否能够恰当处理与求助者在价值观层面上的冲突。在咨询的过程中，婚姻家庭咨询师既不能把自己的价值观强加于求助者，也不可能完全做到"价值中立"。有专业敏感性的咨询师应该能够较好地把握求助者问题产生的根本原因，即：人们面对人生发展中所遇到的与权力、地位、金钱、感情等问题产生的各种心理困惑和心理问题，都源于个人内心的价值观冲突。婚姻家庭咨询师应能够在求助者的价值观与社会的价值观以及与自己的价值观发生冲突时做出恰当的价值选择。

一级婚姻家庭咨询师应从以下两个层面着重考评下级婚姻家庭咨询师所制定的咨询服务目标是否满足了求助者的服务需求：

第一，下级婚姻家庭咨询师咨询的依据，是否是求助者的需求而不是将其个人的需求/价值观强加于求助者。

第二，当求助者的需求与社会的价值观发生冲突时，婚姻家庭咨询师是否能够先不做价值判断，逐步引导求助者做出不伤害他人和社会的行为决定。

3）考评下级婚姻家庭咨询师是否能够规避个人可能产生的固执己见的态度。下级婚姻家庭咨询师在工作的过程中，可能会出现求助者与咨询师对某一问题的看法产生不同见解的现象。此时，如果婚姻家庭咨询师将自己的看法强加于求助者而导致求助者不配合咨询，婚姻家庭咨询师就可能对求助者产生偏见，做出错误的判断，导致出现其咨询服务目标只是满足了咨询师自己的需求而侵害了求助者需求的问题。

因此，一级婚姻家庭咨询师应当敏锐地觉察出下级婚姻家庭咨询师在咨询工作中可能产生的负面情绪、认识上的偏差以及固执己见的行为，在考评时及时协助下级婚姻家庭咨询师纠正在咨询过程中的不恰当的态度和行为。

（3）考评婚姻家庭咨询师设计的咨询服务计划是否合理可行

制订咨询服务计划是一个理性思考及做出决定的过程，是为下一步介入咨询服务打基础的。一个合理可行的咨询服务计划应该包括准确界定咨询目的、目标以及为实现咨询目标而选择的行动方案。

一级婚姻家庭咨询师对下级婚姻家庭咨询师要着重考评以下工作内容：

1）咨询服务的目的和目标是否经过了理性的思考与评估。
2）所界定的咨询服务问题是否恰当准确。
3）咨询服务运用的策略选择是否适合。
4）咨询工作程序和时间安排是否明确、可行。

（4）下级婚姻家庭咨询师的咨询过程是否遵循了咨询工作原则

婚姻家庭咨询的过程是助人的过程，这一过程应注重良好人际关系的建立，使求助者愿意接受帮助，最终实现咨询目标。为了实现咨询工作目标，婚姻家庭咨询师首先应当在态度上做到对求助者有基本的理解、关心与尊重；同时，还需要遵循保密、接纳、案主自决、个别化、客观中立和无条件积极关注、重大决定延期等基本的咨询工作原则。

一级婚姻家庭咨询师应从以下两个方面考评下级婚姻家庭咨询师在咨询过程中是否遵循了咨询工作原则：

1）下级婚姻家庭咨询师是否遵循了一般性的咨询工作原则，如上述的保密、接纳、理解、关心、尊重等原则。

2) 下级婚姻家庭咨询师是否能针对不同的求助者所面临的不同需求选择适当的咨询原则、策略与技术开展工作。在这个问题上，一级婚姻家庭咨询师应对下级婚姻家庭咨询师予以特别的关注。

(5) 考评下级婚姻家庭咨询师的咨询技巧运用是否适当

在咨询过程中，婚姻家庭咨询师应当给求助者一种安全感，使求助者可以从容地开放自己，最终可以正视自己。因此，它要求婚姻家庭咨询师能够认真倾听求助者叙述，准确把握求助者内心体验，积极回应求助者的需求，推动其从不同角度审视自己成长过程中的障碍与挫折，并通过适当的披露自我来增进与求助者的认同，促进咨询工作的完成。

归纳国内外心理咨询专家的研究成果，心理咨询大致包括了以下八个实务技巧：关注、倾听、沉默、宣泄、探讨、质问、行为操纵、自我披露。一级婚姻家庭咨询师可依据这八个实务技巧与下级婚姻家庭咨询师探讨其在咨询中的运用，总结成功与失败的经验，以进一步提升下级婚姻家庭咨询师的咨询技巧。

2. 对下级婚姻家庭咨询师个人素养进行考评的内容

婚姻家庭咨询师的个人成长与助人成长是咨询过程中相互联系的两个重要方面。婚姻家庭咨询师的个人成长是助人成长的必要前提。因此，一级婚姻家庭咨询师对下级婚姻家庭咨询师的考评主要围绕咨询师的助人水平——人格修养及理论知识、技能的掌握与运用两个方面进行。考评的具体内容如下：

(1) 是否具有热心助人的品质

婚姻家庭咨询工作本身就是一项助人的工作。因此，一级婚姻家庭咨询师考评下级婚姻家庭咨询师工作时首先要考量其是否具备了热心助人的品质，具体包括：第一，婚姻家庭咨询师必须具备助人的理念，能够全身心地投入本职工作；第二，婚姻家庭咨询师必须具备无条件地帮助求助者的素质，能够理解求助者的处境，真诚地关爱求助者。只有这样，婚姻家庭咨询师才能给求助者以安全感，使求助者能够敞开心扉；也才能帮助求助者挖掘其潜能，促使其成长。

(2) 是否具有优良的自身人格修养

婚姻家庭咨询师的人格修养是助人成长的必要条件。综合国内外专家对咨询师人格素质的评价，一级婚姻家庭咨询师应从以下角度对下级婚姻家庭咨询师人格修养进行考评。

> 下级婚姻家庭咨询师的个人素养的高低，直接关系到其个人成长与助人成长两个重要方面。一级婚姻家庭咨询师在考评下级婚姻家庭咨询师时，一定要认真考评这一方面的表现。

1）具备健康的心理。婚姻家庭咨询师也是社会生活中的一员，个人也会经历许多矛盾和冲突，也会有紧张、焦虑、愤怒、忧郁等不良的情绪。因此，心理健康的婚姻家庭咨询师应当能够自我觉察，有能力处理自身的不良情绪，保持积极向上的职业心态，能够给予求助者情感的支持和安慰，使求助者产生解决问题的积极态度。

2）具备良好的道德品质。良好的道德品质是每个人都应当具备的，对于婚姻家庭咨询师尤为重要。婚姻家庭咨询师应当知道自己的任务、责任和义务，并把握在求助过程中的工作尺度及伦理准则，这是考量婚姻家庭咨询师人格修养的重要内容之一。

3）具备开放的心态。婚姻家庭咨询师要清楚地意识到自己与求助者在价值观、行为方式、生活方式等方面存在差异，能够无条件地接纳求助者与自身的差异，保持自己心态的平和。同时，婚姻家庭咨询师应当对各种咨询理论及方法持开放的态度，以便在众多的流派中进行选择；对其他自己不熟悉的流派要有所接触，以便在必要的时候能够应用其他流派的咨询技巧。婚姻家庭咨询师对自己的知识和能力也要保持开放的心态，要不断拓宽自己的知识面，增强自身的助人能力。只有这样，婚姻家庭咨询师才能够在咨询过程中进退自如、游刃有余。

4）具备坚忍的意志。意志对于婚姻家庭咨询师也同样重要。只有在自身成长的过程中始终保持热情，能经受不可避免的挫折并从中获得教训和经验的婚姻家庭咨询师才能成长为优秀的咨询师。在考量婚姻家庭咨询师业务工作时对意志应给予重点关注，这是评估婚姻家庭咨询师能否在专业领域获得长足发展的重要指标。

5）具备熟练的言语表达能力。婚姻家庭的咨询过程是咨询师与求助者双方交谈的过程，婚姻家庭咨询师恰当的语言表达能使求助者感到温暖、被理解、被接纳，可以调节和推进会谈的进程，引导会谈朝正确方向发展。恰当的语言表达包括不使用专业术语，而是用求助者可以理解和接受的语言进行沟通。婚姻家庭咨询师恰当、熟练的言语表达对咨询工作的顺利进行是不可或缺的。

6）具备自省的能力。自省能力对于婚姻家庭咨询师来说是非常重要的一种能力。婚姻家庭咨询师只有能够从理论的学习和实践的得失中不断地进行反省，才能做好助人的工作。

（3）是否具有持续学习的意识

在咨询实践中，不同的经济文化背景下有着不同的婚姻问题，不同的婚姻家庭问题及求助者决定了不同的解决问题的思维和分析方法。因此，婚姻家庭咨询的相关知识和技能是婚姻家庭咨询师要终身学习的内容。

一级婚姻家庭咨询师在考评中应关注下级婚姻家庭咨询师是否具备持之以恒的学习意识，是否能够不断地冲破自身知识、能力、技能、经验，甚至可能是人格方面的局限性，提高应对不断出现的新问题的能力。要帮助下级婚姻家庭咨询师在助人的过程中同时获得自身的成长。

(4) 是否具有良好的社会支持系统

婚姻家庭咨询工作要求婚姻家庭咨询师能够始终保持健康的心态、民主的人际关系，真诚地关心求助者的状况。长期、繁重的咨询工作会极大消耗婚姻家庭咨询师的体力与精力，使他们有时会有"身心疲惫"的感觉，需要婚姻家庭咨询师具备减轻工作压力和精神压力的意识、能力和良好的社会支持系统。

一级婚姻家庭咨询师可以从以下三个方面评估下级婚姻家庭咨询师的社会支持系统是否良好。

1) 他们是否能够适时调整自己的生活，参加一些娱乐文化活动。

2) 他们与自己的亲人、朋友、同事是否能够保持良好的人际关系，使工作和生活能够均衡发展。

3) 他们是否有能力避免自己出现枯竭状态并保持良好的健康心理。

如果以上三个方面都处于良好状态，就可以初步评估出下级婚姻家庭咨询师自己已经具备了良好的社会支持系统，这样的婚姻家庭咨询师才可能为求助者提供更好的帮助。

(5) 是否具有多学科的知识

合格的婚姻家庭咨询师应该是求助者最好的榜样。处于无助境地的求助者往往会非常信服婚姻家庭咨询师，婚姻家庭咨询师的言行会不知不觉地影响着求助者，他们良好的心态和应对困境的信心是对求助者最大的帮助，婚姻家庭咨询师只有掌握丰富的专业知识、具备较强的专业素质才能为求助者所信服。

按照《婚姻家庭咨询师国家职业标准》的要求，婚姻家庭咨询师要具备职业道德、婚姻家庭史、性别平等理论、伦理学、社会学、心理学、性学、家庭理财、家庭教育、咨询技巧、社会工作、法律等多方面的知识，并对这些跨学科的知识加以整合，从多学科、多层面对求助者进行分析和理解；并能够掌握与熟练运用相关的知识帮助求助者寻找自己的问题。

经过专业训练的婚姻家庭咨询师应当具有较强的观察能力、分析能力、表达能力、人际沟通能力和自我控制能力，能够通过咨询技巧帮助求助者，唤起求助者面对自己的勇气，增强其应对挫折和困难的能力。

一级婚姻家庭咨询师要从下级婚姻家庭咨询师咨询业务的各个环节中考查其是否掌握了相关的基础理论和技能，并考评其能否运用相关理论开展咨询工作。

三、对下级婚姻家庭咨询师进行业务考评的方法

1. 检查日常咨询工作总结

依照规范的咨询服务工作程序，婚姻家庭咨询师在日常的工作中应及时完成以下工作内容：

（1）记录每次的咨询工作内容。
（2）描述咨询过程中遇到的难点问题。
（3）对咨询工作进行评估。
（4）总结每次咨询工作中成功的经验与失败的教训。

一级婚姻家庭咨询师考评下级婚姻家庭咨询师工作时可参照上述的工作程序与内容检查其基本的工作情况。婚姻家庭咨询机构应设计各种登记表，专门记录咨询工作，以便查询和总结咨询工作经验。

2. 定期进行工作汇报与经验交流

婚姻家庭咨询工作是一项非常复杂的工作，它不仅涉及求助者本人，还涉及与求助者有关的方方面面的人士，而婚姻家庭咨询师个人的经验与知识是有限的，在处理疑难案例时需要得到及时的指导、帮助。因此，婚姻家庭咨询师需要及时总结自己的经验，并需要获得广泛的其他经验来不断提升自己的咨询能力。

一级婚姻家庭咨询师可参考以下方法组织下级婚姻家庭咨询师进行咨询工作汇报与经验交流：

（1）聘请咨询经验丰富的专家指导咨询工作。
（2）制定定期的工作汇报制度。
（3）定期组织婚姻家庭咨询师进行不同范围的咨询经验交流。

3. 坚持年度咨询工作终期评估

婚姻家庭咨询机构应当制定婚姻家庭咨询师年度考核制度及标准，坚持每年进行年中、年末两次工作评估，考核婚姻家庭咨询师的工作成效，总结以往的咨询工作经验，思考未来咨询工作的设想与实施。

一级婚姻家庭咨询师在考评咨询工作过程中还应当有意识地敦促下级婚姻家庭咨询师洞察国内婚姻家庭观念变化的新趋势及存在的问题，共同总结婚姻家庭咨询工作的新经验，不断提升下级婚姻家庭咨询师的工作能力。

本单元思考题

1. 对下级婚姻家庭咨询师进行业务考评工作包括哪些内容？
2. 考评下级婚姻家庭咨询师应遵循的咨询工作原则是什么？
3. 对下级婚姻家庭咨询师个人素养的考评应包括哪些内容？
4. 考评下级婚姻家庭咨询师业务工作有哪些方法？

学习单元2 对下级婚姻家庭咨询师进行督导

学习目标

➢ 熟悉对下级婚姻家庭咨询师进行督导的内容与原则
➢ 掌握对下级婚姻家庭咨询师进行督导的方法与技巧
➢ 能够独立开展对下级婚姻家庭咨询师的督导

一、对下级婚姻家庭咨询师进行督导的内容

"督导"意为监督与指导，是一种上级对下级工作进行观察并提供指导的一项工作。督导的过程就是由有专长的人对某人或某事进行观察并给予指导的过程。对下级婚姻家庭咨询师的督导应当由一级婚姻家庭咨询师进行，他们协助下级婚姻家庭咨询师对自己的工作过程进行重新认

识，从而提高水平、走向更高的层次。

一级婚姻家庭咨询师对下级婚姻家庭咨询师咨询业务的督导工作具有以下意义：

第一，给下级婚姻家庭咨询师提供一个机会，让他们进行自我剖析，包括反思工作过程中的感受、不足及盲点，明晰自己早年的创伤体验，除掉个人成长过程中的障碍，排除他们在咨询过程中的困惑。

第二，为下级婚姻家庭咨询师提供可以释放工作压力的空间及补充能量的机会。

第三，促进下级婚姻家庭咨询师个人及其业务水平的提升。

第四，促进下级婚姻家庭咨询师职业道德水平的提高。

第五，从整体上推动下级婚姻家庭咨询师职业的发展。

一级婚姻家庭咨询师对下级婚姻家庭咨询师的督导工作包括专业性、教育性和支持性督导几个方面。

1. 专业性的督导

专业性督导工作主要体现在对下级婚姻家庭咨询师咨询工作计划的确定给予指导，并对执行效果进行评估。

（1）指导下级婚姻家庭咨询师确定咨询计划与方案

首先，一级婚姻家庭咨询师有责任对下级婚姻家庭咨询师所制订的咨询计划进行专业上的指导，帮助下级婚姻家庭咨询师调整、确定咨询计划与方案。

其次，就即将提供的咨询服务内容与下级婚姻家庭咨询师进行讨论，以确保咨询内容、所使用的咨询技术既是下级婚姻家庭咨询师可以驾驭的，也能为求职者提供有效的帮助。

（2）对下级婚姻家庭咨询师咨询工作进行监督、总结和评估

一级婚姻家庭咨询师的专业监督、指导任务包括听取下级婚姻家庭咨询师的口头汇报、审阅书面咨询记录以及各种信息的收集统计报告，了解下级婚姻家庭咨询师的各类信息，包括了解求助者的服务反馈等，以协助下级婚姻家庭咨询师评估其工作是否达到要求，及时给予肯定或调整咨询内容与技术。

一级婚姻家庭咨询师应当定期与下级婚姻家庭咨询师共同商讨咨询工作，及时评估咨询工作是否已按照咨询计划完成，总结咨询工作取得的成就和存在的不足，并对需要进一步跟进解决的问题进行指导。

2. 教育性督导

教育性督导的目的是考察下级婚姻家庭咨询师是否牢固掌握完成咨询工作任务所需的知识，并对他们进行技能上的指导，帮助其不断提升业务水平，实现专业上的成长。

教育性督导基于以下三点理由：

第一，婚姻家庭咨询过程比较复杂，不断学习新的方法与技巧是咨询师必须完成的任务。

第二，帮助求助者的工作非常复杂，而下级婚姻家庭咨询师个人的经验与知识是有限的，需要得到有经验的上级婚姻家庭咨询师的帮助。

第三，下级婚姻家庭咨询师需要不断充实自我，保持健康心态，促进个人成长。

一级婚姻家庭咨询师督导下级婚姻家庭咨询师的工作内容主要包括以下几个方面：

(1) 监督、指导下级咨询师在咨询过程中对知识与技能的掌握与运用

婚姻家庭咨询师应当具备丰富的知识和熟练的技能。一级婚姻家庭咨询师应当依据下级婚姻家庭咨询师必须掌握的知识和技能，评估下级婚姻家庭咨询师掌握的程度，并帮助其将相关知识加以内化，用于咨询工作中。

对于婚姻家庭咨询师来说，不论是知识的积累还是技能的熟练，依靠单纯的理论学习是不够的。因此，婚姻家庭咨询师必须具备将理论知识运用到实践过程中的能力和在实践中不断总结提高的能力。一级婚姻家庭咨询师应当在以下方面对下级婚姻家庭咨询师进行督导：

第一，了解下级婚姻家庭咨询师是否以真诚、关注的态度对待求助者，恰当地表达共情、接纳、鼓励和反馈，以此指导下级婚姻家庭咨询师提升咨询技能。

第二，了解下级婚姻家庭咨询师是否掌握了婚姻家庭心理学理论和相关的技能，以及与这些理论相对应的分析方法，并能在实践过程中不断总结和提升自己对这些理论的应用能力。

第三，下级婚姻家庭咨询师是否熟悉了解社会工作的工作技能，特别是个案工作、小组工作及社会工作的方法。

(2) 敦促下级婚姻家庭咨询师培养"专业自我"

婚姻家庭咨询师应当具有敏捷的知觉反应和思维反应。但有时咨询师个人的经验局限以及可能来自个人未曾处理的事件会导致咨询师在咨询过程中出现盲目的判断，如坚持自己的价值观或意见的倾向。此时，如果咨询师不能敏锐知觉自己的偏见及行为，就可能产生许多不适当的感受、态度和行为。

因此，一级婚姻家庭咨询师在督导过程中要正确引导下级咨询师明白自己在做什么，为什么这样做，提醒下级咨询师要有意识地使用"自我"、客观性和同情心，使其清醒地认识到自己可能会受到来自求助者想法、态度以及处境的影响而导致做出错误的判断。

3. 支持性督导

（1）帮助下级婚姻家庭咨询师处理来自自身的各种压力

婚姻家庭咨询师既要能够处理好来自本职工作的压力，又要面对因帮助求助者而出现的自身压力。因此，婚姻家庭咨询师自身的人格对于心理咨询就显得尤为重要。一级婚姻家庭咨询师应当参照心理健康的咨询师应当具备的基本人格素养，监督、帮助下级婚姻家庭咨询师发展其健康的人格素养，支持其不断完善自我，以处理好由于自身的素养欠缺而产生的工作压力，不断提升下级婚姻家庭咨询师应对工作中各种压力的能力。

（2）疏导下级婚姻家庭咨询师的情绪，缓解其压力，提升其自信心

下级婚姻家庭咨询师往往会面对很多压力，如面对求助者的处境而无力改变带来的挫折感，咨询专业知识不足带来的困惑，独立性不够引发的困难局面，咨询经验不足引发的尴尬局面，工作环境不佳引起的烦恼，等等。因此，一级婚姻家庭咨询师应该给予下级婚姻家庭咨询师及时的回应与帮助。

1）帮助下级婚姻家庭咨询师适应和处理咨询工作中所产生的无助、孤独、失落、焦虑、强烈的挫折感等各种不良情绪，缓解其心理压力，发挥其自我功能。

2）帮助下级婚姻家庭咨询师总结自己的工作成绩，使其对从事咨询工作有良好的价值感。

一级婚姻家庭咨询师对监督、指导下级婚姻家庭咨询师工作负有重要的责任，要善于发现下级婚姻家庭咨询师的工作成果，激发其工作热情和士气，给予其满足感，以此提升下级婚姻家庭咨询师对专业的认同，

使其更好地继续投身婚姻家庭咨询事业，为求助者带来帮助。

二、对下级婚姻家庭咨询师进行督导的原则

一级婚姻家庭咨询师督导下级婚姻家庭咨询师的工作原则如下：

1. 与下级婚姻家庭咨询师保持平等尊重的关系

一级婚姻家庭咨询师与下级婚姻家庭咨询师在特定的环境下，就督导内容而进行的相互沟通、交往的过程，是一个包含着复杂的人际关系互动的过程。一级婚姻家庭咨询师应明确自己的工作角色及任务是要帮助下级婚姻家庭咨询师较好完成咨询工作，而不是高高在上的权威和指责者，应当扮演支持者、倾听者和善解人意者的角色，给予下级婚姻家庭咨询师有力的支持。

同时，一级婚姻家庭咨询师在指导下级婚姻家庭咨询师的过程中也要扮演好积极完善自己、努力自我提升的专业人员的角色，要善于恰当运用权力，用理解、探究的心态向下级婚姻家庭咨询师提出自己的意见或建议，让其作出选择。

2. 督导的目的是有利于求助者需求目标的实现

依据婚姻家庭咨询目标，一级婚姻家庭咨询师的监督、指导工作的目标是为求助者提供有效和高质量的咨询服务。因此，一级婚姻家庭咨询师应当明确所做的一切都是围绕提升下级婚姻家庭咨询师的咨询业务能力，监督、指导下级婚姻家庭咨询师把握咨询服务方向，最大限度地满足求助者的需求，以实现咨询目标。

3. 帮助下级婚姻家庭咨询师提升咨询工作能力

一级婚姻家庭咨询师指导下级婚姻家庭咨询师开展咨询活动的过程是两位或多位受过专业训练的咨询师深入互动的过程。尽管各方都经过专业训练，服务目标也一致，但由于各方的性格、工作经验、对工作的认同以及投入的精力等方面都有差异，会影响督导的进行和成效。因此，一级婚姻家庭咨询师应当敏锐地觉察督导与被督导双方的差异，既要帮助下级婚姻家庭咨询师提升咨询能力，并帮助其持续反思个人价值观和专业价值观，也要为下级婚姻家庭咨询师提供情感支持，提高其克服影响其工作的各种不利因素，使其保持较高的咨询热情，以便增强咨询效果。

> 在对下级婚姻家庭咨询师进行督导的原则中，"与下级婚姻家庭咨询师保持平等尊重的关系"最为重要。一级咨询师决不能成为高高在上的权威和指责者，一定要扮演支持者和倾听者的角色。

三、对下级婚姻家庭咨询师进行督导的方法

一级婚姻家庭咨询师对下级婚姻家庭咨询师进行督导的方法有以下几种:

1. 个别督导

个别督导是一种比较常用的督导方式,由一位一级婚姻家庭咨询师对一位下级婚姻家庭咨询师用面对面的方式,定期、定时地就下级婚姻家庭咨询师的咨询工作进行督导。这种督导的频次和时间可由一级婚姻家庭咨询师与下级婚姻家庭咨询师按照工作的要求共同确定,一般为每周一次,或两周一次,每次进行半小时至一小时。如遇紧急事件,也可有应急的工作督导。

(1) 个别督导的技巧

在个别督导过程中,一级婚姻家庭咨询师应做到以下几点:

1)聆听。一级婚姻家庭咨询师应为下级婚姻家庭咨询师创造良好的工作氛围,仔细聆听下级婚姻家庭咨询师的汇报,掌握充足的信息,并做出准确的判断。

2)归纳、补充。一级婚姻家庭咨询师要以资料分析、知识梳理以及归纳重点的方式,小结下级婚姻家庭咨询师汇报的信息,并理清思路。

3)提问。一级婚姻家庭咨询师应针对下级婚姻家庭咨询师提供的信息适时向下级婚姻家庭咨询师提出疑问,帮助其开阔视野,激发其发现新的思路。

4)总结经验。一级婚姻家庭咨询师通过检查下级婚姻家庭咨询师的工作情况及其总结的经验,与其分享感受,激发其工作走向新的境界。

5)提出进一步开展咨询工作的建议。一级婚姻家庭咨询师应针对下级婚姻家庭咨询师提出的处理求助者需求和问题的设想给出建设性的建议,帮助下级婚姻家庭咨询师调整工作计划,使其更加有效。

在这一工作过程中,一级婚姻家庭咨询师必须遵循督导的原则与技巧的使用,必要时还需根据自己的经验和理论知识,随时提供示范性的方法和技术,帮助下级婚姻家庭咨询师更好地应对客观情境下求助者的需求和问题。

(2) 个别督导的优势与局限

1)个别督导的优势主要表现在以下方面:

第一，一级婚姻家庭咨询师与下级婚姻家庭咨询师可在不受任何干扰的情况下讨论、解决求助者的某一问题；一级婚姻家庭咨询师有时间与下级婚姻家庭咨询师就求助者的个案进行充分讨论。

第二，一级婚姻家庭咨询师可以直接检查下级婚姻家庭咨询师的咨询记录、掌握咨询的状况与进度、了解下级婚姻家庭咨询师的工作成效。

第三，个别督导也是一种咨询过程，一级婚姻家庭咨询师可向下级婚姻家庭咨询师提供充分的咨询示范，帮助下级婚姻家庭咨询师具体应对咨询中的难点问题。

2) 个别督导的局限

第一，下级婚姻家庭咨询师如果仅接受一位一级婚姻家庭咨询师的指导，有时可能是无助于其工作的，甚至可能出现偏差。

第二，一级婚姻家庭咨询师与下级婚姻家庭咨询师分享对方观点时容易出现并发展成共同策划的关系，因而忽略了求助者的需求。

第三，个别督导要求一级婚姻家庭咨询师的指导能力和个人素养是比较全面的，当指导过程中遇到难点又指导不够时会造成上下双方的关系紧张，这就失去了个别指导的意义。

第四，个别督导使下级婚姻家庭咨询师没有机会接触其他督导者，而督导者们对问题的处理策略和技巧会各有不同。因此，下级咨询师接受指导的信息可能导致片面的结果。

2. 团体督导

团体督导是指一级婚姻家庭咨询师对数位下级婚姻家庭咨询师以小组讨论的方式进行的咨询工作督导。这种小组讨论的督导方式可由一级婚姻家庭咨询师与下级婚姻家庭咨询师共同确定督导的频次和时间。一般情况下督导周期为每周一次或两次，每次督导的时间为1~2小时。参加人数为2人以上，但不超过10人。原则上人数不宜过多，否则会影响讨论的进程。

团体督导的主要内容包括：接受督导的下级婚姻家庭咨询师在咨询过程中遇到的困难和障碍，可以事先由小组成员中的一位或两位提供书面讨论提纲，督导中就共同面对的问题展开讨论，最后集中讨论，寻找解决问题的有效途径。

(1) 团体督导的技巧

一级婚姻家庭咨询师在召集团体讨论中使用的技巧主要包括以下

方面：

1）促使参加督导的下级婚姻家庭咨询师之间建立相互信任的关系。一级婚姻家庭咨询师应为团队营造融洽的氛围，并促使团队成员对团体督导有兴趣和信心。

2）一级婚姻家庭咨询师必须用心倾听团队成员的诉说，理解其真正含义，并能够引导成员集中注意力，形成向心力。

3）一级婚姻家庭咨询师必须能够营造氛围，使团队成员都能自愿提出问题、阐述自己的观点。一级婚姻家庭咨询师要能够及时把各种不同的观点提炼起来，作出比较、分析和综合，得出团队成员可以共同理解和接受的结论。

4）一级婚姻家庭咨询师应当敏锐地觉察团体成员各自潜在的感受和差异，以尊重、接纳、理解等态度加以适当的引导与处理，使来自不同性格、处境而出现争执、不满情绪、困惑的成员都能得到各自的收获。要妥善处理团队成员之间的争论，集中督导工作目标。

5）一级婚姻家庭咨询师事先必须做好有针对性的督导计划，在讨论中可做有益的修正。一级婚姻家庭咨询师要有能力协调团队讨论的进度，控制好对每一讨论主题的时间，不宜在同一主题上拖延太长的时间。

6）团队讨论结束时应作出阶段性结论，以便接受团队指导的下级婚姻家庭咨询师们能够领悟与实施。

为了协助下级婚姻家庭咨询师不断提升业务水平，可定期聘请咨询专家为下级婚姻家庭咨询师提供心理咨询和心理治疗；开展自我认识提升互助小组活动，及时处理在咨询中可能受到的来自求助者的负面情绪和处境的影响，帮助下级婚姻家庭咨询师建立有利的支持网络，支持其完善自我，更好地为求助者提供咨询服务。

（2）团体督导的优势与局限

1）团体督导的优势是：

第一，每一位下级婚姻家庭咨询师所提出的个案咨询，都会有团队成员给出各自的观点，不同观点的碰撞就会产生出新的聚焦点，这就在一定程度上避免或矫正了由某一咨询师处理问题可能产生的偏见和盲点。

第二，每一位下级婚姻家庭咨询师都有机会向其他咨询师学习如何处理咨询过程中所面对的问题；有机会分享和学习其他咨询师处理各种咨询问题时的经验，可很好地丰富每个咨询师的经验，为其应对咨询问题提供可贵的借鉴。

第三，团体督导的方式可以有机会进行角色扮演，充分展示咨询中的情境，使下级婚姻家庭咨询师可以清楚地看到咨询过程及其问题的表现，充分展开讨论，有效应对咨询中出现的挑战。

第四，团体督导可节省时间、经费和专业力量。

2) 团体督导的局限是：

第一，由于时间的限制，使得每位下级婚姻家庭咨询师接受督导的时间不足，无法对细节进行充分讨论。

第二，下级婚姻家庭咨询师可能在团体督导中隐藏或忽视自己的问题，使一级婚姻家庭咨询师缺少机会发现每位下级婚姻家庭咨询师可能遇到的困难。

第三，由于每位下级婚姻家庭咨询师所面对求助者的不同，婚姻家庭咨询师本身的观点各异，容易导致团体督导中各自观点分散甚至产生冲突；或可能在一些没有价值的观点上纠缠，浪费了督导时间和督导者的精力。

第四，团体督导隐私性较低，可能影响成员参与的积极性。

3. 婚姻家庭咨询师同事间的督导

婚姻家庭咨询师同事间的督导是指具有相同需求或技术等级的咨询师个人，通过团体互动探讨相关议题，从中获得有益的信息，开阔个人视野，寻求有力支持，提升各自解决咨询问题能力的一种督导方式。参与讨论的成员可能来自同一工作团队，也可能来自不同工作团队。

通常情况下，这种同事间的督导没有指定的督导者，团队成员都以同等的地位参与讨论。在这样的工作氛围中，成员一般都是具有丰富工作经验的婚姻家庭咨询师，都能够胜任各自的咨询工作并有所成就；都因有共同的需求而聚在一起。每次讨论都会由其中的成员轮流担当主持人。

(1) 组织婚姻家庭咨询师同事间的督导活动需要考虑的内容

1) 参与婚姻家庭咨询师同事间的督导的成员构成。婚姻家庭咨询师同事间督导活动非常强调参与者的同质性。参与活动的婚姻家庭咨询师的价值观应基本趋同，但观点可以不同。这样，大家在一起探讨问题时容易对话和沟通。但也要注意可能因过高的同质性而造成不同观点的缺乏，从而给参与者造成盲目或偏见。

2) 婚姻家庭咨询师同事间的督导活动的组织安排与要求。参与同事间的督导活动的成员要签订团队契约，明确讨论召开的频次、地点、每次活动的时间、活动的主要程序；参与签订契约的成员要有明确的承诺，保证能够坚持参加同事间督导活动；确定每次活动召集人的责任，包括负责活动时间和场地的确定及安排等。如果没有这样明确的契约，就可能导致同事间督导活动形同虚设，无法实现提升婚姻家庭咨询师咨询服务质量的目标。

参与同事间的督导活动的人数一般在6～8人，以确保成员有充分的时间进行讨论，满足参与者的需求。同时，需要关注对同事间督导活动的反馈，定期总结，及时修正不足之处，使参与者能够真正从同事间督导活动中有所收获。

3) 组织同事间的督导活动的技巧。一般来说，参与同事间督导活动的婚姻家庭咨询师都应是带着自己的需求自愿参加的。为提高活动效率，应关注以下内容：

第一，订立活动规则，如成员表达自己想法和意见的时间应该均等，表达的内容要简洁、明了，避免拖拉。

第二，成员都有机会表达自己的想法。每次活动都应安排一定的时间让所有成员都能表达对同事间的督导活动的期望和需求。

（2）同事间的督导的优势与局限

1) 同事间的督导的优势是：

第一，参与者可以共同商议选择在最方便的时间组织和安排讨论。

第二，在讨论过程中没有权威人士，参与者有充分的空间和机会表达自己的观点。

第三，参与者都是有丰富工作经验的婚姻家庭咨询师，选择这种督导形式会有很大收获。

2) 同事间督导的限制

第一，由于这种督导形式可以不设监督、指导者，因而缺乏约束力。

第二，由于参与者都是共同水平的同行，会尽量避免与同事发生争论和对抗，在一定程度上限制了不同焦点交锋的机会。

第三，个别成员的问题可能没有机会在会议上讨论，其经验没有机会与他人分享，降低了个别参与者的积极性。

总之，这种督导形式是较难驾驭的，需要在会议之前做足够的准备工作。但组织的成功，会使参与者获得意想不到的信息和丰富的经验。

此外，还可以采取现场督导的方法。一级婚姻家庭咨询师可以通过单向镜、录像机等设备观察下级婚姻家庭咨询师现场接待求助者的过程，运用电话、对讲机的方式进行督导，或采取直接与求助者讨论的方法，向求助者提供及时的帮助。对下级婚姻家庭咨询师来说，这或许是最有效的训练及学习方式。但这种督导的方法对一级婚姻家庭咨询师提出了很高的要求，他必须具有相当丰富的咨询知识和精湛的咨询技能。

四、对下级婚姻家庭咨询师进行督导的技巧

1. 处理好下级婚姻家庭咨询师的情绪，建立相互信任的关系

一级婚姻家庭咨询师在督导下级婚姻家庭咨询师时，首先要运用好相互契合的技巧，建立相互信任的关系。每次进行督导，一级婚姻家庭咨询师首先要用一定的时间了解和关心下级婚姻家庭咨询师的处境和工作情况，表达对他的关心，帮他处理好在工作中可能产生的各种负面情绪，如咨询工作失败造成的压力，咨询技术运用不恰当而出现的问题，对咨询工作失去自信，等等。这样做有利于与下级婚姻家庭咨询师之间建立起相互信任的关系，为下级咨询师接受督导做好心理上的准备。

2. 进行督导的具体技巧

一级婚姻家庭咨询师可采取以下技巧鼓励下级婚姻家庭咨询师提出需要探讨的问题。

（1）聆听

一级婚姻家庭咨询师必须聆听下级婚姻家庭咨询师最关心的事件，并梳理其感受，同时掌握其对最关心事件的反应的原因。

（2）提问

一级婚姻家庭咨询师应注意观察下级婚姻家庭咨询师做得好的和不足的地方，包括知识的运用和咨询技术的使用等，由此发现其独特的信息。一级婚姻家庭咨询师与受督导者对需要探讨的问题要有清晰的看法。同时，提问也是对下级婚姻家庭咨询师提出问题的一种反馈，可帮助其理清自己的思路。

（3）包容

一级婚姻家庭咨询师应对下级婚姻家庭咨询师的各种表现保持平静的态度，积极倾听并尝试了解下级婚姻家庭咨询师提出的问题；不要急于表达自己的观点，可以用"沉默"给对方一个自我反思的机会，促使其积极思考问题，寻求解决的思路。这是保证督导工作顺利完成的关键

之一。

3. 同感与分享感受

同感，是社会工作最基本、最重要的沟通技巧，同样也可运用到一级婚姻家庭咨询师指导下级婚姻家庭咨询师的工作中。一级婚姻家庭咨询师不应高高在上以权威自居，他们与下级婚姻家庭咨询师之间是平等的关系。一级婚姻家庭咨询师要关注下级婚姻家庭咨询师的处境，设身处地理解下级婚姻家庭咨询师的感受、观点。同时，一级婚姻家庭咨询师在向下级婚姻家庭咨询师表达同感时也要回应下级婚姻家庭咨询师面对的问题，使他知道有人了解他的处境和感受。一级婚姻家庭咨询师不仅要具备丰富的知识、技能，也需要具备人性化的品质，这对下级婚姻家庭咨询师是十分宝贵的。

4. 结束督导

一级婚姻家庭咨询师在每次督导工作结束时都要总结本次督导工作过程中所谈及的内容和问题，并以此作为下一步咨询工作的开端。一级婚姻家庭咨询师还应关注下级婚姻家庭咨询师遗留的多次未能解决的问题，思考是否需要重点关注解决，对督导的形式与议题做出必要的调整。

总之，一级婚姻家庭咨询师要与下级婚姻家庭咨询师共同面对问题，商量解决问题的策略、办法，及时处理下级婚姻家庭咨询师在接受督导过程中表现出来的怨气、苦衷。一级婚姻家庭咨询师与下级婚姻家庭咨询师只有在公开、理性地讨论问题的过程中建立起良好的沟通、互信的关系，才有助于督导工作的顺利完成。

本单元思考题

1. 对下级婚姻家庭咨询师进行督导包括哪些内容？
2. 对下级婚姻家庭咨询师进行督导的工作原则是什么？
3. 对下级婚姻家庭咨询师进行督导的方法有哪些？其各自的优势与限制是什么？
4. 对下级婚姻家庭咨询师进行督导的技巧是什么？

学习单元3　对下级婚姻家庭咨询师进行心理健康评估和辅导

 学习目标

➢ 熟悉心理健康评估的标准
➢ 掌握心理健康评估和辅导的方法

一、心理健康的概念及标准

1. 心理健康的概念

健康是人类生存和发展的最基本条件，是人生中的一大财富。有些人认为没有疾病就是健康的标准，他们注重的是增加饮食营养，提高免疫力即抗病能力。事实上现代人的健康标准不仅是身体没有任何疾病，还包括心理健康。一个人心理健康，也并不仅是他笑口常开，无忧无虑。就心理健康而言，同一个人在不同的年龄或不同的环境下，所反映的心理健康特点也是不同的。世界卫生组织对健康做了一个科学的表述：健康不仅仅是"没有疾病和虚弱感"，而且应该是"身体、心理和人际关系三者都处于完美状态"。这就表明，健康除了身体因素外还包括心理因素，而且心理健康是更高层次的健康。

根据上面的分析，可以说心理健康就是一个人的情感、认知、意志、行为都适应当前和发展着的内外环境。从内环境来看，一个人情感、认知和意志协调一致；从外环境来看，一个人的行为与外界环境协调一致。从内外环境两者来看，一个人的内环境中的情感、认知、意志和行为协调一致，而且行为与外环境协调一致。简言之，心理健康的本质即内环境和谐，内环境与外环境和谐。

2. 心理健康的标准

（1）马斯洛的标准

心理健康的标准具有相对性，许多心理学家都曾提出了自己的看法，其中美国心理学家马斯洛（Maslow）的十项标准得到了较多的认可。它们是：有充分的适应能力；能充分了解自己，并对自己的能力作恰当的估计；生活目标切合实际；与现实环境保持较好的接触；能保持人格的完整和谐；具备从经验中学习的能力；能保持良好的人际关系；有适度的情绪发泄与控制能力；在不违背集体意志的前提下，有限度地发挥个性；在不违背社会规范的情况下，个人基本需求能恰当满足。

(2) 我国常用的标准

我国心理学家从适应能力、耐受力、控制力、意识水平、社会交往能力、康复力等方面阐述了心理健康的标准。

其中，有五条标准得到心理学界的广泛认可与重视，这就是：智力正常、情绪良好、人际和谐、社会适应、人格完整。

1) 智力正常。智力正常是人正常生活的最基本的心理条件，是心理健康的首要标准。美国的《精神疾病诊断和统计手册（DSM—TV）》，世界卫生组织的国际精神疾病分类体系（ICD—10）以及中国的精神疾病分类标准（CCMD—3），均把智力发育不全或阻滞视为一种心理障碍和变态行为。智力是一个人的观察力、注意力、想象力、思维力等能力的综合。凡是在智力正态分布曲线之内以及能对日常生活做出正常反应者均属于心理健康的人。

2) 情绪良好。情绪在人的心理健康中起着核心的作用。心理健康者能经常保持愉快、开朗、自信的心情，善于从生活中寻求乐趣，对生活充满希望。当然，并非一个人不能有喜怒哀乐的情绪变化，而是说，一旦有了负性情绪，他能够并善于从不良情绪状态中调整过来，即具有情绪的稳定性。

3) 人际和谐。和谐的人际关系是心理健康必不可少的条件，也是获得心理健康的重要途径。个体的心理健康状况主要是在与他人的交往中表现出来的。人际和谐的表现，一是乐于与人交往，既有稳定而广泛的人际关系，又有知己的朋友；二是在交往中保持独立而完整的人格，有自知之明，不卑不亢；三是能客观评价别人，取人之长补己之短，宽以待人，友好相处，乐于助人；四是交往中积极态度多于消极态度。

4) 适应环境。能否适应变化的社会环境是判断一个人心理是否健康的重要基础。不能有效地处理与周围现实环境的关系是导致心理障碍乃至心理疾病的重要原因。适应环境主要指具有积极的处世态度，与社会广泛接触，对社会现状有较清晰正确的认识，其心理行为能顺应社会改革变化的发展趋势，勇于改造现实环境，以达到自我实现与社会奉献的

> 我国心理学界常用的五条标准是十分明确和重要的。婚姻家庭咨询师必须具备这五条标准。一级婚姻家庭咨询师有责任通过心理督导使下级婚姻家庭咨询师成为心理健康的咨询工作者。

协调统一。

5) 人格完整。心理健康的最终目标是使人保持人格的完整，培养健全的人格。人格障碍是精神障碍中常见的形式。一个人人格形成的标志是自我意识的确立和社会化。人格完整的表现，一是人格的结构要求不存在明显的缺陷与偏差。二是具有清醒的自我意识，不会出现自我同一性混乱。三是以积极进取的人生观作为人格的核心。四是有相对完整统一的心理特征。

上述心理健康的标准，不仅是对广大人群的要求，更是对婚姻家庭咨询师的要求。应该说，一个合格的婚姻家庭咨询师，首先应该是一个心理健康的人。

二、婚姻家庭咨询师自身必须心理健康

1. 心理健康是咨询工作顺利进行的保障

心理健康是每个人学习、工作、生活的前提和保障。作为婚姻家庭咨询师，更需要心理健康，才能顺利地进行咨询工作。咨询过程是婚姻家庭咨询师和求助者在认知、情绪、行为等方面的相互影响。婚姻家庭咨询师的积极情绪、认知和行为都会给求助者带来积极的感受和影响，更容易使求助者向积极的方向转变。相反，如果婚姻家庭咨询师本身有许多情绪的困惑、认知的混乱等问题，一方面会影响到咨询的效果，另一方面，也会给求助者带来消极的影响，无法让求助者清晰地意识到自身的问题，因而对解决这些问题难以树立起信心。

2. 婚姻家庭咨询师心理健康具有榜样的力量

婚姻家庭咨询师心理健康会给求助者带来榜样的力量。咨询师的工作一方面是一种信息的交流，另一方面也是婚姻家庭咨询师解决问题的能力向求助者的传递，更重要的是婚姻家庭咨询师健康的心理状况向求助者的传递。当求助者接收到了正确的信息，感受到了解决问题的能力，被婚姻家庭咨询师健康的心理状态所感染，咨询就会潜移默化地发生作用。因此，婚姻家庭咨询师在观念、能力和心理健康等方面都具有榜样的作用，这种作用会加快咨询向积极方向改变的进程。

三、对下级婚姻家庭咨询师心理健康的评估与辅导

1. 对下级婚姻家庭咨询师焦虑情绪的评估与辅导

婚姻家庭咨询师也是社会上的普通人,也会出现这样那样的心理问题。在咨询实践中,焦虑情绪、抑郁情绪、压力大,尤其是职业枯竭现象是婚姻家庭咨询师遇到较多的问题。

对下级婚姻家庭咨询师是否出现焦虑情绪进行评估,一般是采用下级婚姻咨询师自评的方法,使用焦虑自评量表(SAS),按照下列要求进行自评。根据自评结果,判断下级家庭咨询师是否出现焦虑情绪。

自我评定的要求:

第一,独立地、不受任何人影响地进行自我评定。

第二,仔细阅读评量表中的每一条,把意思弄明白,然后根据自己最近一星期的实际感觉,选择最适合的答案(A为没有或很少时间,B为小部分时间,C为相当多时间,D为绝大部分或全部时间)。

第三,评定一般要求在10分钟之内完成。

焦虑自评量表(SAS)

题项	症状
(1) 我觉得平常容易紧张和着急	焦虑
(2) 我无缘无故地感到害怕	害怕
(3) 我容易心里烦乱或觉得惊恐	惊恐
(4) 我觉得我可能要发疯	怕发疯
*(5) 我觉得一切都好,也不会发生什么不幸	不幸预感
(6) 我手脚发抖打颤	手足颤抖
(7) 我因为头痛、颈痛和背痛而苦恼	头痛
(8) 我感觉容易衰弱和疲乏	乏力
*(9) 我觉得心平气和,并且容易安静坐着	静坐不能
(10) 我觉得心跳得很快	心悸
(11) 我因为一阵阵头晕而苦恼	头昏
(12) 我有时晕倒发作,或觉得要晕倒似的	昏厥感
*(13) 我吸气呼气都感到很容易	呼吸困难
(14) 我的手脚麻木刺痛	手足刺痛
(15) 我因为胃痛和消化不良而苦恼	胃痛或消化不良
(16) 我常常要小便	尿意频繁
*(17) 我的手脚常常是干燥温暖的	多汗
(18) 我脸红发热	面部潮红
*(19) 我容易入睡并且睡得很好	睡眠障碍
(20) 我做噩梦	噩梦

评分依次：A 记为 1 分，B 记为 2 分，C 记为 3 分，D 记为 4 分，打"*"为反向评分，即 4、3、2、1 分。将 20 道题项的得分相加算出总分"Z"。

根据此式 $Y=1.25 \times Z$ 计算，整数部分为最终标准分。

$Y<35$，心理健康，无焦虑症状；

$35 \leqslant Y<55$，偶有焦虑，症状轻微；

$55 \leqslant Y<65$，经常焦虑，中度症状；

$65 \leqslant Y$，有重度焦虑。

经过评估，如果发现下级婚姻家庭咨询师出现了焦虑情绪，可以采用行为疗法加以纠正。如放松法、系统脱敏法等，也可以采用认知疗法，对下级婚姻家庭咨询师进行疏导，调整他们的不合理信念，进而缓解其焦虑情绪。

2. 对下级婚姻家庭咨询师抑郁情绪的评估与辅导

对下级婚姻家庭咨询师是否有抑郁情绪进行评估，一般是采用抑郁自评量表进行评估，抑郁自评量表（SDS）由 20 个陈述句组成，每一个题目都按 1、2、3、4 四级评分，根据最适合受测者情况的时间频度圈出 1（从不或偶尔），或 2（有时），或 3（经常），或 4（总是如此）。

抑郁自评量表（SDS）

题项	偶尔	有时	经常	持续
1. 我感到情绪沮丧、郁闷	1	2	3	4
2. 我感到早晨心情最好	1	2	3	4
3. 我要哭或想哭	1	2	3	4
4. 我夜间睡眠不好	1	2	3	4
5. 我吃饭像平时一样多	1	2	3	4
6. 我的性功能正常	1	2	3	4
7. 我感到体重减轻	1	2	3	4
8. 我为便秘烦恼	1	2	3	4
9. 我的心跳比平时快	1	2	3	4
10. 我无故感到疲劳	1	2	3	4
11. 我的头脑像往常一样清楚	1	2	3	4
12. 我做事情像平时一样不感到困难	1	2	3	4
13. 我坐卧不安，难以保持平静	1	2	3	4
14. 我对未来感到有希望	1	2	3	4
15. 我比平时更容易激怒	1	2	3	4
16. 我觉得决定什么事都很容易	1	2	3	4

续表

题项	偶尔	有时	经常	持续
17. 我感到自己是有用的和不可或缺的人	1	2	3	4
18. 我的生活很有意义	1	2	3	4
19. 假若我死了别人会过得更好	1	2	3	4
20. 我仍旧喜爱自己平时喜爱的东西	1	2	3	4

评分方法：20个题目中有10项（第2、5、6、11、12、14、16、17、18、20）是用正性词陈述的，为反向记分；其余10项是用负向陈述的，按上述1～4顺序评分，SDS评定的抑郁严重指数按下列公式计算：抑郁严重指数＝各题目累计分/80。指数范围为0.25～1.0，指数越高，抑郁程度越重。

经过评估，如果下级婚姻家庭咨询师出现了抑郁的情绪，可以使用精神分析的方法，减轻下级婚姻家庭咨询师的自我惩罚，增强其自我的功能，由此可以减缓内在的冲突，缓解抑郁的情绪。还可以运用认知疗法，改善下级婚姻家庭咨询师对自我的负面评价，同时改变他们的非理性信念，通过对自身和对外部环境认识的改变而缓解抑郁情绪。

3. 对下级婚姻家庭咨询师压力的评估与辅导

对下级婚姻家庭咨询师的压力状况，可以从生理、情绪、心理、行为四个指标进行评估：

（1）生理指标

1）头痛的频率与强度增加（除身体的疾病外）就可以认为是压力反应。

2）肌肉紧绷，通常发生在头部、颈部、肩膀与背部。

3）消化系统出问题，例如胃溃疡等。

4）心跳急促、胸痛等。

（2）情绪指标

1）容易生气、没有耐心。

2）觉得很郁闷，意志消沉。

3）当外在要求超过自己的能力时，容易产生失控感，对自己失去信心。

4）有太多要求强加于自己，因而感到心力枯竭、缺乏热情、有疏离感。

(3) 心理指标

1) 因为有太多事情萦绕心头而无法专注。

2) 即使是日常琐事，也常犹豫不决。

3) 记忆力变差。

4) 压力会影响判断力，若常常做出错误决定，可认为是压力的影响。

5) 对自己与自己的处境通常作负面思考。

(4) 行为指标

1) 经常睡不好、失眠或需要睡很久。

2) 比平常喝更多的酒、抽更多的烟。

3) 性需求下降，可能因此而引发抑郁，影响亲密朋友之间的关系。

4) 从人际关系中退缩。

5) 很难放松、坐不住。

通过以上的评估，如果下级婚姻家庭咨询师的压力较大，可以采用放松疗法，或其他行为疗法来缓解压力。还可以采用认知疗法，认识到压力是一把双刃剑，一方面，压力过大可以造成身心的损伤；另一方面，也可以将压力转换成动力，促进个体或事业的发展。同时，学习放下压力的方法，从容地将压力放下。

4. 对下级婚姻家庭咨询师职业枯竭的评估与辅导

(1) 职业枯竭的表现

在职业和社会工作中，职业枯竭袭扰着人们，特别是对从事助人专业工作的那些人，极易受到职业枯竭的影响。职业枯竭是在失去力量、理想和目标的过程中的一组以心理、生理、精神耗尽为特征的症候群。

职业枯竭有许多表现。目前，我国从事咨询工作的人员职业枯竭症状主要表现在：

1) 无价值感，工作不能得到应有的认可，觉得不被重视，想转行。

2) 觉得似乎被挖空了，有无力感和无助感，觉得不能很好地帮助别人，无法干下去。

3) 较长时间不愿见来访者。

4) 工作中常有疲倦感，并且体力不支（身体健康出现问题）。

5) 不能按时完成工作。

> 职业枯竭现象严重地干扰婚姻家庭咨询师的个人成长及工作的开展，会对我国婚姻家庭咨询职业的发展产生很大的负面影响。一级婚姻家庭咨询师必须认真帮助下级婚姻家庭咨询师克服这个困扰问题。

6）工作没有成就感，并伴有深深的内疚与无助，甚至走向轻生的道路。

7）常被其他事情干扰，烦躁不安，不能全身心地投入工作。

8）许多事情只是例行公事。

枯竭症候群所导致的真正危险是咨询师越来越封闭自己，不肯寻求帮助，最终无法胜任工作。

导致职业枯竭的原因包括缺乏专业的训练，担负着繁重的工作，缺乏督导及有效的社会支持系统，缺乏专业管理，缺乏再培训的机会等。

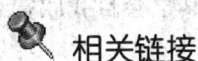
相关链接

职业枯竭的五个阶段

1974年美国首次将精神分析学（Freudenberge）使用在心理健康领域，用来描述工作者与工作之间由于工作过程中遇到的各种矛盾冲突而导致的身体、情绪、行为的耗竭之感。职业枯竭不是一蹴而就的，是职业人随着工作时间的增加慢慢产生的。一般来讲，个人在工作中的状态基本上可分为四个阶段："蜜月期""适应期""挫折期""淡漠期"。根据现代人对自己个人价值观实现的心理需求，又可划分为五个阶段。

"蜜月期"是个人有旺盛的精力，工作有很高的热情和期望值，对工作满意度较高的时期。"适应期"开始进入正常的工作轨道，慢慢进入角色并已习惯了频繁重复的工作内容。"先期厌倦期"开始对稳定的工作方式、乏味的工作内容及单调的工作环境产生倦怠之感，但是因对个人晋升机会的渴求还没有完全丧失对工作的主动性。"后期挫折期"个人的自信心受到威胁，对工作的热情、积极性与主动性逐步消减，出现了身心失调的不健康病症。"淡漠期"个人已无法继续工作，出现了严重的心理衰竭状况，对周围的人、事表现出极端的麻木不仁、冷漠态度。了解职业枯竭的演变过程对于正确认识和消解其困扰有很大帮助。

婚姻家庭咨询师的职业枯竭问题是咨询工作中遇到的难题，其所带来的负面影响不仅关系到咨询师的个人成长，也关系到中国婚姻家庭咨询专业化的发展，是一个值得关注的问题。

(2) 防止职业枯竭的方法

如果下级婚姻家庭咨询师面临职业枯竭的问题，需要从以下几方面帮助其缓解。

1) 一级婚姻家庭咨询师在辅导下级婚姻家庭咨询师工作时应特别注意有意识地及早识别下级咨询师可能出现枯竭的信号，提早预防。

2) 提醒下级婚姻家庭咨询师注意休息，采取一些措施调整其状态。如合理安排工作时间和工作量，或暂时放下手头的工作到户外做一些有益于身心健康的体育或娱乐活动。

3) 及时鼓励下级婚姻家庭咨询师的工作，引导其学会自我欣赏与肯定，接受自己的不完美。

4) 关注下级婚姻家庭咨询师的业务工作水平发展，提醒其把握各种机会接受正规的再培训，丰富其各种新的信息与新的见解，提升其业务水平，增强其自信心。

对下级咨询师进行心理健康评估和辅导要点

1. 掌握心理健康评估的方法，包括熟悉心理健康评估的原则以及会使用基本的心理健康评估工具。

2. 能独立进行心理健康的咨询辅导，包括能对下级婚姻家庭咨询师个人成长进行辅导以及对下级婚姻家庭咨询师进行心理健康辅导。

本单元思考题

1. 你认为下级婚姻家庭咨询师工作中会出现哪些心理问题？
2. 对下级婚姻家庭咨询师进行心理辅导的作用是什么？

参 考 文 献

李羚. 内地和香港法律文化差异与婚姻. 北京：对外经贸大学，2006

Emerge. 家庭暴力加害人处遇团体方案手册——Emerge 模式. 朱惠英译. 台北：张老师文化股份有限公司，2007

李薇菡. 婚姻家庭学. 广州：华南理工大学出版社，2007

林昆辉. 婚姻与家庭. 北京：人民军医出版社，2006

郁龙余. 中西文化异同论. 北京：三联书店出版社，1992

于琨奇. 花菊香. 现代生活方式与传统文化［M］. 北京：科学出版社，1999

孙建军. 中西方文化在婚姻观念上的差异. 辽宁经济管理干部学院学报，2007

樊富珉. 试论督导在咨询员培训成长中的作用. 迈向21世纪的高校心理健康教育——第六届全国大学生心理咨询学术会议优秀论文集，1999

陶勒恒，郑宁. 施暴者教育与辅导培训手册. 北京：中国社会科学出版社，2004

蔺桂瑞. 心理咨询员的个人成长. 中国青年政治学院学报，2002年2月，第21卷第2期

吴宗友. 当代中国婚姻文化嬗变之探析. 安徽大学学报，2008

白振有. 汉字蕴涵的婚姻文化. 延安大学文学院，2008年2月

刘文桥. 近代化对中国家庭婚姻关系的影响. 石家庄师范专科学校学报，2003

崔萍. 中西文化差异初探. 安徽文学，2008

李桂梅. 中西家庭伦理比较论纲. 湖南师范大学社会学学报，2007

李桂梅. 略论现代中西婚姻基础. 伦理学研究，2006

陈冰，张小伟. 儒家思想对中国婚姻家庭制度的影响. 中共郑州市委党校学报，2004

吴爱辉. 事实婚姻与"重婚"关系之探讨. 西南民族大学学报（人文社科版），2006（3）

宋美娅，薛宁兰. 妇女受暴口述实录. 北京：中国社会科学出版社，2003

周月清. 婚姻暴力——理论分析与社会工作处置. 台北：巨流图书公司，1996

陈敏. 关注绝望的抗争：受虐妇女综合征的理论与实践. 中国妇女报，2000，11.2

全国社会工作者职业水平考试教材编写组. 社会工作综合能力（中级）. 北京：中国社会出版社，2007

季建林. 医学心理学（第3版）. 上海：复旦大学出版社，2001

肖水源，季建林，杨洪等译. 危机干预策略. 北京：中国轻工业出版社，2000

王成奎，童辉杰. 暴力风险评估的研究. 中国健康心理学，2008.16（10）

蒲昭和. "儿童性虐待"的危害性及预防措施. 医学与哲学，2002（12）

王水明. 男性遭受性侵犯的特征及补救. 兰州学刊，2006（10）

龙迪. 性之耻. 还是伤之痛. 南宁：广西师范大学出版社，2007

钱铭怡. 变态心理学. 北京：北京大学出版社，2006

杨立新. 共有权理论与适用. 北京：法律出版社，2007

杨宏飞. 心理咨询原理. 杭州：浙江大学出版社，2006

陶慧芬，李坚评，雷五明. 心理咨询的理论与方法. 武汉：华中科技大学出版社，2006

王玲，刘学兰. 心理咨询. 佛山：暨南大学出版社，2005

马志国. 心理咨询师实用技术. 北京：中国水利水电出版社，2005

伊丽莎白·哈洛威. 王文秀，施香如，沙大荒译. 临床督导工作的理论与实务. 成都：四川大学出版社，2006

史柏年，侯新. 社会工作实习. 北京：社会科学文献出版社，2003

国家职业资格培训教程
用于国家职业技能鉴定

婚姻家庭咨询师

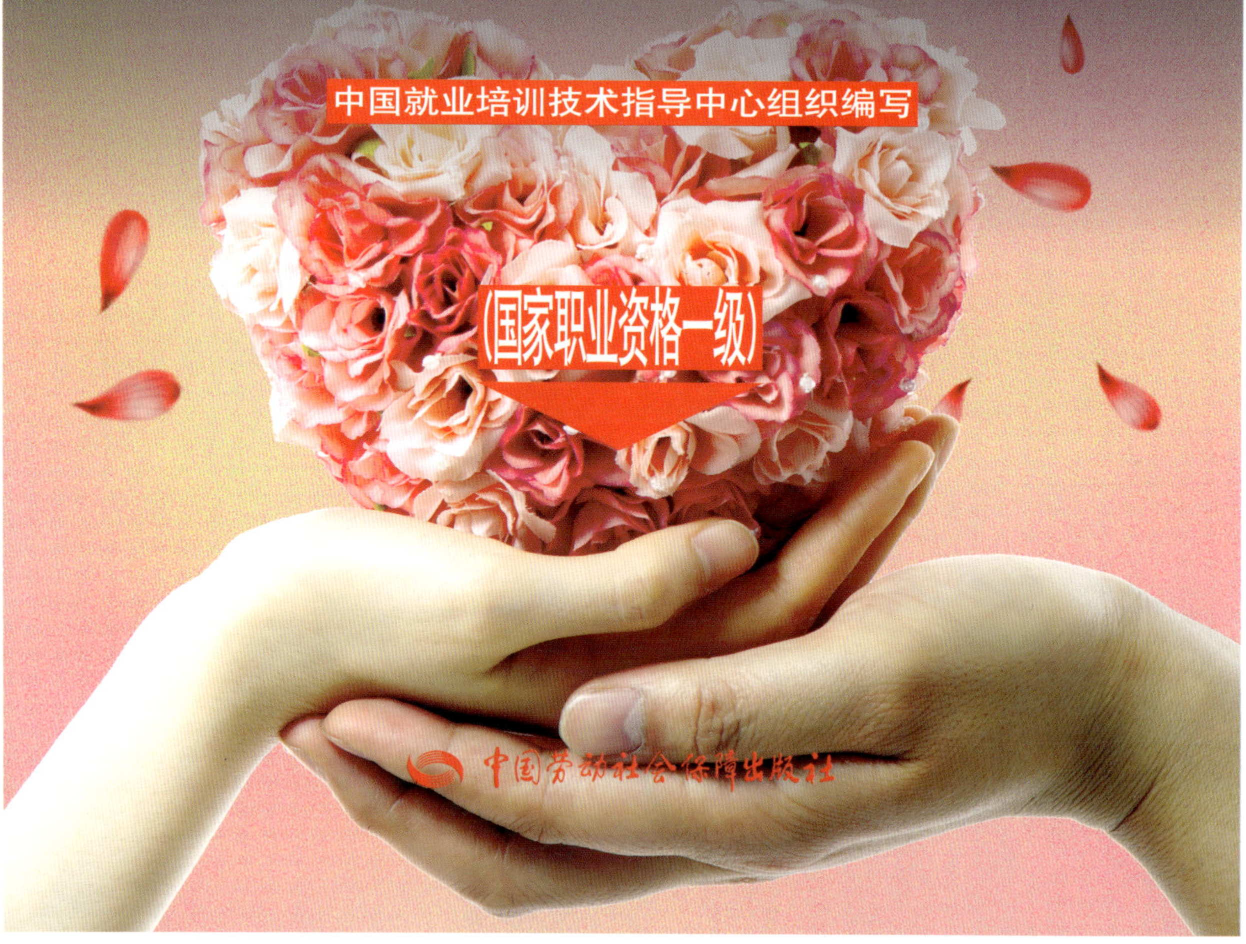

中国就业培训技术指导中心组织编写

（国家职业资格一级）

中国劳动社会保障出版社

定价 26.00 元

"十二五"普通高等教育本科国家级规划教材配套参考书

机械设计制造及其自动化 专业系列教材

机械制造技术基础
课程设计指导

张冠伟 编

高等教育出版社